中国名镇志文化工程
Culture Project of Local Records of China's Famous Towns

浦市镇志

LOCAL RECORDS OF PUSHI

湖南省泸溪县浦市镇志编纂委员会 编

U0911344

方志出版社
Publishing House of Local Records

图书在版编目（CIP）数据

浦市镇志 / 湖南省泸溪县浦市镇志编纂委员会编
. -- 北京：方志出版社，2020.12
（中国名镇志丛书）
ISBN 978-7-5144-4285-4

Ⅰ. ①浦… Ⅱ. ①湖… Ⅲ. ①乡镇—地方志—泸溪县
Ⅳ. ① K296.45

中国版本图书馆 CIP 数据核字（2020）第 234022 号

·中国名镇志丛书·

浦市镇志

编　　者：湖南省泸溪县浦市镇志编纂委员会
责任编辑：董　琳

出 版 者：方志出版社
地址　北京市朝阳区潘家园东里 9 号（国家方志馆 4 层）
邮编　100021
网址　http://www.zgfzcb.cn
发　　行：方志出版社图书经销中心
电话　（010）67110500
经　　销：各地新华书店
排　　版：北京纺印图文设计制作有限公司
印　　刷：北京中科印刷有限公司

开　　本：787 × 1092　1/16
印　　张：22
字　　数：454 千字
版　　次：2020 年 12 月第 1 版　2020 年 12 月第 1 次印刷

ISBN 978-7-5144-4285-4　定价：179.00 元

·版权所有　翻印必究·

序一

习近平总书记指出："不忘历史才能开辟未来，善于继承才能善于创新……只有坚持从历史走向未来，从延续民族文化血脉中开拓前进，我们才能做好今天的事业。"中国优秀传统文化是在漫长的历史长河中历经无数次涤荡和沉淀而形成的思想精髓，蕴藏着无穷的宝藏和无尽的力量。发掘和继承优秀传统文化，是延续中华文明"根"与"魂"的必由之路。与时俱进，推动传统文化不断开拓创新，是中华文明常葆勃勃生机的重要保证。

"国有史，邑有志。"编修地方志是中国特有的文化现象，是中华民族的优秀文化传统。数千年来，连绵不断的志书编修为保护中华民族根脉，传承中华文明发挥了不可替代的作用。中国现存古志有8000余种，占现存古籍的十分之一。中华人民共和国成立以来，编修完成数万种省、市、县三级综合性行政区域志、部门志、行业志、专志等，编纂数万种地方综合年鉴、行业年鉴和专门年鉴等，整理出版数千种历代方志及相关研究成果，发表相当数量的方志理论与年鉴理论研究成果。这既是对我国国情、地情持续开展的大规模普遍调查，也是对各地自然与社会发展状况进行的综合研究，其成果构成了一座丰富的文化资源宝藏，为各级领导科学决策提供了重要参考，为推动经济社会发展和文化建设发挥了重要作用。

当前，中国特色社会主义进入新时代，全国地方志事业也进入新时代。如今的地方志事业围绕党和国家利益、经济社会发展，以人民为中心开拓创新，志、鉴、馆、史"四驾马车"并驾齐驱，志、鉴、馆、网、库、用、会、刊、研、史"十业并举"，加快实现在全国范围内全面推进地方志从一项工作向一项事业转型升级。在党中央、国务院的亲切关怀和各级地方志工作者的共同努力下，一批紧密结合社会发展需求、具有独特创造性的工作逐步开展，涵盖中国名镇志、中国名村志、中国名山志、中国名水志、中国名街志等"名志"系列文化工程是其中代表。作为首个"名志"系列文化工程的中国名镇志文化工程，启动于2015年，至今已是第三个年头。中国名镇志丛书在记述主体上，选择中国历史文化名镇、经济强镇、特色镇等在全国具有影响力和代表性的乡镇，旨在全面展示中国名镇的文化精髓；在内容题材选择上，重在突出不同名镇的“名”和“特”，力求集中体现不同名镇最精彩的部分，增强可读性；在志书编纂程序设置方面，志书申报、篇目设计、专家审读、专家组验收等流程环环相扣，紧密结合，力争把每一部志书都打造成精品佳志。

习近平总书记指出：“历史和现实都表明，一个抛弃了或者背叛了自己历史文化的民族，不仅不可能发展起来，而且很可能上演一场历史悲剧。”2018 年是改革开放 40 周年，40 年来中华大地发生了翻天覆地的变化，乡镇发生了极为深刻的改变，从粗茶淡饭到有机食品，从粗布衣裙到精美时装，从土屋平房到高楼大厦，人民生活水平大大提高，城乡差距不断缩小。然而，在感受辉煌成就的同时，我们也应该看到，许多精巧的古建、精湛的工艺、亲切的乡音、独特的乡俗也在快节奏的发展中与我们渐行渐远，曾经的家乡正逐渐变为记忆中的故园。

党的十九大报告提出乡村振兴战略，此后党中央、国务院又推出一系列重大举措。实施乡村振兴战略，必须全面加强乡村文化建设，培养乡村文化自信，培植文化之“根”，铸牢文化之“魂”。没有乡村文化的高度自信，没有乡村文化的繁荣发展，就难以实现乡村振兴的伟大使命。振兴乡村文化，既要塑形，更要铸魂，必须遵循乡村发展的客观规律，在发展中把文化的精髓保留下来，把乡土味道、乡村风貌的“魂”传承下去。在保留优秀乡村文化内核的基础上，用现代表现方式，把反映时代精神、先进理念的内容通过群众喜闻乐见的文化产品表达出来，才能够让乡土文化具有更强大的生命力。用创新性的模式书写乡镇志，传承和抢救乡土历史文化，激发爱国爱乡情怀，为探索中国特色新型城镇化发展经验、发展模式、发展道路提供历史智慧和现实借鉴，正是实施中国名镇志文化工程的目的和意义所在。

“月是故乡明”。中国人素有“家国情怀”，家乡的山水是最为美丽的，家乡的风俗是充满温暖的，一声亲切的乡音，一口熟悉的家乡菜，都能拨动游子的心弦，让其魂牵梦萦。中国名镇志丛书是一套全面梳理中国名镇历史人文，挖掘文化特色，突出“名”和“特”的镇志。它能让人民群众深刻感受到本土本乡自然的优美、历史的醇厚、人物的杰出、艺文的风雅等，有助于培养人民群众对家乡文化的自信，激发起人民群众浓烈的爱乡爱国情怀，助力国家新型城镇化建设和乡村振兴战略的实施。

是为序。

中国社会科学院院长
中国地方志指导小组组长　谢伏瞻

序二

连绵不断地编修地方志是我国特有的文化传统，为传承中华文明作出了巨大的贡献。在党中央、国务院的高度重视和支持下，这一古老的文化传统焕发勃勃生机，展现新的活力，成为保存、继承、发扬光大中华优秀传统文化的重要依托，培育和践行社会主义核心价值观的重要媒介，社会主义先进文化建设的重要组成部分，发展中国特色社会主义，增强道路自信、制度自信、理论自信的重要载体，在实现“两个一百年”奋斗目标和中华民族伟大复兴中国梦进程中具有不可替代的地位和作用。

事物总是在不断发展中前进。经过改革开放以来30余年的发展，中国特色地方志事业与传统的编修地方志已不可同日而语，形成了志（志书）、鉴（年鉴）、库（地情数据库）、馆（方志馆）、网（地情网站）、刊（期刊）、会（学会）、研（理论研究）、用（开发利用）等多业并举的新格局。截至2015年10月底，全国编纂完成首轮、二轮省、市、县志书8000多种，编修部门志、行业志、专业志、乡镇村志27000多种，编纂地方综合年鉴2300多种，累计整理旧志2500多种，还编纂出版了大量的地情书，字数以百亿计，形成以反映国情、地情为主要内容，全面系统、持续不断、卷帙浩繁的社会科学成果群。另外，还开通了27个省级网站、230个市级网站、816个县级网站；建成国家方志馆1个、省级方志馆16个、市级方志馆86个、县级方志馆近300个。这些成果，成为国家极为重要的文化资源，是国家文化软实力和公共文化服务体系的重要组成部分。

最近几年，地方志工作的触角在不断延伸，部门志、行业志、专业志、特色志、乡镇村志编纂方兴未艾，成为当前地方志事业发展新的增长点和亮点。特别是乡镇志，兴起了编纂热潮，从自发的民间行为逐渐过渡为政府组织的文化行为，有的省份以政府令形式将其纳入地方志编修范畴，像河南省还以省政府办公厅名义要求全省普修乡镇志。乡镇志并不是一个新生事物，据现有资料可考，宋代常棠所撰《澉水志》是现存最早的一部乡镇志。与省、市、县三级志书相比，乡镇志虽属小志，但意义却不小，特别是在当前国家全力推进新型城镇化建设的背景下，乡镇志的作用更显重要。

启动中国名镇志文化工程，是适应当前新型城镇化建设形势发展需要、地方志事业发展形势需要的重要举措，也是充分发挥地方志存史、资政、育人功能的重要手段。作为最基层行政组织的志书，镇志是最接近中国社会发展变迁的国情、地情记录文本，具有重要的历史文献价值。而作为充分反映本区域自然、政治、经济、文化和社会的历史与现状的资料性文献，镇志又能全面展示发展脉络，摸索发展经验，为探索中国乡镇未来发展方向提供借鉴和参考。当然，对于祖祖辈辈生于斯长于斯的中国人来说，故乡就是一个魂牵梦萦的地方，故乡的情怀终生难忘。留得住乡愁，记得住乡思，充分展示名镇文化魅力，激发爱乡、爱国情怀，正是中国名镇志文化工程题中应有之义。

是为序。

中国社会科学院原院长
中国地方志指导小组原组长 王伟光

序三

“国有史，邑有志”，中国自古就有注重编史修志的传统。按照我国目前地方志行政法规，国家各级地方志机构的法定职责是编纂省、市、县三级志书，并不包括县以下的乡镇志和村志。这种规定，一方面可能因为全国有数百万自然村落和数万乡镇，全部实行官修很难实现；另一方面可能因为我国历史上就有“皇权止于县”的说法，县以下的民间社会历来是一个以自治为主的领域。然而，改革开放几十年来，我国社会正在发生巨变，这种巨变在基层社会的乡镇、村落、家庭领域更为深刻。作为“乡之首，城之尾”的镇，逐渐被日益崛起的大都市淹没了光彩，村落在快速的城镇化过程中每天都在大量消失，农村家庭的小型化、空巢化趋势非常突出。在这种情况下，我一直在思考，如何留得住历史文化记忆和乡愁，如何把修志的工作向基层社会延伸？

中国人的“家国情怀”，是从“诚意、正心、修身”开始，到实现“齐家、治国、平天下”。所以从国家一统志，省、市、县三级志，到乡镇志、村志、家谱，也是一个完整的系统。

正是在这种背景下，我们决定启动中国名镇志文化工程。乡镇是无数中国人生命的底色和成长的摇篮。如何在城镇化进程中，留得住乡愁，记得住乡音，忘不了乡思，事关城镇化进程的人文关怀和文化保护，事关文化血脉的传承。同时，科学记录城镇化进程，反映城镇化成就，也为今后探索城镇化发展规律、积累经验提供了基本素材。作为全面系统记述一定行政区域的自然、政治、经济、文化和社会的资料性文献，志书是以上功能最好的载体。

我国目前有 4 万多个乡镇，全部修乡镇志还不具备条件。中国名镇志丛书选择的是传统文化名镇、历史军事重镇、革命历史名镇、民族特色名镇、特色经济名镇、旅游景观名镇等类型的乡镇，应该是最具代表性的，在中国乡镇文化传承和社会发展中具有标杆意义。

编纂中国名镇志丛书是对乡土历史文化的保护。随着城镇化进程加快，有不少乡镇被撤并，有些还是在历史上有重要意义的历史文化名镇、特色镇等。如不及时对其历史进行整理、记录，这些重要的历史资料将散佚殆尽。因此，中国名镇志丛书的编纂是对宝贵历史资料的抢救。

编纂中国名镇志丛书是对乡土意识的传承。什么东西有魅力？故乡的山水，乡音乡情的记忆，乡土的气息和家乡菜的味道，不管走到哪里，总是触动心弦。中国名镇志丛书记录的是家乡的山山水水，家乡的历史文化，家乡的风土人情，留住的是乡愁。这些最能激发远方游子和本地民众的爱乡情怀、爱国情怀。

编纂中国名镇志丛书是一种学术探索。镇志的编纂，实质也是一次深入的社会调查研究。“麻雀虽小五脏俱全”，相比省、市、县，乡镇第一手资料的获得需要付出更大的努力。我们也希望在志书编纂上有所创新，使中国名镇志丛书成为一套图文并茂、雅俗共赏的新型志书。

中国社会科学院原副院长
中国地方志指导小组原常务副组长　李培林

中国名镇志文化工程专家委员会

名誉主任　徐匡迪

主　　任　谢伏瞻

常务副主任　高　翔

委　　员（按姓氏笔画排序）

毛其智　叶裕民　李　铁　李善同

杨保军　柳　拯　倪鹏飞　魏后凯

中国名镇志文化工程学术委员会

主　　任　高　翔

常务副主任　冀祥德

副 主 任　邱新立

委　　员（按姓氏笔画排序）

于伟平　王　晖　王铁鹏　巴兆祥

田　嘉　苏炎灶　李　江　李孝聪

张大伟　张英聘　陈　强　陈泽泓

武　力　和卫国　黄晓勇　潘晨光

中国名镇志丛书编纂委员会

主　　任　高　翔

常务副主任　冀祥德

副 主 任　高京斋　邱新立　叶聪岚

委　　员（按姓氏笔画排序）

毛志华　甘根华　左健伟　刘文海　关树峰

贠有强　李云鹤　李　良　杨松义　杨建林

杨洪进　吴凤端　何伟志　何素君　汪德军

张军利　陈华康　陈　旭　陈建春　欧阳志国

周国春　赵国卿　洪民荣　贺　彪　黄　誌

曹荣湘　梁金荣　程中才　彭楚筠　雷　湛

管仁富　廖运建　潘捷军

中国名镇志丛书编纂委员会办公室

主　任　冀祥德

副主任　邱新立

成　员　陈　旭　李　江　王丹林　张　鹏　刘思鸣

王　静　陈　菁　刘　珊　董　琳　王海荣

《浦市镇志》编纂委员会

主　　任　尚远道

副 主 任　谢伯清　唐黎明　张　红

成　　员　谢永芳　符　明　卢双迎　田继双　张宗南

　　　　　许世和　段仲秀　李　其

学术顾问　王　晖

《浦市镇志》编辑部

主　　编　谢伯清

副 主 编　唐黎明

执行主编　刘　云

编　　辑　刘　云　张宗南　许世和　段仲秀

统稿编排　张宗南　刘　云

编　　务　田继双　李　其

图片编辑　刘　云　张宗南

封面及图版编辑　刘　云　张华军

《浦市镇志》审稿人员

初　审　唐黎明　符　明

复　审　李雄野　黎楚云

终　审　邓建平　隆清华　李章进

中国名镇志丛书凡例

一、以马克思列宁主义、毛泽东思想、邓小平理论、“三个代表”重要思想、科学发展观、习近平新时代中国特色社会主义思想为指导，坚持辩证唯物主义和历史唯物主义的立场、观点和方法，存真求实，全面、客观、系统记述中国名镇城镇化进程和改革开放成果，传承和抢救乡土历史文化，激发爱国爱乡情怀，留住乡愁，为探索中国特色新型城镇化建设、服务乡村振兴战略提供历史智慧和现实借鉴。

二、为全面反映入志事物发展脉络，各志上限追溯至事物发端，下限一般断至各镇志启动编修年份，个别重大事项可延至搁笔。详今明古，着重反映时代特色和地方特点，重点体现各镇的“名”与“特”。

三、记述地域范围以下限年份的行政辖区为主。为体现名镇在更大区域内的意义，可以从更开阔的区域视野记述与该镇相关的内容。

四、统一采用纲目体，设类目、分目、条目三个层次。横排门类，纵述史实，述而不论。

五、综合运用述、记、志、传、图、表、录等各种体裁，以志体为主。体裁运用适当创新，篇目设置不求面面俱到，一般意义上的乡镇级内容略去不载。

六、除引用文字和附录文献资料外，统一使用规范的现代语体文记述，行文力求朴实、严谨、简洁、流畅、优美，具有较强可读性。

七、人物部类遵循“生不立传”原则，人物传主按生年排序，只选录对本镇发展有重大影响的人物，不面面俱到。

八、各项数据一般采用国家统计部门数据。数据缺乏的，采用主管部门或主办单位正式提供的数据。

九、数字用法、标点符号、计量单位分别执行国家标准《出版物上数字用法》(GB/T 15835—2011)、《标点符号用法》(GB/T 15834—2011)、《国际单位制及其应用》(GB 3100—1993)和《有关量、单位、符号的一般原则》(GB 3101—1993)。历史上使用的计量单位，如斗、石、里、尺、磅、华氏度等，在引文时可照录。考虑到社会使用习惯，全书中亩不统一换算。

十、中华民国成立前的纪年，使用朝代年号纪年，括注公元年份；中华民国成立后的纪年，均使用公元纪年。志中所称“解放前(后)”，以该镇解放日为界；“新中国成立前(后)”，以中华人民共和国成立日 1949 年 10 月 1 日为界；“改革开放前(后)”，以 1978 年 12 月中共十一届三中全会召开为界。本志“×× 年代”，凡未加世纪者，均指 20 世纪。

十一、为节省篇幅，避免重复，本志采用条目互见法。参见条目的表示形式为：参见本志“×× 类目·×× 分目·×× 条目”。

十二、对旧志、古籍中的繁体字、冷僻字一般用简化字或通用字替换，易引起误解的则保留。

十三、记述各个历史时期的党派、机构、职务、地名等，均以当时的名称为准。对频繁使用的名称，首次用全称并括注简称，其后用简称。

十四、各镇志需要单独说明的事项，均在各自编纂始末中记述。

浦市镇在中国的位置

审图号：GS（2020）6436 号

浦市镇在湖南省的位置

1∶3 590 000

审图号：GS（2020）6436号

浦市镇地图

审图号：GS（2020）6436 号

浦市全景（2015 年）

吉家三重院的窗雕（2020 年）　　刘云　摄

徒步古驿道（2019 年）　　刘云　摄

雾锁入云山（2015 年）

姚传山　摄

邓和生　摄

浦市古镇游客中心（2019 年）　　刘云　摄

万荷园（2020 年）　　刘云　摄

沅江绝壁（2016 年）　　王岳林　摄

河堤晨曦（2016 年）　　廖芳　摄

万荷园荷花盛开（2020 年）　　　　刘云　摄

抬故事（2014年）　　邓和生　摄

目录

盛世浦韵　市通古今

历史上，浦市是我国湘西地区物资集散的重要商埠，民俗风情与多元文化在这里得到融合和展示。“城内万商云集，河边千舸蚁聚”，浦市因物产丰富、地势平坦及水陆运输便利而成为沅水流域的商业和工业中心。

2010年10月，浦市被评为中国历史文化名镇、湖南省旅游重点镇。2016年5月，浦市古镇被评为国家AAAA级旅游景区。2019年10月16日，浦市镇古建筑群被核定为第八批全国重点文物保护单位。

浦市 PuShi

一

浦市，坐落在湖南第二大水系沅水流域中游西岸，水陆交通便利。历史上，浦市曾辉煌灿烂，像一颗璀璨的明珠，镶嵌在千里沅江之畔。明朝时期，冶铁业带动了浦市的商业兴盛。明洪武年间（1368—1398），在浦市后山高山坪、灰洞坳和五斤坡一带山上，发现储量丰富的铁矿石资源，随之进行了大量的开采，并在近沅水的浦市下湾一带建炉冶炼。由于产品装运便利，至清朝康雍乾兴盛时期，浦市冶铁业已经空前发达，座座冶炼炉在下湾沅水河岸一字排开，晚上炉火、船灯映红古镇半边天。时有清进士唐效尧对这一盛况作诗："运铁若丘陵，洪炉煽山麓。火光波涛翻，烁烁走珠玉。

浦市河堤俯瞰（2017 年）　　姚传山　摄

铁片才成堆，帛布售已速。”冶铁业的发展促进了其他行业的发展，产生了各时期的商业大户。20 世纪 70—90 年代，由于泸溪县浦市化工总厂的兴起，让浦市又一次进入历史辉煌时期。泸溪县浦市化工总厂坐落在浦市下湾沅水河畔，兴盛时有职工 1800 多人，9 个分厂，1 个公司，工厂机器轰鸣，灯火辉煌，通宵达旦。1995 年，泸溪县浦市化工总厂被核批为国家级大（2）型化工原料工业企业。

2010—2017 年，浦市先后被授予中国历史文化名镇、湖南省旅游重点镇、国家 AAAA 级旅游景区、中国少数民族特色村寨、湖南省经典文化村镇、第三届湖南省最美少数民族特色村镇等称号。2018 年，下湾遗址入围 2017 年度全国十大考古新发现终评名单。2019 年，浦市古建筑群被核定为全国重点文物保护单位。古镇旅游起步于 2010 年，以独特人文历史和地理环境为背景，以中国历史文化名镇为招牌，以中国重点文物保护单位之古建筑群为核心资源，结合古镇自身特有的军事与商贸文化，实施保护和修复古镇格局、恢复古镇风貌等工程，挖掘历史文化内涵，打造集观光游览、民俗文化体验、休闲度假于一体旅游景区。2018 年，接待游客 85 万人次，实现旅游综合收入 3.22 亿元。

文学大师沈从文曾在《泸溪·浦市·箱子岩》中感叹浦市风光：“一切光景静美而略带忧郁。随意割切一段勾勒纸上，就可成一绝好宋人画本。满眼是诗、一种纯粹的诗……”

浦市，这颗沅水边的明珠，正以饱满的热情向世界展现着自己的魅力。

浦市部分荣誉（2019 年）　　　　刘云　摄

古镇窨子屋（2015 年）　　张金宽　摄

二

浦市，得益于位处沅水中游地段天然开阔的地理优势，有通达川、黔、滇的古南方丝绸驿道，历史上曾拥有较高的政治、经济、军事地位，位列湘西四大名镇（浦市、芙蓉、茶峒、里耶）之一。“城内万商云集，河边千舸蚁聚。”历史上浦市因物产丰富，地势平坦，水陆运输便利而成为沅水流域商业和工业中心。据湘西《陈氏族谱》载：“明洪武十七年三月，沅陵明辅公在《浦市江东陈家山记》中载‘泸溪县属地，有大集曰浦市’”。清康熙二十六年（1687），行人司行人徐炯《使滇日记》载：“浦市称巨镇，廛舍稠密、估舶辐辏，十倍于洪江”。清乾隆二十年（1755）《泸溪县志·重修大码头记》载：“浦市一镇，上接滇、黔、下通吴越，烟火万家。四方商贾所辏集，往来舟楫所停泊，楚南一大都会也。”区域时有面积 3 平方千米，城墙周长 5 千米，高 5 米。有 12 座城门、3 条商贸古道、200 多栋古民居建筑、13 座省级会馆、23 座府县级会馆、15 个行业会馆、6 座戏楼、72 座寺庙道观。45 条巷弄将河街、正街、后街三街连接成整体，每段街巷直通 24 座航运码头，形成“三街四十五巷”的格局。截至 2019 年，浦市有省级文物保护单位 27 处，州级文物保护单位 1 处，县级文物保护单位 52 处，其余 200 余处未定级文物保护点，核心保护范围 48 公顷。

三

浦市古镇历史上作为沅水流域的重要口岸和商业中心，其镇区规模远远超过一般集镇。明末清初，有“瞿唐康杨”四大商家，清中叶，有“南吉北李”两大商贾，清末民国初期有十二大商家。其时，城内拥有 3 家银行、7 家钱庄、5 家典当行、9 家油号、4 家瓷庄、3 座洋行，3 座洋行是湘西地区洋油（即煤油）批发总站；4 家江西人经营的瓷庄为沅江上下游流域各地的瓷器总批发地。彼时，浦市已成为名副其实的商城。这座披有神秘面纱的古镇，历史上留有“不夜港”“三楚雄关”“五溪之巨镇，百里之边城”等美誉。

四

浦市是一座有腔调的千年古镇。浦市人不仅喜欢泡茶馆，还喜欢看戏。每逢重大节日、喜庆日和庙会日，或农闲之时，都要唱大戏。这个大戏便是蜚声海内外的"中国戏剧活化石"辰河高腔戏。清光绪《湖南通志》载："浦市产高腔，虽三岁孩童亦知曲唱。"辰河高腔发源于浦市，兴盛于明末清初。历史上，涌现出安启家、米殿臣、陈依白等艺术名角。辰河高腔的产生，派生了阳戏、花灯、蚌壳灯、采莲船等一批传统戏剧。继而形成吃社、六月年（开祭）等，丰富了端午、中元盂兰盆会、腊八节等传统节日的活动；派生了抬故事、抬黑龙、划龙舟、舞龙灯、舞狮子等民俗活动。多姿多彩的民俗文化，世代相传，历久弥新，至今仍然为这片土地上的人们所钟爱。

万寿宫戏楼（2016年）　刘云　摄

浦市历朝历代不乏仁人志士。明清时期，浦市李家“一门五县令”活跃于各地县府。革命烈士姚鉴雪等为信仰和理想而英勇牺牲。抗日名将李奇亨，教育界知名人士廖名缙、陈大诰，中医世家康世甫等曾生活在这片土地上。屈原、王昌龄、沐英、贺龙、沈从文等历史知名人士涉足浦市，留下诸多佳话。

浦市是魅力文化的探索地。1990 年 10 月 20—23 日，全国盘瓠文化学术讨论会在湖南省湘西土家族苗族自治州泸溪县召开，会后专家们考察浦市古镇。2012 年 10 月 9 日，中央电视台中文国际频道《远方的家》栏目播出《北纬 30 度 · 中国行　第七十五集　湘西的风情往事——湘西泸溪：沅江边的浦市》，19 日，中央电视台中文国际频道《走遍中国》栏目，播出《中国古镇（59）浦市：古宅探秘》。之后电视台、电影制片厂、文化艺术团队到浦市镇拍摄或采访，文艺界名家走进浦市写生、采访、表演、调研。2018 年，举行“沈从文与泸溪 · 浦市”大型文化考察交流研讨会。仅 2018—2019 年，国内就有 28 所高校到浦市进行专题社会调查和写生考察。1990—2019 年，在浦市镇拍摄的电视剧、纪录片、电视片、动漫有 20 多部,《人民日报》副刊发表描述浦市的文章有 8 篇。

五

1973 年，湖南省文物部门在对库区淹没范围内的地下文物进行调查时，发现了下湾遗址。1980 年，湖南省博物馆联合厦门大学等单位对该遗址进行第一次考古发掘，并首次在沅水流域发掘出新石器时代晚期文化遗存。

1996 年 5 月，浦市桐木垄考古又发现了旧石器时代文化遗存，从而证实了浦市在远古时代就有人类活动。1996—1998 年，浦市桐木垅考古发掘资料证明，东周、战国、汉代时期浦市已很繁盛。据《禹贡》记载，古代浦口（今浦市），属荆州地区管辖。春秋战国时属楚，秦统一中国时属黔中郡。浦市桐木垄大面积的战国、汉代以降古墓葬

爱乡楼（2014 年）　　刘云　摄

浦市下湾遗址发掘现场（2016 年）

刘云　摄

群，证明浦市拥有悠久的历史文化。2017 年，为配合泸溪县浦市化工总厂一期工程拆迁和征收工作，经国家文物局批准，湖南省文物考古研究所对该遗址进行首次主动性考古发掘。从发掘情况看，除新石器时代遗存外，还发现有商、战国至两汉以及宋至明清时期遗存。其中，新石器时代、商及宋代遗存是本次发掘发现最多的遗存。下湾遗址出土的玉器，年代为整个长江中游最早之一，从玉器的质地、形态及工艺特点来看，与长江下游玉器遗存有密切联系。2018 年 2 月 26 日，下湾遗址入围 2017 年度“全国十大考古新发现”终评名单。

菊花石雕——浦市菊花女神（2016 年） 刘云 摄

基本镇情

浦市因商业兴盛，因教育传家，因文化繁荣。

2018年，浦市镇辖4个社区，24个行政村，大多已形成各自的产业或服务特色。

浦市物产丰富，主要矿藏有石煤、铜、铅、锌、铝、矾、磷等，其中，李家田铝土矿储量位居全省前列。浦市柑橘、铁骨猪、菊花石等特色产品享誉国内外。

浦市 PuShi

建置区划

镇名由来 清乾隆三十年（1765）《辰州府志》载：“巫阳城。在县治北，即汉武阳。”所指地理位置即今浦溪村。古之“武阳”或“巫阳”，历经千年演变为“浦阳”。南宋时，浦溪出口之南北岸地统称浦口。元代，浦口南地称浦溪，也与溪对岸统称浦阳；浦口之北，下湾山麓，因靠近河湾及山麓冶铁而带动商贸发达，经济逐渐繁荣而形成集市，明代称浦市。1986 年，街区称为浦市镇，郊区称为浦阳乡，但人们仍习惯以浦市称谓来代表浦市和浦阳地名。1987 年，浦阳乡并入浦市镇，辖地统称为浦市。

建置沿革 浦市在南宋绍兴年间（1131—1162）至元延祐七年（1320），设沅陵之浦口千户所。明洪武初期，卢溪县［清顺治六年（1649）改“卢”为“泸”］在浦市设溪峒巡检司。清康熙二十八年（1689），沅陵将设在县西北的池蓬巡检司移驻浦市，分

浦溪出口（2016年） 姚传山 摄

而治之。清康熙五十二年（1713），辰州知府将泸溪、沅陵两县巡检司一并裁撤，由辰州府设通判于浦市，管理两县之事，办理粮捕，称为“粮捕通判”“粮捕府”，俗称“三府衙门”。自通判汪飘从清康熙五十二年（1713）移驻浦市，至清同治五年（1866）通判杨元善止，历时153年，先后驻通判54人。1914年，湖南省令浦市“街区及郊区全部划为泸溪县管辖，将沅水西岸从白沙至马子桥划归泸溪管辖”。1931年，奉令建立浦市特别镇。1935年，废区并乡，设立浦市镇，镇郊设仁安乡。

中华人民共和国成立后，1949年11月，设泸溪县第二区，区政府设在浦市。1953年，设立浦市镇。1956年6月，撤区并乡，分设浦市镇和浦阳乡。1960年，浦市镇改为浦市人民公社。1962年，恢复镇建制。1987年1月，撤销浦阳乡，辖区划归浦市镇管辖。2005年，行政区划调整。长坪乡11个村、李家田乡6个村并入浦市镇。

辖区变迁 1938年，浦市镇辖吉家头、十字街、屠户庙、大码头、太平街、烟坊弄、湾里、印家桥8个保。仁安乡辖土桥溪、青草、中堂、银井冲、新堡、灰洞坳、岩门溪、五果溜8个保。李家田、岩头山、茶林溪、吕蓬溪、鸡笼洞、磨刀岩、牛栏坳、丫山头8个保属忠安乡（1953年改为上堡乡）。1953年3月，全县设两镇六区，改大乡为小乡。浦市镇公所设余家弄，辖7个街公所。二区政府设在原浦市天主教堂内，辖浦溪、土桥溪、青草、中堂、高山坪、长坪、麻溪口、岩门溪、磨家冲、都岐、铁柱潭、新堡、岩碑13个乡。1956年，撤区并乡，二区13个小乡合并为浦阳乡。1958年，设立浦阳人民公社，辖印家桥、城乡、黄家桥、浦溪、小岸坪、高桥、青草、银井冲、新堡、都岐、田家溪、高山坪、灰洞坳、鱼坪、小麻、岩门溪、擂鼓坡、五果溜、毛家

浦市下湾（2019年） 张宗南 摄

滩、麻溪口、铁柱潭、白头溪、马王溪、毛茂田、峰堆、硬晒、毛冲口、麻垅、庄上、清水垅、中堂、长坪32个大队。浦市镇辖十字街、太平街、新建街、烟坊街4个居委会。李家田公社辖茶林溪、引家冲、李家寨、李家田、岩头山、黑竹坳、猪食洞、杨斌庄、红岩、李尧溪、辛女溪11个生产大队。1961年，从浦阳人民公社析出白头溪、马王溪、毛茂田、峰堆、硬晒、毛冲口、麻垅、庄上、清水垅、中堂、长坪11个生产大队，设立长坪人民公社。1984年，浦阳、长坪、李家田人民公社分别改为乡。2005年，行政区划调整，铁柱潭、擂古坡并入麻溪口村，灰洞坳、小麻并入岩门溪村，柑橘场、小岸坪并入浦溪村，长坪乡白头溪村并入毛茂田村，丰堆、毛冲口、硬晒村并入长坪村，清水垄并入中堂村。李家田乡6个村33个村民小组并入后，茶林溪村并入鱼坪村。引家冲、李家寨村并入岩头山村。

2018年，浦市镇辖太平街社区、十字街社区、印家桥社区、新建街社区4个社区，麻溪口、毛家滩、五果溜、岩门溪、高山坪、田家溪、鱼坪、城乡、新堡、银井冲、浦溪、青草、高桥、都歧、黄家桥、马王溪、毛茂田、长坪、中堂、麻垄、庄上、李家田、岩头山、黑竹坳24个行政村，188个村（居）民小组。

社区村庄

太平街社区　太平街社区位于浦市古镇核心景区，1958年，设立太平街居委会，2005年，由太平街居委会和烟坊街居委会合并设立太平街社区。太平街社区与江东寺隔江相望，南从四方井、杨家巷、吉家巷与十字街社区交界，西北从四方井、印家桥、新桥、虹桥以溪流中心与印家桥社区为界，地域面积1.3平方千米。辖太平街、后街、李家巷、烟坊弄、史家巷、吉家巷、唐家弄等11个居民小区，设6个居民小组，常住居民户数1012户，常住人口4138人，是浦市古镇旅游核心区，有万寿宫、李家书院、青莲世第及湘西版画院、太平街古街等景点，有湖南省级文物保护单位12处。

十字街社区　十字街社区位于浦市镇中心路段，有特色古街道，商业繁华、人口密集。1958年，设立浦市镇十字街居委会，2005年改为十字街社区，东临沅水，西接印家桥社区，南连新建社区，北接太平街社区，地域面积0.8平方千米，常住户1073户，常住人口3547人，有湖南省级文物保护单位5处，州级文物保护单位1处。

印家桥社区　印家桥社区是浦市经济开发区和下湾遗址所在地。1958年，属浦阳公社，称为印家桥大队。1984年，大队改村为印家桥村。1987年，浦阳乡与浦市镇合并成立浦市镇，属浦市镇管辖，原泸溪县浦市化工总厂设在该村。2005年1月，撤销印家桥村，设立社区。印家桥社区东接太平街社区，西、南与城乡村接壤，北接岩门溪村，地域面积2.12平方千米，辖毛家坡、黄土坡、古里岩等10个居民小区，设3个居民小组，常住户1252户，常住人口5249人。主要单位有泸溪县浦市古镇文化旅游开发有限责任公司，有湖南省级文物保护单位3个。

新建街社区 新建街社区位于浦市镇南端，2005年设新建街社区。新建街社区东临十字街社区，东、南与城乡村接壤，北临印家桥社区，地域面积0.62平方千米，辖新村、新建街、老干区、浦阳南路等6个居民小区，设5个居民小组，常住户1120户，常住居民4225人，有湖南省级文物保护单位7个。

麻溪口村 麻溪口村位于浦市镇北部。1958年属浦阳公社，称为麻溪口大队。1984年，大队改村，为麻溪口村。1987年，浦市和浦阳乡合并，归浦市镇管辖。2005年，铁柱潭、擂鼓坡2个村并入麻溪口村。麻溪口村东临沅水、西接朱食洞村、南连毛家滩村、北交武溪镇红土溪村，地域面积13.4平方千米，辖麻溪口、白马坪、段家人、廖家人、田家坪、唐家人、杨柳冲、李家村、香炉岩、铁柱潭、戴家人、丝瓜坪、擂鼓坡、习弓寨等自然村，辖8个村民小组，465户，总人口2199人。名胜古迹有辛女岩、辛女溪等。

毛家滩村 毛家滩村地处浦市镇北部，面临沅江，属于沅江冲积平原。1958年，属浦阳公社，称为毛家滩大队。1984年，大队改村为毛家滩村。1987年，属浦市镇。毛家滩村东临沅水，西、北接麻溪口村，南连五果溜村，地域面积8.4平方千米，辖毛家滩、深泥田、白岩头、全家坪、木家溪、纱帽山等自然村，设3个村民小组，总户数330户，总人口1485人。

五果溜村 五果溜村位于浦市镇东南部，属于沅江冲积平原，1958年，属浦阳公社。1984年，由大队改为五果溜村，1987年，属浦市镇。五果溜村东临沅江、西接岩门溪村、南连印家桥社区、北交毛家滩村，地域面积8.2平方千米，全村辖五果溜、唐家人、解放岩、米家洲、古树坪、桃子坳、栀子坪、下垄、神土溪等自然村，设4个村民小组，总户数391户，总人口1700人，主要特产有渔业和小龙虾养殖及莲藕、荸荠等。

岩门溪村 岩门溪村地处浦市镇中部。1958年，属浦阳公社，称为岩门溪大队。1984年，大队改村为岩门溪村。1987年，属浦市镇。2005年，灰洞坳、小麻两个村并入岩门溪村。岩门溪村东临五果溜村、西接高山坪村、南连印家桥社区、北交李家田村，地域面积 22.5 平方千米、辖岩门溪、下寨、花园坪、王家人、香炉岩、张家头、秦家人、白莲溪、小麻、叶家山、傍坎、黑栗界、四方头、坡杨人、虾蚣垅、三方头、灰洞坳、叶家坡、陈家岭、铁炉湾、唐家坨、烂泥田等自然村，设 9 个村民小组，总户数 611 户，总人口 2397 人。景观有天然溶洞群、菊花石林及岩门溪库区等，特色产业有生猪养殖、西瓜种植。

高山坪村 高山坪村位于浦市镇西北部，属高山盆地地型，是泸溪县菊花石主产地，因产菊花石而闻名，又有“菊村”之称。1958 年，高山坪村属浦阳公社，称为高山坪大队。1984 年，大队改村为高山坪村，1987 年，属浦市镇。高山坪村东临岩门溪村、西接都岐村、南连新堡村、北交鱼坪村，地域面积 28 平方千米，辖高山坪、杨家寨、贺家寨、李贺等自然村，设 6 个村民小组，总户数 375 户，总人口 1680 人。名胜古迹有明清时代古建筑、代朝山古寺、贺家寨溶洞、古驿道、茶花林。

田家溪村 田家溪村地处浦市镇西部，属湖南省传统村落。1958 年，属浦阳公社，称为田家溪大队。1984 年，大队改村为田家溪村。1987 年，属浦市镇。田家溪村东临鱼坪村、西接白羊溪乡麻溪村、南连都岐村、北交黑竹坳村，地域面积 21 平方千米，辖田家溪、磨刀岩、蒋家垅、老子场、拦牛坳、徐家岭、盖皮冲、温水洞、牛栏冲、板寨等自然村，设 9 个村民小组，总户数 346 户，总人口 1569 人。境内有明清时期古驿道、古桥梁等古迹，主要特产有板栗。

鱼坪村 鱼坪村地处岩门溪水库尾端，属于泸溪县水库库区移民村，浦市至鱼坪至茶林溪公路贯穿全境。1958 年，鱼坪村属浦阳公社，称为鱼坪大队。1984 年，大队改村为鱼坪村。1987 年，属浦市镇。2005 年撤销李家田乡后，茶林溪村并入鱼坪村。鱼坪村东临岩门溪村、西接田家溪村、南连高山坪村、北交岩头山村，地域面积 10.52 平方千米，辖鱼坪、逻寨、磨家冲、高寨坡、黄金冲、茶林溪、鸡笼洞、大溪口等自然村，设 5 个村民小组，总户数 296 户，总人口 1520 人。景观有岩门溪水库，主要特产有板栗等。

城乡村 城乡村位于浦市镇西部近郊，属于沅麻盆地浦阳坪。1958 年，属浦阳公社，称为城乡大队。1984 年，大队改村为城乡村。1987 年，属浦市镇。城乡村东临印家桥社区、西接新堡村、南连黄家桥村、北交岩门溪村。地域面积 6.8 平方千米，辖姚家湾、张家湾、老坪冲、桐木垅、铜盆井、罗家村、堤上 7 个自然村，设 7 个村民小组，总户数 412 户，总人口 1817 人。城乡村属泸溪县现代农业示范区，有百吉庵、翼王妃墓、红军烈士陵园等遗迹，旅游资源有浦阳平原田园风光等，主要特产有莲藕、荸荠。

代朝山下的新堡村（2013 年）

邓和生 摄

新堡村 新堡村位于浦市镇中部。1958 年，属浦阳公社，称为新堡大队。1984 年，大队改村为新堡村。1987 年，属浦市镇管辖。新堡村东临银井冲村，西接马王溪村，南连长坪村，北交高山坪村，地域面积 14 平方千米。全村辖新堡、板寨、岩坡、下湾、后寨、岩坪、冲头、岩边、温溪、扇桥、桑子坳、金井、唐家人等自然村，设 10 个村民小组，总户数 586 户，总人口 2535 人。新堡村属泸溪县现代农业示范区，主要特产有名贵花卉和树种。境内有代朝山、大魁洞、兴公亭、官道等景观，有 13 栋明清时期大院、千户城遗址以及子兴亭、黔王庙、龙船田、举人书房等古迹。

银井冲村 银井冲村地处浦市镇南部。1958 年，属浦阳公社，称为银井冲大队。1984 年，大队改村为银井冲村。1987 年，属浦市镇管辖。银井冲村东临浦溪村，西接新堡村，南连中堂村，北交黄家桥村，地域面积 10 平方千米，辖银井冲、碑石坳、木横井、晒头、塘冲、桥头、连溪湾等自然村，设 6 个村民小组，总户数 459 户，总人口 1916 人。属泸溪县现代农业示范区，主要特产有莲藕、荸荠等，主要景观有浦阳平原四季花海。

浦溪村 浦溪村地处浦市镇南部，沅江支流浦溪流经境内。1958 年，属浦阳公社，称为浦溪大队。1984 年，大队改村为浦溪村，1987 年，属浦市镇管辖。2005 年，原县柑橘场、小岸坪村并入浦溪村。东、北临沅水，西接银井冲村，南交青草村，地域面积 8.5 平方千米，辖浦溪、唐家人、龙头上、黄家人、姚家人、刘家人、岩龙头、小岸坪、半坡、马子桥、后冲、牛角湾等自然村，设 7 个村民小组，总户数 659 户，总人口 2829 人。属泸溪县现代农业示范区，主要特产有莲藕、荸荠等，游人可欣赏浦阳平原田园风光。

青草村 青草村地处浦市镇南部。1958 年，属浦阳公社，称为青草大队。1984 年，大队改村为青草村。1987 年，属浦市镇管辖。青草村东临沅水，西接银井冲村，南连高桥村，北交浦溪村，地域面积 10 平方千米，辖青草、杨家人、黄家人、唐家人、瞿家人、高龙头、印家坡、龙头园、进谷冲、观音坡等自然村，设 9 个村民小组，总户数 522 户，总人口 2307 人。属泸溪县现代农业示范区，主要特产有莲藕、荸荠等，浦阳平原田园风光宜人。

高桥村 高桥村地处浦市镇南部。1958 年，属浦阳公社，称为高桥大队。1984 年，大队改村为高桥村。1987 年，属浦市镇管辖。高桥村东临沅水、南接辰溪、西连中堂村，北交青草村，地域面积 7 平方千米，辖高桥、姚家人、红禾冲、木栗坪等，设 3 个村民小组，总户数301户总人口1165人。属泸溪县现代农业示范区，主要特产有莲藕、荸荠等。

都岐村　都岐村地处浦市镇西部，村寨坐落在一处高山盆地之中。1958年，属浦阳公社，称为都岐大队。1984年，大队改村为都岐村。1987年，属浦市镇管辖。都岐村东临高山坪村，西接达岚镇潮地村，南连马王溪村，北交鱼坪村，地域面积7平方千米，辖岩屋口、晚诞冲、石家寨、雷家寨、向家寨、三湾岭等自然村，设6个村民小组，总户数235户，总人口998人。主要特产有板栗、蜂蜜等。都岐境内风光旖旎，穿越村寨的小溪上有24座跨溪桥梁，有古驿道、小石林及多处溶洞。

黄家桥村　黄家桥村地处浦市镇南部。1958年，属浦阳公社，称为黄家桥大队。1984年，大队改村为黄家桥村。1987年，属浦市镇管辖。黄家桥村东临沅水、西接城乡、南连浦溪、北交新建街社区，地域面积5平方千米。黄家桥村辖黄家桥、上庵、土桥溪、茶叶坳等自然村，设5个村民小组，总户数343户，总人口1326人。属泸溪县现代农业示范区，主要特产有莲藕、荸荠等。有万亩荷花园、桐木垅战国古墓等景点及古迹遗址等。

马王溪村　马王溪村地处浦市镇南部。1958年，属浦阳公社，称为马王溪大队。1961年，属长坪公社。1984年，大队改村，为马王溪村。2005年，划入浦市镇。马王溪村东临新堡村，西接达岚镇六里村，南连毛茂田村，北交都岐村，地域面积6.18平方千米，辖马王溪、旧寨、广坪冲、刘家、石家、周家、毛家等自然村，设5个村民小组7个自然寨，总户数368户，总人口1722人。马王溪村属泸溪县现代农业示范区。

湘西第一村——马王溪村（2018年）　张宗南　摄

马王溪村实施新农村建设，初步构建了“生产—加工—观光—餐饮—住宿—营销”产业链，形成“村级企业—多种农业产业—生态休闲观光旅游产业”集群发展格局。马王溪村先后获湖南省新农村建设示范村、全省先进基层党组织等称号，被誉为“湘西第一村”，为国家AAA级旅游景区。

毛茂田村 毛茂田村地处浦市镇西南部。1958年，属浦阳公社，称为马王溪大队。1961年，属长坪公社。1984年，大队改村为马王溪村。2005年，白头溪村并入毛茂田村，划入浦市镇。毛茂田村东临长坪村，西、南接达岚镇达岚坪社区，北交马王溪村，地域面积6平方千米，辖毛茂田、莫家人、钟家寨、合水桥、冲河垅、白头溪等自然村，设4个村民小组，总户数401户，总人口1812人。属泸溪县现代农业示范区，主要特产有莲藕、荸荠等。

长坪村 长坪村地处浦市镇西南部。1958年，属浦阳公社，称为长坪大队。1961年，属长坪公社长坪大队。1984年，大队改村为长坪村。2005年，丰堆、茅冲口、硬晒村并入长坪村，属浦市镇管辖。长坪村东临中堂村，西接毛茂田村，南连麻垅村，北交新堡村，地域面积22平方千米，辖长坪、唐家、硬晒、唐家、倒头坡、峰堆、大岩头、田冲、岩冲、边山、茅冲口、邓家坡、大坪等自然村，设9个村民小组，总户数705户，总人口3332人。属泸溪县现代农业示范区，主要特产有莲藕、荸荠等。

中堂村 中堂村位于浦市镇南部，属泸溪县现代农业示范区。1958年，属浦阳公社，称为中堂大队。1961年，属长坪公社中堂大队。1984年，大队改村为中堂村。2005年，清水垄并入中堂村，隶属浦市镇。中堂村东临高桥村，西接长坪村，南连庄尚村，北交银井冲村，地域面积20平方千米，全村辖中堂、刘家坡、海螺冲、杜家垅、桐木冲、罗家寨、蒋家坪、边山脚、边山坎、清水垅、大禾冲、刘家园、老溪、野鸡岩、接龙坳、斋堂坡等自然村，设10个村民小组，总户数591户，总人口2681人。

麻垅村 麻垅村地处浦市镇南部。1958年，属浦阳公社称为麻垅大队。1961年，属长坪公社麻垅大队。1984年，大队改村为麻垅村。2005年，归属浦市镇管辖。麻垄村东临麻垅村，西接长坪村，南连达岚镇覃木阳村，北交中堂村，地域面积11平方千米，辖麻垅、剥鹿冲、管山、栎树林、团圆山、岩板坡等自然村，设5个村民小组，总户数264户，总人口1322人。

庄尚村 庄尚村地处浦市镇南部。1958年，属浦阳公社称为庄尚大队。1961年，属长坪公社庄尚大队。1984年，大队改为庄尚村。2005年，属浦市镇管辖。庄尚村东、南临辰溪县王坪桥村，西接麻垅村，北交中堂村，地域面积8平方千米，辖庄尚、蒋家人、棺木塘、清江洞、铁伞溪等自然村，设4个村民小组，总户数243户，总人口1177人。

李家田村 李家田村地处浦市镇北部。1958年，属李家田公社，称为李家田大队。1984年，大队改村为李家田村。2005年，划入浦市镇管辖。李家田村东临红岩村，西接岩头山村，南连岩门溪村，北交朱食洞村，地域面积12平方千米，辖李家田、院子、白岩头、吕木溪、打狗冲、岩洞头、邓家岭、杨后洞、坳后地、张家岭、庄屋岭等自然村，设5个村民小组，总户数298户，总人口1332人。主要特产有板栗、茶油等。

岩头山村 岩头山村地处浦市镇北部。1958年，属李家田公社，称为岩头山大队。1984年，大队改村为岩头山村。2005年，引家冲、李家寨村并入岩头山村，划入浦市镇管辖。岩头山村东临李家田，西接洗溪镇宋家寨村，南连鱼坪村，北交洗溪镇邓家坪村，地域面积36平方千米，辖岩头山、大坪、张家湾、新田冲、覃家坪、水井坎、黄土坝、坡脚、后洞、石家头、梨子园、李家寨、风上坪、桐林溪、瞿家寨、引家冲、横岭上、吴木寨、刘家庄、茅寨、水尾、张家湾等自然村，设9个村民小组，总户数542户，总人口2715人。主要特产有板栗、茶油等。

黑竹坳村 黑竹坳村地处浦市镇西北部。1958年，属李家田公社，称为黑竹坳大队。1984年，大队改为黑竹坳村。2005年，划入浦市镇管辖。黑竹坳村东临岩头山村，西接白羊溪乡麻溪村，南连鱼坪村，北交洗溪镇宋家寨村，地域面积7.5平方千米，辖黑竹坳、密从、榔木坳、余家坨、高岩坎、姚家岭等自然村，设4个村民小组，总户数210户，总人口943人。主要特产有板栗、茶油等。

社会发展

居民生活 1939年《湘西乡土调查汇编》载："泸溪山多田少，人民勤苦耐劳，每年产米三十万石，全县人口平均每人能得三石。"旧时浦市农村的生活极其艰苦。

中华人民共和国成立后，人民政府关心关注人民生活，生活条件逐步改善。特别是实行家庭联产承包责任制后，农民收入大幅提高，生活质量明显改善。1985 年，浦阳乡农民人均纯收入 295 元，长坪乡农民人均纯收入 275 元，李家田乡农民人均纯收入 253 元。浦市镇居民人均纯收入达 450 元。2001 年，浦市镇农民人均纯收入 1486 元，长坪乡农民人均纯收入 1152 元，李家田农民人均纯收入 980 元。2004 年，浦市镇农民人均纯收入 1898 元，长坪乡农民人均纯收入 1504 元；李家田乡农民人均纯收入 1187 元。2005 年撤乡并镇，全镇农村农民人均可支配收入 3573 元，城镇居民可支配收入达到 4620 元。2014 年，农村居民人均可支配收入 5537 元，城镇居民人均可支配收入 1.67 万元。2018 年，全镇农林牧渔总产值 2.549 亿元。城镇居民人均可支配收入 2.1461 万元，工资性收入 9404 元，经营性收入 5473 元，财产性收入 2797 元，转移性收入 3787 元。城镇居民人均消费性支出 14887 元，其中，食品 4574 元、衣着 789 元、居住 4545 元、生活用品及服务 856 元、交通通信 1528 元、医疗保健 489 元、教育文化娱乐服务 2106 元。城镇居民人均拥有住房面积 39.18 平方米。农村居民人均可支配收入 7881 元，其中，工资性收入 2364 元，家庭经营性收入 2853 元，转移和财产性收入 2664 元。农民人均生活消费支出 7086 元，其中，食品 2526 元、衣着 342 元、居住 1731 元、生活用品及服务 405 元、交通通信 593 元、文化教育娱乐 1136 元、医疗保健消费支出为 353 元。农村居民人均拥有住房面积 33 平方米。

社会保障 1921 年，贺龙率湘西巡防军第二支队移防浦市，正逢湘西大旱，饥民流离失所，涌入街区乞讨，贺龙同情灾民疾苦，指定浦市 12 家大户出粮出钱在街头煮粥施舍饥民，设立饥儿收容所。1938 年，中国战时儿童救济协会收容的 1200 名难童迁入浦市，设教养院。

中华人民共和国成立后，社会保障事业得到长足发展。1958 年，建立浦市敬老院，为泸溪县第一所敬老院，集中收养五保老人 10 名。1963 年，落实优抚政策，安置复员退伍军人，对优抚对象按政策实行补助。1981 年前，采取减征公粮、豁免部分群众农贷、减免定购粮、对困难生产队解决统销粮等方法，对农村进行救灾救济扶贫。1984 年，国家对湘西州实行 3 年农业税减免、棉布棉絮赊销政策。1985 年，以无房户扶贫建房、以工代赈等方式开展扶贫工作。2006 年，国家取消农业“四税”（农业税、屠宰税、牧业税、农林特产税）。各项优抚政策、低保政策全面落实，贫困人口减少。2010 年，对镇敬老院进行扩建改造。农村城镇低保扩面，提高补助标准。2014 年，全镇农村最低生活保障户 2395 户 37986 人，发放资金 74.94 万元。城市最低生活保障户 1635 户 2595 人，发放资金 669.51 万元。新型农村养老保险参保 2.2396 万人，缴费金额 139.41 万元。有敬老院 1 所，集中供养五保老人 61 人，支出资金 49.04 万元；分散供养 300 人，支出资金 79.2 万元。为城镇无房户居民修建廉租房 473 套。2015 年，在古龙潭修建 1000 套保障性住房，为 3000 户住房困难户分配保障性住房，2018 年，全镇参加新型农村（城市）合作医疗 5.7 万人，其中，建档立卡贫困人口参合率 100%，全镇有 1659 户 3743 名农村低保人员纳入最低生活保障范畴。

镇村建设

基础设施

交通 水路交通。浦市水上交通便利，沅江流经浦市，境内流程 15 千米，溯江而上经怀化进入云贵高原，顺江而下，经常德入洞庭进长江通海洋。历史上浦市航运发达。唐初，朝廷设浦口水驿站管理水上交通。明清时期，浦市冶铁业兴起，生铁行销东南各省。境内盛产木材及桐油、麻油、朱砂、白蜡、柑橘、鞭炮，畅销省内外。商贾利用沅水“峨舸巨牑，泛洞庭，列夏口，灌乎东南之大半”的优势，又从外地运回大米、布匹、食盐、瓷器、百货进行贸易。明天启七年（1627），街区居民廉梓芳母姚氏和妻陈氏（皆寡），见沅水岸边犁头嘴繁华的江津码头由于货商往来不绝，每当河水泛涨，码头就出现崩垮，无法成行，而捐资一千两白银，予以扩修。在廉门婆媳的精神感召下，浦市各殷实富户竞相在沅水岸边修建货运码头，计有 24 座。

清代，浦市码头灯火万家，千舸蚁聚。船户除航行于沅水流域外，还远航至扬州 12 圩运盐，为居住在浦市的山西、陕西商贾运货至汉水流域各地。船户运货至川黔两广等地更是常来常往。浦市鞭炮驰名江南九省，泸溪船户装运鞭炮的船只每到一地即被抢购一空。江西瓷器皆运至浦市集散，滇黔山货则在浦市转运下游各地，直至武汉三镇。浦

沅水航运（2018 年） 张宗南 摄

市市场中心区交易情况是“千猪百羊万石米，水泄不通‘犁头嘴’”，犁头嘴为浦市中心区。从浦市各个码头直至市场，因人流拥挤，白天运货通行缓慢，船只装卸货物通常在夜间进行，沿途皆是灯笼火把，势如游龙，常通宵达旦。

民国初期，军阀连年混战，苛捐杂税多如牛毛，各地关卡林立，商贾往来减少，众绅或卷资回籍，或避兵他乡。浦市市场萧条，航运业萎靡，“码头上一只装货或卸货的船也没有，不远处湾着五六只船，船的桅杆上都挂着一个竹篮子编成的圆圈，表示此船要卖。”[①]。1935 年，泸溪全县有专业船户仅 69 户，其中，浦市 26 户，专门编为独立水保，由武溪镇代管。浦市船型与洞河船型不同，浦市船航行于沅水主流，头尾平直，与麻阳船相似，在县内航行时称为浦市帮，至常德时统一归口辰阳会馆泸溪洞河帮，停泊常德沙湾。洞河帮是航行于武水流域的船舶总称。至武汉时称为辰河帮，停泊鹤鹉洲。1937 年，抗日战争全面爆发，沦陷区大批难民流亡湘西。浦市迁入一批军事机关及学校，民间航运又走向兴旺。上运盐粮棉纱，下运军事物资，水上运输十分繁忙，浦市民船和船

① 沈从文著：《湘行散记 · 湘西》，人民文学出版社，2017 年。

户为支援抗日战争积极贡献，在第六、第九战区军运上留有印记。

中华人民共和国成立后，浦市修建机械化装卸码头8处，分别是大码头、拉坡机码头、氮肥厂电动轨道、漏斗起煤机码头、抽水码头、湾里拉坡机码头、湘航矿石漏斗装卸码头和浦市矿石漏斗装卸码头，漏斗一次可倒矿石5吨到驳船。在麻溪口有水泥厂电动绞车装卸码头。1972年，设立浦市港务管理站。1986年，全镇有机动货船13艘382千瓦746吨位。2018年，古镇有客运码头1座，货运码头1座，客运船只12艘，货运船只6艘。

陆路交通。始建于南宋绍兴年间（1131—1162），重修于明洪武至万历年间（1368—1620）的古驿道，从浦市至凤凰城全程85千米，主要用于信息传递和军需物资运输，现存驿道30余千米。1956年，县政府修建浦市至达岚的马车道，全长7.5米。1958年，为方便李家田后洞、浦市灰洞坳铁矿物资运输，修建武溪镇至浦市公路。至此，浦市始有公路，也是全县第一条县际公路。后将公路延伸到合水镇，1960年全线通车，里程61千米。1993年，修建白沙至浦市公路，全程21千米。至2018年，浦市镇有省道白沙至浦市、马子桥至白洋溪、浦市至武溪、浦市至潭湾4条主要公路。全镇24个村（居委会）全部开通公路，境内里程284千米，公路桥梁12座。其中，主要村组公路46条，里程176.16千米，所有自然村均通公路，水泥混凝土路面硬化达90%。

供电 1942年，当地实业家许义生购入45千瓦蒸汽机和18千瓦发电机，在吉家弄发电，古镇始有供电照明。1950年，王廷福购入37.5千瓦蒸汽机和30千瓦发电机各一台，于1951年建成发电照明。供电区域仅在街区。1970年，岩门溪水库电站建成供电，装机2台，容量570千瓦，供部分农村村民照明用电。1980年，县政府决定从小陂流电站引电，筹资架设武溪至浦市37.6千米35千伏输电线路，重点解决浦市工业用电。1985年起，陆续解决农村用电。1998年，建成110千伏变电站一座，全镇实现村村寨寨通电。2000年，国家投资对农村电网进行改造。2006年，完成改造任务，全镇供电质量提高。2014年，全镇有110千伏变电站1座，变压器207台，高压电线路4条，总长度265.4千米，供电用户14723户，年供电量1701.28万千瓦时，综合电压合格率95%，供电可靠率95.6%。2018年，全镇城乡居民全部用上电，家用电器增多，供电可靠率97.5%。

供水 1975年前，街区城镇居民供水主要是江河和水井自然供水，农村供水以水井为主。1976年，始建自来水厂，直接从沅江抽水供街区居民100户500人用水。1986年，

白沙至浦市公路（2018 年） 邓和生 摄

购进一艘简易供水船，日产 1000 立方米，供应街区全部居民用水。1993 年，在姚家湾实施自来水厂配套设施建设，日产 5000 立方米，可供街区全部居民和郊区部分居民饮用。1998 年，在防洪大堤修建永久性筒式抽水泵房，日供水 1 万立方米，供应 13 家企业和 3 万人饮水。1999 年，实施农村人畜饮水工程建设，基本解决农村人畜饮水困难问题。至 2018 年，城区建有日产 1 万立方米的自来水厂 1 座，供应街区和郊区农村居民饮水。农村村寨全部实行打井供水，实现村村通自来水。

公用设施

邮电 清光绪三十二年（1906），在古镇大码头设邮政代办所。1917 年，浦市商人熊裕源创办邮政代办业务，后升为邮政分局。1931 年，架设泸溪至浦市长途电话线 35 千米。1940 年 4 月，设立电报局，属辰溪县电报局管辖，与邮局合署营业。同时，开辟泸溪至浦市步班邮路，里程 30 千米。并设浦市至辰溪县城步邮班。次年，开辟由浦市至安江帆船邮路，增设万寿宫下街邮政代办所。时有上下街邮政代办所 2 处。中华人民共和国成立后，1950 年，县人民政府接管邮政机构，设邮电支局。1963 年，重建浦市支局。1991 年，开通程控电话，安装自动电话 259 部。1996 年，开通移动电话。1999 年，开通计算机网络。2018 年，设有浦市邮政支局、泸溪县邮政银行浦市支行。中国移动、中国联通、中国电信建有通信基站和服务网点。全镇有固定电话用户 2 万户，移动电话用户 3.9 万户，互联网宽带接入用户 1.5 万户。

广播电视 1969 年，浦市镇创办广播站，配专职广播员 1 名，架设县城至浦市广播线路 1 条 30 杆程千米。20 世纪 80 年代初，广播站仅有 1 台 2×350 瓦扩大机和 1 名工作人员。全镇有电视机 20 台，只收看湖南电视台一频道。1986 年，开通调频广播，架设 3 条长 54 千米线路，实现村村通广播。1991 年，启动有线电视工程建设。1992 年，开通有线电视用户 1800 户，形成“无线与有线相结合，以电视养广播，有线养无线”的多功能、多层次宣传阵地，调频广播网覆盖率 89%，调频音响率 99%，覆盖全镇 4 个居委会和 129 个自然村。有线电视用户增至 3011 户，能同时收看全国 6 个频道。1996 年，自办本地电视新闻节目，每天播报 15 分钟《浦市新闻》，使浦市成为全县唯一的综合性有线广播电视标准化镇，被省广播电视厅评为“全省广播电视先进单位”。2004 年，浦市广播站更名为浦市电广宽带网络公司，有线电视开通普通频道 61 套，高清频道 22 套，付费频道 56 套，电视用户 6135 户，电视覆盖率 100%。

镇区和农村

镇区建设 清嘉庆二年（1797），驻浦市辰州府通判周仕拔与生员杨世勋等筹集经费兴修浦市城堡，周长 5 千米，高 5 米，宽 4 米。东南沿河码头悉用巨石修砌，加上城内有题名的城门共计 12 座，门房各设卡房 1 所。清道光及咸丰年间（1821—1861），浦市街区新建店面、民房、寺庙、会馆增多。街道两旁店铺以木屋层楼为主，民房多简陋，殷实户修高墙大院，如唐家弄、余家弄、李家巷、烟坊弄、太平街、后街等均有三厅三进的高墙院宅，有的大院里配有花园书楼，门窗精雕细刻。大小寺庙会馆多达 100 多处，有名的建筑如水星阁，矗立沅水边，为浦市的一处标志。万寿宫楼阁崔巍，雕金缕彩，浦峰寺 6 层佛幢是建筑艺术质量很高的建筑。清末战祸，民国兵燹，

浦市万荷园居民住房（2019 年） 刘云 摄

使浦市古建筑物遭受很大破坏。1925 年 5 月，建国联军川军第七军军长蔡钜猷在常德、桃园一线被贺龙部击退，取道沅陵、泸溪、凤凰往贵州而去，经过浦市时，蔡军进城抢劫商户民宅，焚毁一条街、寺庙几为灰烬，烧死 230 多人。

1957 年，人民政府在下湾创办泸溪县第二中学，兴建 3 栋 2 层砖木结构楼房。1964 年，浦市旅社在正街犁头嘴修建砖砌 3 层楼房。1968 年，浦市磷矿在北郊白里坨兴建一栋砖木结构的楼房。1978 年，中共十一届三中全会后，城镇居民住房建设速度加快。1979 年，县氮肥厂修建 3000 平方米 3 层砖混职工宿舍楼，县耐火材料厂修建高 20 多米的除尘楼和 30 多米高的烟囱。1980 年，全面整修街道，将旧石板街改为水泥路。浦市磷矿在下湾建 1000 多个座位的工人俱乐部、4 ～ 5 层砖混结构办公楼、招待所、职工宿舍大楼 10 栋。1984 年，浦阳乡政府在后街修建高 16.8 米、跨度 22 米的 4 层浦阳农民文化宫。同年，县二中迁建西郊泡子冲，新建混合结构 2 ～ 4 层教学、办公楼、住宅大楼 8 栋。浦阳供销合作社在市正街修建集营业和职工宿舍于一体的 3 层楼房。同时，相继修建百货公司门市部、电影院、邮电分局、税务所等。

1985 年，大多数城镇居民建有新居所，其中，30% 的住户修建 2 ～ 3 层混合结构楼房，是年，全国城镇开展房屋普查，浦市镇居民住房质量和层数超过以往任何时期，人均居住面积 2.6 平方米。改革开放后，随着城镇化建设发展，居民住房条件不断改善。特别是 2010 年后，国家实行廉租房、公租房建设，浦市修建了一大批 5 ~ 6 层居住房。2014 年后，落实精准扶贫政策，国家投入资金在浦市城区修建一批安置住房，一批农村扶贫建档困难户集中迁至城区居住。2018 年，全镇人均住房面积 36 平方米。

农村建设　旧时，浦市农村贫困之家依山结茅屋，居室狭窄，仅蔽风雨。略有资产者建筑木质瓦屋，多为 5 柱梁架 4 排 3 间，少窗户。房屋多为坐北朝南，有依山势而建的吊脚楼，四面穿廊，上层住人，下层为仓舍。殷实富户建风火砖墙，形似四合院的“窨子屋”，大门题额刻字；院配堂屋、厢房，少数置有楼室、有斗窗、四方长型天井。民国时期，农村房屋建筑少，破坏多。仅 1949 年，浦市地区被土匪烧毁的房屋达 2164 栋，数千人无房可居，一些农民修建简易木房勉强度日。

中华人民共和国成立后，农民居住条件逐步改善。1950 年年初，农村有 6% 的农民住上砖房，50% 住木板房，40% 贫困户住茅屋和空架木屋，4% 赤贫户无房居住。土地改革后，没收地主多余房屋分给无房少房农民居住。以后在增产增收基础上，对农民建房采取亲帮邻助和国家适当支持方法，每年解决百余户农民建房问题。1978 年实行改革

农村居民住房（2019 年）　　张宗南　摄

开放政策后，农民自建住房能力增强。特别是农村实行联产承包责任制后，农民生活普遍得到改善和提高。1983 年起，落实中央、省、州扶贫建房政策，帮助农村“无房户”建房，按照农村建房每人 20 ～ 30 平方米标准执行，达到“安全、适用、经济、美观”目的，至 1986 年，全镇已有 97% 的农户有自己的住房。进入 21 世纪后，农村居民建房快速发展，一批设计新颖、造型别致的别墅式住房遍布域内。精准扶贫建档立卡户以人均居住面积不低于 25 平方米标准实行集中安置居住，全镇农民人人有房住，人均居住面积 33 平方米。

精准扶贫　中华人民共和国建立后，始有扶贫工作。1950—1978 年，浦市扶贫工作主要体现在社会救济方面，属于“输血式”扶贫模式。1979 年后，重点是扶贫开发，实施“造血式”扶贫模式。1984 年后，扶贫重点是农村扶贫建房。2009 年，对农村贫困人口居住危房进行改造。2013 年，落实精准扶贫政策，在全镇实施精准脱贫工程。2016 年，浦市镇按照“保基本、兜底线、促公平、可持续”基本原则，进一步完善农村最低生活保障制度，按照“五个一批”的精准脱贫工程要求，对无法通过产业扶持和就业帮助实现脱贫的家庭实行政策性保障兜底。至 2018 年，浦市镇已有一批贫困户通过精准扶贫实现脱贫，走上小康路。

自然地理

地理位置　浦市镇属湘西土家族苗族自治州泸溪县辖属。位于北纬 28° 05′ 33.5″，东经 110° 06′ 10.3″，东接辰溪县板桥乡、孝坪镇，南临辰溪县潭湾镇，西接泸溪县达岚镇与白羊溪乡，北与武溪、洗溪镇相连，地域面积 238.68 平方千米，城区面积 3 平方千米。沅水依城北流，沿江下可达武溪，上 10 千米至辰溪县城。省道 S252、S336 穿境而过，水陆交通十分便利，距泸溪县白沙新城 20 千米，距常吉高速公路 25 千米，距湘西土家族苗族自治州政府所在地吉首市 61 千米，距省会长沙 368 千米。

地质地貌

地质　浦市镇地处云贵高原东部边缘的丘陵山地，为武陵山与雪峰山两大山脉之间过渡地带，属于低山丘陵地带，境域东南部地势平坦，地形以平原、丘陵为主。南部和北部属于低山地貌，最高点是新堡村的代朝山，海拔 625 米，最低海拔是新建街路 125 米。

地貌　浦市地区受雪峰山和武陵山隆起及洞庭湖沉降影响，自北至南 34 座海拔 500 米以上山峰呈弧形展开 10 余千米，奇峰林立，溪流溶洞可见，为喀斯特地貌。东南部属沅麻盆地，岗丘平原阡陌相连，鸡犬相闻，沅水沿镇域边缘蜿蜒流淌，一片水乡风光，南、北部山岭丘岗分布，参差不齐，稻田多分布于山湾之间。

气候物候

春季　浦市境内气候属于亚热带季风性湿润气候，四季分明，年均气温 16.9℃，无霜期 278 天，日照 1432 小时，年降雨量 1330 毫米，其中，镇区南部是湘西土家族苗族自治州境内热量最丰富的暖中心区，年平均气温 17℃。浦阳坪区从立春开始进入春季，而山区一带由于海拔高，气温低，3 月初才能进入春季，往往出现“坪区栽秧上坎，山区播种落泥”现象，立春过后，气温增高，日照延长，始降春雨，万物复苏，备耕开始。坪区清明开始播种，而山区多在谷雨后才开始播种。气候上因“清明断雪、谷雨断霜”，易发生寒潮或雨水短缺，出现春寒和春旱，给农作物生长带来不利。

夏季　浦市从立夏开始，农作物旺盛生长，充足的光照和适宜的温度为植物提供了必需的条件。受低气压影响，气候相对稳定。“芒种不种棉，夏至不栽田”，因此人们在这两个节气之前忙完农活。气温高是夏季最显著的气候特征，因地域、干湿环境不同而呈现炎热干燥或湿热多雨气候。6 月至 7 月初，受副热带高气压影响，进入梅雨季节，易发生洪涝、地质滑坡等灾害。7 月中旬后，又会出现伏旱天气。

秋季　从立秋开始，气温明显下降，昼夜温差大。浦市为双季稻产区，要在立秋之前插完晚稻，以躲过寒露风。进入秋收后，浦市人们按照“处暑荞，白露菜”农谚，翻耕稻田，种植秋荞，播种油菜，栽种秋冬季蔬菜。寒露后，山区人们忙于采摘油茶、油桐果实，由于干湿状况不同，或阴冷多雨，或干燥凉爽。深秋时节，易出现寒露风、霜冻及低温等灾害。

冬季　从立冬开始，随着气温下降，落叶植物的叶子枯萎、飘落，动物减少活动，蛇蛙类动物选择冬眠至次年立春结束。初冬时节，代朝山、野猫坳枫叶泛红，高山坪万亩油茶花雪白成片，成为景观。气温降到0℃以下时，易出现降雪、冰冻天气，产生冰冻灾害。

土壤植被

土壤 浦市境内土壤成土母质较多，主要有紫色砂页岩风化土，是域内主要成土母质，土层浅薄夹有半风化碎石。石灰岩风化成土，呈棕黄或棕红色，其土层厚薄不一，质地黏重，透水性差，凝聚力强。板页岩风化成土，呈黄色或黄褐色，质地较黏，透水性较差，土壤养分含量较高。砂页岩风化成土分布在境内海拔较高的山区，其土层较厚，土质疏松含砂。河流冲积物成土，分布在沅水及其支流两岸，其土质肥沃，土层深厚，上细下粗，层理分明。域内土壤分为7个土类，17个亚类，61个土属，138个土种。

植被 浦市自然林地主要分布在300米以上的山区，以针叶林为主，其次是针叶和阔叶混交林。林木以马尾松为主，其次是杉木、油茶、油桐、槲栎、麻栎、青岗、板栗、椿、槠、樟等。森林地面多为灌木丛和草本植物所覆盖，人工林地主要分布在300米以下的丘陵地区，分用材林和经济林两类。人造林木主要有柏、杉、椿、泡桐用材林和油茶、油桐、柑橘、茶叶、桑葚等经济林。

牧草 浦市境内牧草资源属灌木草丛类，草场面积多分布在海拔400米以上的低山区。山地草丛类草场主要分布在海拔200～300米的低山丘陵区，以沅江、浦溪两岸居多。灌丛类草场主要分布在低山丘陵沟谷地带，农林隙地草场是牲畜的主要放牧地，林间草场分布于松树林、杉木林、油桐油茶林间。

自然资源

动物资源 浦市境内溪河鱼介类有22种，其中，大头鲤属于国家二级保护动物。两栖类有6种，其中，虎纹蛙、大鲵属于国家二级保护动物。爬虫类有12种，其中，尖吻蝮、山瑞鳖、平胸龟、地龟属于国家二级保护动物。

鸟类有26种，其中，国家二级保护动物有红腹角雉、锦鸡、花田鸡、鸳鸯。

兽类有15种，其中，国家二类保护动物有穿山甲、小灵猫。

昆虫类有17种，其中，国家二级保护动物有尖板曦箭蜓、宽纹北箭蜓等。

植物资源 药用植物。浦市境内的野生药物有200余种，主要品种有土人参、野生灵芝、党参、金樱子、茯苓、蓖麻、曼陀罗等。

林木。浦市境内的林木有240余种，其中，优良用材树种有杉、松、柏、樟、椿、南酸枣、泡桐等，珍贵树种有银杏、金丝楠木、黄连木、青冈树、梓木等。其中，银杏属于国家一级保护植物，金丝楠木属于国家二级保护植物。经济林木有乌桕、山漆、山鸡椒、桑树、女贞、大枣等，以柑橘、油茶、油桐、板栗为大宗。灌木树有黄荆、杜鹃、紫荆等。竹类有南竹、烟竹、小山竹。牧草种类较多，有9科110种。此外还有蕨类、葛类、菌类、藻类多种野生植物。

矿产资源 浦市境内矿产资源主要有磷、铝、铅、金、铜、锰、锌、钒、石煤、铁、钾、朱砂、硅石、萤石、烟岩、高岭土、白云石、菊花石、金刚石等。其中，石煤、磷矿石、铝土矿、菊花石储量居全省前列。

菊花石。菊花石主要分布在高山坪村及岩门溪村，麻溪口村、毛家坡村、新堡村、都岐村等延伸25千米范围内，岩门溪村一带的菊花石最有名，开采方便，数量多，花型大小各异。

沅水奇石。沅水奇石属于矿产资源，具有很高的观赏和收藏价值，石种主要分为沅江彩玉、金纹石、油卵石、黄蜡石、梨皮石、绿陶石、诡纹石等，以沅水中游辰河段为佳。

水资源 浦市境内有大小河流43条，主要河流有沅水、浦溪、麻溪、马王溪等，岩门溪水库控制流域面积70.2平方千米，是泸溪县蓄水量最大的水利设施，以灌溉、防洪为主，兼发电、供水、养殖等综合效益的水利工程。1957年1月，湖南省水文资源勘测局在五果溜村江边设浦市水文站。

沅水。沅水又称沅江，属外流河、地上河、常年河。源出贵州省都匀市斗篷山，流经贵州东南、西南，至怀化市洪江以下始称沅江，在常德市汉寿县注入洞庭湖。沅江在泸溪称为沅水，由辰溪县城自西南注入，又向北流经浦市镇至武溪镇，纳武水后东流入沅陵县境，境内流长35千米。自怀化地区辰溪县至沅陵县（古辰州府）这一段又称为辰河。河床一般宽300～400米，最宽处1000米。年平均流量为1132.6立方米/秒，最大洪峰达1.76万立方米/秒，最枯流量为138立方米/秒，坡降为0.4%。河面开阔，水流平稳，常年通航。水能理论蕴藏量（以一半算）为13.53万千瓦，有丰富的水能开发资源。沅水自古就是湘西地区交通要道，其流经辰溪县张家溜村后进入浦市境内，自南往北拐了一个大弯，没有了汹涌的激流险滩，成为天然避风港。沿江码头群集，江上舟楫如梭，浦市因为沅水特殊的地理优势得以较早成为沅江流域最活跃的商贸集镇和货物集散地之一。

沅水之畔的浦市（2019年） 张宗南 摄

浦溪。浦溪位于浦口（浦市）溪水出口，属于外流河、地上河、常年河。浦溪有3条主要支流，南支发源于达岚镇潮地村境内，叫达岚溪；北支分为白头溪、马王溪两条支流，亦发源于达岚镇。3条支流在原长坪乡硬晒村境内汇合后始名浦溪。浦溪经原长坪乡中堂村进入浦市，又经青草、银井冲、浦溪、黄家桥四地，于浦口汇入沅水，流长40千米。此溪出口处原设浦溪渡口，渡口两岸建有宽阔石阶码头，还有凉亭，是从浦市走旱路去辰溪县城必经渡口，沿溪两岸阡陌纵横，一派田园风光。

麻溪。麻溪又称岩门溪，因旧时两岸野生苎麻多而得名，属于外流河、地上河、常年河。麻溪源出达岚镇潮地村，流经浦市镇田家溪村进入原李家田乡，在大溪口自然村由北向南流，复入浦市镇境内。经鱼坪、灰洞坳、岩门溪、麻溪口等地，在麻溪口汇入沅水，全长28.8千米。1966年冬，县人民委员会在中段岩门溪村修筑岩门溪中型水库，1969年9月竣工。后又进行加固与配套建设，4个自然村101户属于淹没区，迁民

浦溪（2016 年） 姚传山 摄

房 265 间，淹没稻田 38 公顷，旱地 5 公顷。库区控制流域面积 70.2 平方千米，总库容 2900 万立方米，和其他 11 座小型水库一起对 360 口山塘进行串联灌溉，担负浦市镇域内 1553 公顷稻田灌溉，是一座以防洪、灌溉为主，兼顾发电、供水、养殖等综合效益的中型水利工程，被称为仙人湖。

马王溪。马王溪旧时称蚂蝗溪，属于外流河、地上河、常年河，发源于都岐村，溪水从北而来。在距马王溪村委会 2 千米的山涧有一座石坝，水流从坝顶滚落，发出雷鸣般的声响，形成壮观的瀑布，汇入溪潭，流向马王溪村，而后沿马王溪经毛茂田村，在长坪村汇入浦溪，流长 3.15 千米。上游都岐村至马王溪村段，高山峡谷，田野如茵，绿树摇曳，山清水秀，风景优美。

土地资源 浦市三面环山，一面环水，西北山峦重叠，中部丘陵起伏，沅水岸畔地势平坦，土地资源分为山地、丘陵、平原 3 种类型，以丘陵、平原为主，各占五分之二。

浦阳坪、五果溜坪是泸溪县最大的“粮仓”。山地宜发展林牧业，丘陵、盆地宜发展耕作业。已利用土地（耕地、林地、工矿交通居民点用地）2.39 万公顷，在土地利用中，耕地面积 4236.1 公顷，其中，稻田面积 3774.6 公顷，旱地面积 461.5 公顷；工矿交通居民点用地 2750 公顷，林地面积 16920 公顷，森林覆盖率 75%。

镇域经济

浦市曾是全县工农业生产重镇，工业占据泸溪县半壁江山，农业是泸溪县良种良育推广基地，有泸溪县“粮仓”美称。尤其是 21 世纪以来，传统农业向现代农业转变，商贸业不断繁荣，旅游服务业兴起。中共十八大以来，浦市坚持集约发展，培育主导产业，加快产业接替发展，提升产业竞争力，实现一村一品，产业全面提升。

集散商品

主要商品　明朝末期，浦市出现炼铁业，清朝中期发展到极致。铁矿石从五斤坡一带开采，炼出生铁、毛铁销售外地。一时间，沿河一带冶铁高炉林立，入夜炉火、船灯照红了江面。冶铁业的兴旺产生了瞿、唐、康、杨四大家族。鸦片战争后，国门打开，洋钢洋铁侵入，炼铁业逐渐衰落。此时，浦市商业代替冶铁业的是桐油业。桐油业代表家族是李、吉两家商户，尤其是李家。其时，下湾几座桐油加工作坊十分繁忙，老码头、大码头上，货运工昼夜抬油装船。后街设有虢、杨两家油篓行，多达 200 人在此加工。篓用竹篾织成，用纸糊好，每篓内装桐油 65 千克。桐油原料来自云南、贵州、四川等地，加工成秀油或洪油后，运往常德、汉口、南京、上海等地。

民国期间，桐油行分为行（xíng）行（háng）和坐行（háng）两种性质。行行分为上中下三路，主要在浦市乡间收购。上路行行有刘老四、刘兴发、刘玉兴、王顺记、李永升、赵星记、陈道德、陈冻儿、李启辉等，在麻垅、桐山一带收购。中路行行有王必相、姚复亮、杨发友等，在白羊溪、兴隆场一带收购。下路行行有石绍纯、姚龙成、姚松记等，在李家田、洗溪和潭溪一带收购。坐行则是坐店收购，有成人美、福康祥、熊德丰、吉大祥、谢兴盛、姚正吉、立生恒、聂金福等油行。抗日战争爆发后，由于政治与地理中心的转移，洪江成为沅水流域油行业中心，取代了浦市。

明朝时期，古镇便有鞭炮生产。几乎户户制作鞭炮，成了远近闻名的鞭炮城。鞭炮制作工序复杂，全部手工操作，有“点火放炮、七十二道”说法。清朝末期至民国初期，浦市 12 家商号均将鞭炮作为向外扩张经营的主要业务之一。其中，程力兴垄断了古镇鞭炮出口市场，商家多从他家批发产品远销东南诸省。20 世纪 80 年代，浦市鞭炮业逐渐走向低谷，同时，随着科技的进步，古镇成为湘西矿产加工和化工生产主产地，创办了浦市化工总厂等 14 家县、镇企业。工业的兴盛让一度沉寂的浦市再次繁荣。其间，主要有磷肥、氮肥、黄磷、硫酸、金属锰等化工产品和水泥等建材制品。

商品集散 浦市位于沅水中游西岸，水运交通便利，沿江而下可达沅陵、常德、岳阳、武汉等大中城市及浙江、福建、广东诸省，溯江而上可达洪江及贵州、四川、云南。沅水浦市段河面宽阔，水深流缓，是得天独厚的天然港口。区位及水运条件优势，使浦市拥有了孕育和发展商贸的机遇。明清及民国初期，沅水在长江流域一线货物的转运上发挥了极强的纽带作用。浦市成为东西连线上的一个中转站。全国各地商人纷纷到浦市经商，内外物资得以互通有无。古镇的生铁、鞭炮、木材、竹子、桐油、柑橘、朱砂、五倍子、苎麻、铁骨猪、莲藕等地方特产，沅水下游商镇的淮盐、花纱、瓷器、布匹、五金及其他日用杂货，莫不在此交货转载。更有甚者，连江西景德镇的瓷器也由产地源源不断直达浦市，再从浦市源源不断销往常德、桃源、沅陵等地，因为它的批发机构瓷庄、瓷号均设在浦市。同时，洪江、会同以及贵州玉屏、镇远等地的竹筏木排从沅水上游漂流下来也汇集于此，尔后远去常德、岳阳、汉口。舟蚁汇聚，商贾云集，各种大货船拥挤于此，常常占了半边河面，竹筏木排停靠在娥眉湾至五果溜长达 5 千米的河边。内外物资到达浦市后，一部分物资在此上岸卸运，走浦市高山坪驿道运往凤凰、乾州，乃至到铜仁进贵州、云南。一部分物资仍然向上到达洪江卸运，还有部分物资继续向上到达贵州境内。石堤后街，年年春夏秋冬，天天白昼夜宵，堤里堤外，街前街后，热闹非常。每天，堤外江面船来船往，堤里街市商铺林立，烟火万家，船塞水域，人满街市。繁忙的水路运输成就了镇域百业的兴旺，大街小巷商号庞杂，商贾麇集。曾经拥有 13 家省级会馆，3 家银行，7 家钱庄，3 家洋行，5 家典当行，128 家鞭炮店铺，160 多家南杂货店铺，180 多家绸缎、油行、造纸、印刷店铺，上百家手工作坊，300 多处铁匠铺，40 多家茶馆、酒楼，30 多家剧院、澡堂、旅社、客栈。浦市古镇可谓是，三百六十行，行行俱全，行行出大户。

20 世纪 60—90 年代，浦市成为泸溪县工业基地，全州唯一的国家大（2）型化工企业浦市化工总厂在这里诞生。沿岸建有 6 座现代码头，企业生产所需而本地没有的原材料通过船运而入，磷肥、氮肥、黄磷、硫酸、金属锰等化工产品和水泥、陶瓷等建材以及经过粗加工的磷矿在此装船，运至各地，甚至出口东南亚。

百业并举

清末民国初期，商贸七十二行，浦市行行皆有，繁盛一时。

典当饰物类 典当行。典当行资金雄厚，急需现金者将衣物首饰或珍贵物品送至其处可抵押钱款。典当行按物品价值的 5 成开票，按票面额 6 成放款，当期 3 个月，到期不赎则成“死当”，抵押物品由典当行拍卖。古镇首屈一指的典当行是杨益兴典当行，还有一言堂、永生两家。

银楼业。即首饰店，时有蒋聚发、熊天生、陈聚宝、张泰和 4 家银楼。银楼除销售饰物外，也根据顾客要求，从事典当和首饰加工。

服装织染类 成衣庄。时有杨益兴、一言成、成生三大衣庄，出售单棉皮夹等四季衣服，款式新颖。

绸布业。绸布业时有杨益兴、邓恒兴、福履成、姚泰兴、游丰盛、李宏顺、鼎立祥、姚恒森等 20 多家布业店。

染坊业。浦市四乡农民织“家机布”者甚多。时有杨荣昌、张荣祥、田荣昌、邓福兴等 10 家染坊。

丝线业。时有罗瑞森、胡升泰、张义泰等 12 家，以罗瑞森染色丝线著名，批销至溆浦龙潭、凤凰、辰溪、麻阳等地。

烟酒类 丝烟业。古镇有名的丝烟作坊有李太顺、胡忠泰、沈益泰、福康祥、曾福兴、龙裕兴等。沈益泰连续 3 代经营丝烟，作坊由 1 家发展到 3 家，成捆“条丝烟”远销常德、桃源及武汉三镇。丝烟作坊形成一条街，因此称为烟坊弄街。

卷烟业。卷烟业在抗日战争期间传入浦市，安徽人吴大华开设大华烟厂，生产金鼠牌香烟。孙爱华开设爱华烟厂，手工卷制“爱丽春”牌香烟，畅销市场，抗战胜利后迁回原籍。

糟坊酒业。古镇用粮食酿酒早有传统，市场酿制有米酒、谷烧酒、麦烧酒、玉米烧和冬酒、苏酒等。产品除本地市场外，还批发至沅陵、辰溪各县城。较有名气的酒坊有瑞昌和、阮荣泰、钱瑞昌、苏荣泰等9家。

加工业 油行。有行行和坐行两种性质，行行分上中下三路在泸溪县产桐子的乡镇农村往来收购。坐行则是坐店将油农或油贩送来的产品，按统一规格包装入油篓或油桶，整船运往常德、汉口销售。坐商资本雄厚，著名商号有成人美等10余家油行。

酱油业。浦市酱油价廉物美，各家皆以独家配方酿制，较有名气的有龚恒兴、谭宏声、龚悟兴、钱瑞昌、姚新盛、蒋大芳、张元泰、元太和、蒋宏亮、谭桐记等作坊。

米糖业。浦市流行用大米小麦熬制白糖或加工成芝麻“洋糖”供应市场，十字街有新盛糖坊，寨尾头有元康糖坊，万寿宫有梁开选糖坊。

小锅米酒坊（2019年） 刘云 摄

铁匠业。分大铁业和小铁业，大铁业制作农具、铁耙斧锄等。小铁业专做钉子、钳子及船上用的铁器，分布在吉家巷下首河街一带。

杂货类 碱水业。浦市是桐茶油集中的市场，桐茶果壳烧灰制成的碱水形成专业经营的碱行，时有宋云庆、游丰盛、唐长生、邓家等碱行。

洋靛行。最大洋靛行是熊荣记，经销德国狮马牌青蓝靛。因洋靛较土靛便宜，逐渐垄断城乡染料市场。此外，兴隆场一带的农民种植蓝靛制成土靛粉，出售给9家染坊使用。

盐庄。盐业许可民营时，浦市有泰兴恒、福履成、益兴福、潘天源、龚恒兴5大

传统酱油作坊（2019 年） 刘云 摄

盐庄。盐庄直接从扬州十二圩运淮盐到浦市，再转销其他各地或批发给街区各南杂店销售。

京广业。又称百货业，商品源于天津、广州等地。时有苏仁和、陈耀记、杜鼎盛、唐兴记等百货商号。

南杂业。有潘天源、姚恒森、谢兴盛、杨道康等 160 多家。姚恒森的南杂业资本雄厚，经营业务广泛。

糕点业。糖果糕点加工业主要有蒋大芳、王永盛、龚恒兴、元泰和、张元泰等 7 家作坊。

洋油行。民国初年，煤油称为洋油。油商用送灯上门手段销售，煤油占据照明市场较大份额。主要有亚细亚洋油行、德大洋油行、太古洋油行。

蜡烛业。时有曾福兴、沈益太、胡中太、吉中兴、唐文元、福康祥等十余家蜡烛店铺。

神香业。时有香业经营者 20 多家，城内设有香铺会馆。

烧纸业。时有烧纸经营30多家，其中，吉复生、向金求、刘新顺等所开纸号资本雄厚，产品畅销外县。

医药类 国药业。时有龚恒兴、杨兴盛、张元春、张慎记、赵恒康、宋宏道、胡雄文、康利民、敖梦林、李万许、吉隆西等专门经营药材，有的兼营门诊。

中医业。浦市著名老中医有唐仁山、康八老、唐显贵、康世甫、欧乐碧、杨三老、欧月樵等，其家族世代开设医馆行医，医术精湛。

西药业。西药于民国时传入，经营户有杨幼五、郑宝全、朱定荣、唐浩然、黄世瑞。

服务类 粮食行。时有余恒春、张宏盛、姚源盛、武煌计、张公和等6家，资本最雄厚当属余家粮行。

水果行。时有杨通光、李金榜、唐求计等5家水果商行，经营各类时令水果。

旅栈业。民国时期，开设有各种旅馆、客栈30多家。吉家巷左义泰旅栈因服务质量高广受好评，邵阳一带布匹客商对该店非常信任，在该店长期住宿。

饮食业。民国时期，特色饮食有十字街李大兴的斋粉，下湾唐裕龙的水饺，万寿宫门口康启云的“刷把头”（烧卖），吉家巷口王大发、李万寿的羊肉和鸡肉粉，正街远东酒楼的红案酒席，太平街涤心楼的夹心糕，文昌阁的鼓儿糍和马蹄糕，堤上的扯扯糍，大码头龙华露天茶社的盖碗茶，宋连泰的高粱烧，苏云泰的冬酒，瑞昌和的苏酒，元泰和的水晶糕，张元泰的玉带糕，龚恒兴的牛皮糖等。

土膏业。即鸦片烟经营店。鸦片战争失败后，清王朝禁烟无能，放任各地自种鸦片，自种的鸦片称土烟。清政府允许商人公开经营，但必须“贴花”“纳税”。民国时期政府宣称禁烟，却暗中放纵，古镇一时成为云贵烟土过境的通道，时有永生恒、三友两家土膏店。清末至民国时，鸦片烟馆在城乡各处皆有。1950年禁烟运动时，浦市有大小烟馆13家。

器具类 铜器业。时有铜器店铺5家，业务较大的有上街佘家铜器店、中街石家铜器店、下街田家铜器店。

锡器业。时有锡器店铺4家，其中，刘家和张家两家业务较大，均系沅陵县人在此经营。

瓷器庄。瓷器庄均系江西人经营，由江西景德镇船运至浦市堆庄，只批发不零售。验收后，再分销洪江及川贵等地。古镇最大商号有聂宝兴和益兴福两家瓷器庄。

除上述行业外，域内还有豆腐作坊 20 家，豆芽菜作坊 10 家，玉米粉条作坊 5 家，面条米粉加工作坊 20 家，理发店 37 家，纸扎工艺店 5 家。澡堂、照相馆、剧社等一应俱全。特别是在抗日战争时期，沿海一带大批机关学校内迁，给浦市商业带来又一次繁盛。

沅水淘金 清光绪《湖南通志》载："麸金出沅陵、沅州、辰溪、溆浦、泸溪，土产有水银、石绿等"。元蔡明诗："淘金户，淘金大江侧，水深沙浅淘不得。夜闻啐叫来打门，官司追课如追魂……卖金买宽限，金尽限转急。往来坐床头，妻子相对泣。"这是旧时沅水淘金的写照。1979 年，常德、桃源等地许多人到泸溪淘金，淘出麸金和金刚石。每年春秋冬季，沅江河滩到处可见淘金者。21 世纪初，集中在浦市麻溪口滩、五果溜滩、浦市滩、马子桥滩。随着生态环境保护政策的实施，沅水淘金现象逐渐消失。

经济发展

中华人民共和国成立以后，浦市境域经济主要以传统农业生产和商贸服务为主，农产品主要是水稻、甜橙、荸荠、莲藕、棉花、铁骨猪等，商贸服务业主要是木材、桐油、白蜡等产品购销和鞭炮业制作及销售。1962 年，粮食播种 2597.87 公顷，产量 4392 吨。1970 年，农村经济开始复苏。1973 年，粮食作物播种面积 2614.33 公顷，产量 7975 吨。1978 年，社办企业进入发展阶段，产业结构发生变化。1982 年，实行联产承包责任制，经济结构调整，农业生产走向产业化、规模化。1999 年，农林牧渔业产值 5776 万元，乡镇企业产值 11561 万元。2004 年，农林牧渔业产值 5129 万元，乡镇企业产值 8360 万元，农民人均纯收入 1898 元。是年，长坪乡农林牧渔业产值 2272 万元，农民人均纯收入 1504 元。李家田乡农林牧渔业产值 1054.2 万元，农民人均纯收入 1187 元。2005 年并镇，全镇农林牧渔业产值 8964.8 万元，农民人均纯收入 2162 元。2006 年，再次进行产业结构调整，在中堂、长坪、庄上、麻垄等村集中连片开发椪柑 133.33 公顷。以麻溪口、李家田、岩门溪 3 个村为基点，集中开发 67 公顷椪柑示范片区。在毛家滩、长坪、新堡、麻溪口、麻垄等村改造 100 公顷椪柑精品示范园。建成以长坪、毛茂田、马王溪、毛家滩、银井冲村为主要烤烟生产示范基地 156 公顷。2010 年，全镇农林牧渔产值 1.4122 亿元，农村居民人均可支配收入 3573 元。2014 年，农林牧渔产值 2.0384 亿元，农村居民人均可支配收入 5537 元，城镇居民人均可支配收入 1.67 万元。2018 年，农林牧渔总产值 2.549 亿元，农村居民人均可支配收入 7881 元，城镇居民人均可支配收入 2.1461 万元。

水稻种植（2018 年） 县农业局 提供

种植业 浦市有稻田 3774.6 公顷，旱地 461.5 公顷，种植业特别是粮食生产，在全县经济中占有重要地位。1985 年，县农业局在浦市下设县原种场、种子公司，粮食作物站、经济作物站、植保植检站、土壤肥料工作站、柑橘站、农业科学技术推广中心、农业科学研究所、科教培训站、园艺示范场。浦市有泸溪县“粮库”之称。

农业种植业以水稻种植为主，其次是玉米、红薯、大豆等。经济作物主要有油菜、瓜果、蔬菜、荸荠、莲藕、棉花、花生、蚕豆等。1961 年，试种双季稻，当年种植面积 159 公顷，产量 485 吨。1974 年，在全县率先试种杂交稻，种植 4 公顷，产量 27 吨，1980 年，推广种植杂交稻。1981 年，确定为全县杂交稻制种区，建立制种基地。1999 年，双季稻种植 671 公顷，占水稻种植面积的 60%，产量 10228 吨。柑橘是该镇传统产业，2006 年，椪柑种植 800 公顷，产量 1.2 万吨。2010 年，作为超级稻项目区，推广超级稻生产，种植面积 300 公顷。2011 年，农业产业进入烟—稻、油—稻连作阶段，形成以马王溪示范村为核心，遍布坪区各村的观光农业区。2014 年，粮食作物播种 2770.1 公顷，产量 2.2331 万吨。烟叶种植 131 公顷 193 吨。油料播种 1072 公顷，产量 1874 吨。柑橘园 300 公顷，柑橘产量 1.5546 万吨，农业产值 1.336 亿元。2018 年，农业总产值 1.695 亿元，林业收入 876 万元。

养殖业 家畜品种。猪：本地猪有浦市铁骨猪、花猪、黑猪 3 种。其中，浦市铁骨猪是国家地理标志保护品种，特征是体型较大，四肢粗壮，骨骼结实，毛色全黑，体型紧凑，按标准饲养，日增重 469 克，每增重 1 千克消化能 11.04 兆卡，消化朊（蛋白质）0.84 克，屠宰率 72.11%，瘦肉率 42.5%。1973 年，浦市全镇生猪存栏 7759 头。1983 年，

浦市铁骨猪（2016 年） 姚传山 摄

全镇（包括浦阳公社）生猪饲养量达 13371 头。1990 年，以养猪为主的畜牧业得到发展，能繁母猪增多。1999 年，生猪存栏 1.6597 万头。2008 年，马王溪村推行猪—沼—果（菜）生态家园式养殖模式，带动周边乡村生猪养殖业。为保护和发展浦市铁骨猪优良品种，在麻溪口村建立原种铁骨猪养殖专业合作社，按照“合作社 + 基地 + 农户”和“统一防疫、集中繁殖、分户育肥、统一回收、统一加工”模式运作。2013 年，浦市铁骨猪养殖大户 5 家，散养户 300 家，年饲养量 1 万头，出栏 6000 头。2014 年，浦市全镇有养殖大户 34 家，全年生猪出栏 25988 头。

牛：浦市地区有黄牛、水牛两种。浦市黄牛系湘西优良黄牛品种的一部分，繁殖性能好，三年产两胎，每头役牛 6 小时平均耕田 0.12 公顷，多分布在山区农村。浦市水牛属滨湖水牛，四肢粗壮有力，使役性强，母牛三年产两胎，役牛 6 小时每头平均犁田 0.18 公顷。1973 年，浦市全镇耕牛饲养量 2909 头。2014 年，浦市养殖牛出栏 1399 头。

羊：浦市羊品种有本地白山羊，1964 年从四川成都引进的成都麻羊，1978 年从陕西引进的萨能奶山羊 3 种。1964 年，县畜牧局将麻溪口畜牧场改为种羊场，专门从事优质种羊提纯复壮。1973 年，浦市羊存栏 2909 只。1999 年，羊存栏 8186 只。2014 年，浦市养殖羊出栏达 2508 只。至 2018 年，浦市养殖业收入达 7006 万元。

家禽品种。浦市实行家庭联产承包责任制前，畜牧业主要是以家庭饲养和自产自销为主。鸡：有浦市木鸡、本地山鸡、1980 年引进的杭鸡。鸭：有本地麻鸭、1980 年引进的苏州麻鸭、1990 年引进的北京鸭。鹅：有白鹅、麻鹅、1980 年引进的狮头鹅。1973 年，浦市家禽达 11 万羽。20 世纪 80 年代后，养殖业进一步得到发展，家禽饲养量达到 18 万羽。2000 年，乡村出现养殖大户。2008 年，麻溪口、花园坪等村依托资源优势发展山羊生产和渔业生产，新堡村、银井冲村、浦溪村、青草村等村利用地域优势，发展

山鸡饲养（2016 年） 姚传山 摄

山羊饲养（2018 年） 张宗南 摄

鸭、鹅等家禽业，实现“一村一品”。2014 年，浦市养殖家禽出笼达到 28.5745 万羽。

麻溪口种羊场。麻溪口种羊场位于沅水中游西岸麻溪口村境内，地域面积 852 公顷。1940 年，宁乡人王侃在此创办湖光农场。中华人民共和国成立后，1956 年，县政府在此创办畜牧场。1964 年，从四川引进成都麻羊 100 只，专门从事麻羊的提纯复壮和良种选育，畜牧场改为种羊场。经过多年选育，到 1974 年，繁殖麻羊 6580 只，其中，向省、州、县提供种羊 4630 只，交售给国家商品羊 1500 只。从是年起，进行乳肉兼用湘西无角白羊杂交育种。以湘西本地羊为母本，以成都麻羊和萨能羊为父本，进行三品种的复式育成杂交，育成湘西杂交奶山羊新品种。1983 年，省里投资 88 万元在丫山头一带建立草场基地，到 1985 年，共完成人工草场 73.33 公顷，修建饮水设施 3 处，购进牛 11 头，羊 300 只，良种兔 115 只，兴建羊舍 2 栋，维修公路一条，购进饲料加工设备一套，手扶拖拉机一台。至 1985 年，在职职工 34 人，放牧草地 467 公顷，耕地 6.47 公顷，其中，稻田 1.13 公顷。建筑面积 7970 平方米，其中，羊舍 16 栋 3925 平方米，固定资产 42.8 万元。修建简易公路一条，长 6 千米。代管香炉岩村民小组，全组有 25 户 128 人，从事农牧业生产。1995 年后，因经营管理不善，出现亏损。1996 年，裁减人员，卖掉湘西奶山羊，仅存马头羊 220 只。2000 年，麻溪口种羊场解体。

渔业 渔业发展。浦市水资源丰富，境内除沅江外，有溪、河 26 条，大小水库 29 座，大小山塘 71 口。其中，水面、水库、山塘、稻田养鱼占全县总面积的 6.5%。水产资源主要有鲤、草、鲢、鳙、鳊、鲫、鳜、鲶、鳅、虾、螺、蚌、蟹、龟、鳖、蛙等 35 种。浦市水产捕捞可追溯到新石器时期，下湾遗址生活垃圾堆放区的螺蚌贝壳证实，早在 7000 年前，生活在这一片土地上的人们就已有捕捞行为。至明清时期，浦市周边村寨尤其是山区村寨兴起水产养殖，人们利用稻田、塘陂从事渔业生产，抗战时期浦市成为沦陷区机关单位和人们避难之地，市场再度繁荣，渔业生产再度兴起。

中华人民共和国成立后，政府鼓励渔民从事捕捞业，鼓励农民利用稻田和塘陂养鱼。1956 年农业合作化时期，浦市地区成立渔业合作社。1957 年，泸溪县在浦市建立泸溪县鱼种场，经营水面 3.2 公顷，其中，鱼种池 1.5 公顷。1958 年起，兴修水利，为发展塘库养鱼业创造了条件，人们在保证稻田灌溉同时利用水库山塘发展渔业养殖。1960 年，全镇（含浦阳、长坪、李家田公社，下同）渔业产值达到 4.21 万元。1963 年，县鱼种场除人工孵化家鱼外，青鱼和鳊鱼人工孵化也相继成功。1970 年，县鱼种场迁至岩门溪水库。每年人工孵化草、鲢、鳙、鲤、青、鳊等鱼苗 2000 万尾以上，供应全县放养鱼苗需要。各生产大队、生产队利用塘库养鱼，是年，全镇渔业产值达到 50 万元。1971 年起，除县鱼种场养殖成鱼和繁育鱼苗外，一些生产队也开始利用塘库养鱼。1980 年，全镇渔业产值降至 30 万元。1983 年后，实行家庭联产承包责任制，稻田养鱼传统方式得以恢复，产量迅速提升。稻田放养主要品种是鲤鱼，每年春季，鲤鱼产卵于人扎的草排上，将卵草移到池中孵化，出苗后即可出售。农民在水源较好的水田里围上小凼，放进鱼苗，十天半月后再放入大田。秋季禾苗成熟后，再放水捉鱼，一般亩产鲜鱼 25 千克左右。有的将小秋鱼放入冬泡田越冬，称为“冬鱼”，来年再放入大田养殖，可长到 0.5 千克以上。沅水岸边的浦溪、麻溪口、五果溜、毛家滩、小岸坪、马子桥等村则利用农闲时期在沅水从事捞捕。1990 年，全镇渔业产值上升至 150 万元。1991 年后，河道水质污染日益严重，河坝阻止亲鱼上游产卵，加之捕捞量过多，鱼类繁殖受限，河道鱼类大为减少，龟、鳖数量减少更甚。2000 年起，休闲垂钓成为人们度假的一种方式。浦市地区一些塘库承包者利用塘库养殖成鱼，为休闲垂钓者提供场所。较为出名的垂钓场所有五果溜鱼种场、英雄水库、二中水库、马王溪水库等。这些垂钓场所建有农家乐，为垂钓者提供垂钓、食宿、停车等。县五果溜鱼种场实行承包责任制，渔农养殖鱼苗，每年为全县稻花鱼养殖和河流放养提供鱼苗 20 万尾以上，全镇养殖稻花鱼近万亩，每亩均增收 600 元，至 2018 年，全镇渔业产值达到 531 万元。

泸溪县鱼种场。泸溪县鱼种场始建于 1957 年，位于浦市五果溜村境内，经营水面 3.2 公顷。是年，从望城、沅江、南县及湖北的志山嘴等地运入鲢、鳙、草、鲤鱼苗“夏花”，放入鱼池内培育成“春片”出售。1963 年，湖南省畜牧水产厅派出 2 名技师帮助进行家鱼人工孵化获得成功。1970 年，鱼种场迁至浦阳公社岩门溪。场内面积 2.6 公顷，经营水面 1.87 公顷，种鱼池 1.2 公顷，直接灌引岩门溪水库水，水质良好，交通方

岩门溪鱼种场（2019 年） 张宗南 摄

便，是繁殖鱼种理想场所。1978 年，又在距场部 3 千米的孔田垄设分场，面积 2.33 公顷，其中，稻田 1.67 公顷，作为生产粮食和饲养成鱼场所。1985 年，全场总面积 4.87 公顷，鱼池 1.8 公顷，年产鱼苗 1500 万尾，其中，大规格鱼苗 35 万尾。1983 年，移交给县畜牧局，又创办五果溜鱼种场，场地总面积 8.67 公顷，其中，鱼池水面 7.60 公顷亩。年产鱼苗 400 万尾，其中，大规格鱼苗 50 万尾，产成鱼 10 吨。1998 年，县鱼种场体制改革，实行承包责任制。2000 年起，在养殖成鱼的同时，以繁殖大规格鱼苗为主，为全县渔业养殖提供鱼苗。

工业 唐宋时期，浦市境内人们便掌握了锻冶水银、朱砂和造船技艺。明清时期，出现采矿、冶铁、淘金、鞭炮制作、食品加工、五金加工等行业。民国时期，煤矿开采、造船以及各类加工等传统工业剧增。1946 年，浦市人吴维舟在麻溪口创建维新股份公司，从事煤矿生产。1950 年，煤矿由县公安局接管，对外称地方国营麻溪口煤矿。1958 年，泸溪县分别在五果溜、麻溪口建煤矿。1966 年，始建泸溪县浦市磷矿。至 1974 年，境内有化工厂、氮肥厂、耐火材料厂、鞭炮厂、皮件厂、副食二厂、水泥厂等 15 家县办企业，成为县办工业集中区。依托县办工业资源优势，镇办村办企业发展迅速，形成工业经济为主导的经济结构。1975 年，成立浦市磷矿，属社办企业。1975—1985 年，采掘磷矿石 26.80 万吨，总收入 426.14 万元，利润 149.87 万元。1985 年，有

马王溪陶瓷厂车间一隅（2017 年） 张宗南 摄

镇村企业 18 家，企业总产值 344 万元。1990 年，建浦市化肥厂，生产的钙镁磷肥、四效复合肥、磷酸氢钙、硫酸远销全国各地，获得科技部“全国乡镇科技进步先进单位”、湖南省人民政府“全省乡镇企业化工企业十五强”等荣誉称号。1995 年，浦市被评为“全州乡镇企业总产值过亿元乡镇”。1996 年，评为全州乡镇企业“十强乡镇”。1999 年，评为全州经济工作“十强镇”。镇办企业有化肥厂、自来水厂、鞭炮厂、塑料厂、砖瓦厂、石灰厂、电镀厂、磷酸氢钙厂等 27 家，从业人员 1383 人，工业企业总产值 1.1561 亿元。2005 年，境内县属企业全部改制，乡镇企业亦整体改制。2018 年，有马王溪陶瓷厂、岩门溪石灰厂、宏宇建材厂、天阳矿业公司、自来水厂等 7 家民营企业，从业人员 1500 人，工业总产值 8000 万元。

旅游商贸 浦市是中国历史文化名镇，旅游业起步于 2010 年。域内旅游资源丰富，有省级文物保护单位 27 处，州级文物保护单位 1 处，县级文物保护单位 52 处，其他未定级文物保护点 200 余处。下湾遗址入选 2017 年度全国十大考古新发现终评名单。民俗文化活动有春官踏春、庙会、傩戏、舞龙灯、赛龙舟、抬黑龙等。

浦市以其独特人文地理特色历史和文化环境为背景，以中国历史文化名镇为招牌，以历史建筑为核心资源，结合古镇自身特有军事与商贸文化，实施保护和修复古镇格局、恢复古镇风貌等工程，挖掘历史文化内涵，打造集观光游览、民俗文化体验、休闲度假于一体旅游景区。2012 年起，县政府整合资金对古镇道路、古民居等物质文化遗产资源进行保护建设，非物质文化遗产资源得到保护传承，自然景观资源得到保护和开发利用。2013—2014 年，累计接待游客 3.2 万人次，实现旅游收入 350 万元。2015 年，继续加大投入，加强旅游基础设施建设。是年，旅游人数 5.2 万人次，旅游综合收入 1500 万元。2016 年，在主要景点开通智慧旅游系统，游客扫描二维码，就能听见该景点智能语音讲解。是年，浦市古镇被评为国家 AAAA 级旅游景区。游客人数突破 7 万人次，旅游综合收入 2100 万元。2017 年，通过启动泸溪“一日游”，与相关景区签订合作框架协议，举办节会等活动，旅游人数增多，累计接待游客 79.9 万人次，实现旅游综合收入 2.6 亿元。2018 年，接待游客 85 万人次，实现旅游综合收入 3.22 亿元。

商贸服务 浦市圩场最初形成于南宋绍兴年间（1131—1162）。明洪武初期开设农贸市场，逢农历二、七日赶场。每至场日邻近乡镇民众及辰溪、麻阳等地客商云集于此，每场在两万人以上，墟场一直延续至今。明清时期，街区有正街、河街和后街三条街道，会馆商贾云集，各业兴旺带动市场繁荣，每天要杀 60 头猪才能保证市场肉食供应。抗战时期沦陷区官民西迁，浦市人口陡增，商贸服务业再次发展，有南杂货业 160 家，绸布、油行、造纸、印刷等行业 187 家，铁匠铺 300 家。1950 年，成立泸溪县浦市工商联合会筹备委员会。1955 年，进行私营工商业清产核资。1956 年，过渡为集体所有公私合营。1958 年，公私合营人员划入国营商业企业。1966—1974 年，农贸市场受到限制，商贸业一度处于萧条状态。1978 年，实施改革开放政策，商贸经济得到复苏并不断发展。1983 年，有 784 家个体工商户，从业人员 2400 人，这时期本地荞麦、粮油及土畜特产等农副产品外销日本及东南亚国家，黄磷及金属锰、氧化锑、氧化锡等销往美国和欧洲国家。2001 年，外地商户陆续落户浦市经商。2005 年，有建材市场、工业品市场及两处农贸市场，固定摊位 264 个。2014 年，有个体工商户 1700 家，从业人员 4300 人，商贸业收入 1.39 亿元。至 2018 年，有个体工商户 1850 家，从业人员 5700 人，商贸业收入 1.98 亿元。

劳务输出 1985 年，随着农村经济结构调整和农耕方式的进步，山区农村富余劳动力增多，东部沿海地区经济发展迅速，吸引人多田少的乡村劳动力转移视线。自 1988 年起，浦市山区村寨青年农民纷纷走向经济发达地区从事劳务输出，找到增加收入的新路子。1990 年起，打工热普及乡村，农村劳动力外出打工数量逐年增多，每年劳务输出人数达 4000 人以上，年劳务收入达 5000 万元。2005 年，设立镇劳务输出服务站，引导农民有序流动。2006 年，建立外出务工人员培训制度，根据劳动力市场需求开展“订单培训”，是年，外出务工人员达 6000 人，年劳务输出收入突破 1 亿元，外出务工成为农民增加收入、脱贫致富的重要途径。2010 年，泸溪县设立浦市经济开发区。2015—2018 年，浦市镇全方位开发旅游，一些外出务工人员相继回乡创业，从事农业经济开发和旅游商贸服务。

社会事业

文化 清代至民国时期，浦市文人自发组织“文社”，定期举行诗文、对联、书法、绘画、琴棋等研讨创作活动，经费由当地富户捐赠。1953 年 6 月，浦市设立文化站，配干部 1 名，同年组建业余高腔剧团，有团员 41 人。1960 年，浦市文化站停办。1969 年，建镇广播站，配广播员 1 名。1974 年，恢复文化站，配一名辅导员，同时成立电影放映队。1975 年，有村业余文艺宣传队 21 支，队员 550 人，各村全部通广播，每村每月放

群众文艺演出（2017 年） 姚传山 摄

映一场电影。1982年，县电影公司在十字街修建浦市电影院。1984年浦阳乡政府投资20万元修建4层面积2800平方米的农民文化宫，被《团结报》誉为“湘西乡镇第一宫”。1991年10月，启动有线电视工程建设，年底竣工运行，当年开通1800户用户，成为泸溪县第一个开通有线电视和设立电视台的镇。1996年，有用户3000户，自办本地电视新闻节目。“先有浦市镇电视台，才有泸溪县电视台”成为泸溪县的美谈。1999年，推行农村电视“村村通”工程，至2001年，全镇实现电视“村村通”。2006年，随着人民群众生活提高和社会进步，文化体育事业再次兴盛，各类健身队、广场舞表演队、铜管乐队相继出现，抬黑龙、抬故事、蚌壳灯、彩龙船、赛龙舟、中元祈福等民俗文化体育活动得到传承发展。至2018年，全镇有文体广电服务站1个，各类业余文艺表演队16支420人，村级图书室20个，藏书4万余册，广播喇叭420只，有线网络公司营业部1家，电视覆盖率100%。

教育 浦市教育历史悠久，早在唐代便有富户、学究创办私塾。清代，出现书院、义学、私塾并存状态。

书院。泸溪县自宋代起至清代有书院5座，其中，浦市占2座。清乾隆十二年（1747），通判王敷赉在浦市后街梓童阁创建崇文书院。招收街区学生入学就读。王敷赉离开浦市后废止。清嘉庆八年（1803），辰沅永靖兵备道道尹傅鼐派部属周鸣球在浦市文昌阁创建浦阳书院，师生全部在书院寄读教学，每年有800石屯租谷做书院师生费用。后因书院损毁，清嘉庆十八年（1813），在浦市堤上大定门（今浦市中心幼儿园）重建浦阳书院。清嘉庆二十二年（1817），巡道姚吉庆重修并扩建书院规模，改浦阳书院为观澜书院。清同治五年（1866），浦市知名人士印次桢重建观澜书院，拔贡张经世、张昆翼父子先后任书院山长。书院以四书五经为主要教材，采用大课堂上课教学，主讲者多为山长，有时也由成绩优秀的学生登台讲授。

义学。旧时靠官款或地租设立的蒙学为义学。清代朝廷规定县以上设书院，乡镇设义学（又称“乡学”或“义塾”）。清康熙二十三年（1684），李子皋中举后，联合一帮贡生倡修浦市文昌阁，创办免费义学。清光绪二十二年（1896），知县施启宇捐款设义学，至光绪二十四年（1898），施任满离开泸溪县后，义学不久废止。义学主要从事初级教育，又称蒙学教育，称学校老师为蒙师，从学者多为15岁以下儿童，主要教授识字、写字、读书、作文、学算等，兼伦理教化。常用课本有《三字经》《百家姓》《千字文》《千家诗》《昔时贤文》等。

李家书院（2019 年） 张宗南 摄

私塾。私塾是指旧时由民间个人设立的教学组织机构。学童入学先读启蒙书《三字经》和《百家姓》，以后逐年加深教学内容，有《增广贤文》《千字文》《千家诗》《幼学琼林》，最后学“四书五经”及《春秋左传》《古文观止》等书。私塾教学一般逐个面授，师父端坐桌边，学生依次拿书至师父桌前，侍立恭听，师父圈点口教，下午温书背书。师父还定期进行命题作文或要求学生作对联、做五言诗，平仄声律要求极严。私塾教育中，写字占有重要地位，老师一般先看字，然后看文章，从描红开始到临帖，对字体要求一丝不苟。学生读错、写错、背错文章或顽皮闹事都要受惩罚。

至 1937 年，浦市有私塾 32 所，其中，天后宫梅南枝，唐家弄宋厚吾、陈大刚，烟坊弄陈大胥（号“八老”），李家弄赵敦卿创办的 4 所私塾比较出名。民国时期，尽管县府提出“私塾要改良”号召，但大多数塾师仍墨守成规，不愿改变教学方式，更不愿废除尊孔读经教育旧制，加之新学满足不了入学需要，故私塾仍在城乡与国民学校并行。中华人民共和国成立后，1951 年春，全县乡镇小学普遍建立，有近千年历史的私塾终被取代。

学校（堂）。清光绪二十九年（1903），废科举，兴学堂，浦市除观澜书院改为官立小学堂之外，先后创办浦市吾南小学（前身为第一蒙养小学堂）、浦市第二、第三及第四蒙养小学堂等私立学校。其中，第四蒙养小学堂经过几番迁址，1915 年改为私立豫章小学，即浦市第二小学前身。民国时期，除上述学校外，还创办了浦市初级小学、浦市民众学校、教会崇德初级小学、志仁中学。1921 年，驻防浦市的湘西巡防军第二支队队长贺龙担任女子学校名誉校长。抗战期间，先后有湖南省立高等农业学校等 7 所学校迁入办学。1944 年和 1946 年，相继设立育才小学、志仁中学。1946 年，官立高等小学堂经过几番改名后，改名县立第二中心国民小学。

中华人民共和国成立后，1951 年，区人民政府接管学校，县立第二中心国民小学改为浦市第一小学。志仁中学改名为群力中学。1953 年，群力中学改为泸溪县第二初级中学。1965 年，浦市第一小学改为浦阳中心完全小学。1987 年，复名浦市第一小学。1982 年，浦阳公社创办浦阳中学。1985 年，浦市化工总厂创办子弟学校，于 2002 年撤销。2013 年，浦阳中学并入泸溪县第二中学，浦市第一小学和浦市第二小学合并为浦市镇中心完全小学。至 2018 年，域内有泸溪县第二中学、浦市镇中心完全小学、长坪学校（九年一贯制学校），村级小学等共 13 所，教学延伸点 5 所。在校学生 7328 人，教职工 530 人。幼儿园 12 所，幼儿教师 77 人，入园幼儿 800 人。小学适龄儿童入学率、小学升初中升学率、九年义务教育覆盖率均为 100%。

泸溪县第二中学全景（2018 年） 泸溪二中 提供

医疗　明清时期及以前，域内有医生坐堂诊病开处方取药，称为“官医”。农村平民百姓生病大都自疗或请乡间“药郎”诊治。民国初期，浦市西医始由天主教传教士传入。时浦市有龚恒兴、杨兴盛等 11 家药材店兼营门诊。民国时期，西药店铺有杨幼五、黄世瑞等 5 家药店兼营门诊，按医疗方式分为中医、土苗医和西医 3 种。

1953 年 6 月，设立浦市镇中医联合诊所和二区（浦阳）卫生所。1958 年，分别改名为浦市中医院、浦阳公社卫生院。1967 年，浦阳公社卫生院改为浦市地区卫生院。1974 年，改名为浦阳中心卫生院。1979 年，设立浦市化工总厂职工医院。1987 年，浦阳中心卫生院更名为浦市中心卫生院，1994 年 7 月，卫生部授予浦市中心卫生院“一级甲等医院”称号。2009 年，全镇推行新型农村合作医疗保障制度。2010 年，推行城镇居民医疗保险制度。参加新农合和城镇医保人数逐年增加。2018 年，有中心卫生院 1 所，中医院 1 所，医护人员 152 人，村卫生室 22 个，乡村医生 22 人，新型农村合作医疗参合率 95% 以上。

卫生　明清时期，浦市防疫保健事业由民间自理。民国时期，浦市的环境卫生由警察所管理，雇请清道夫定期打扫街道和沿河码头。中华人民共和国成立后，1952 年起，开展爱国卫生运动。

1953 年，成立爱国卫生运动委员会，城乡各地清除污泥垃圾，铲掉杂草，填平坑洼，消灭臭虫、跳蚤、虱子，改变旧社会不讲卫生的习惯。同时，由县地方财政拨款，

浦市中医院（2019 年）　　张宗南　摄

雇请专人清扫街道。1958 年，成立除“四害”领导小组，开展“除四害”（老鼠、蚊子、苍蝇、麻雀，麻雀后改为臭虫）活动。1973 年，开展“两管五改”（管水、粪，改水井、厕所、炉灶、畜圈、环境）。1981 年，开展“五讲四美”（讲文明、讲礼貌、讲卫生、讲秩序、讲道德，心灵美、语言美、行为美、环境美）活动。1982 年，成立环境卫生管理所，为财政拨款二级事业单位。至 1985 年，浦市环卫所有职工 8 人。2013 年后，开展城乡环境卫生同建同治工作。根据湘西州和泸溪县统一安排部署，浦市镇全面开展城乡环境卫生同建同治活动，采取措施破解长期困扰城乡环境治理的普遍性难题，集市垃圾做到日产日清，垃圾焚烧炉正常运营，农村垃圾分类减量处理，配备村组公共区域保洁人员，落实保洁经费，城乡环境卫生面貌发生很大变化。2015 年后，全面推进美丽湘西建设。至 2018 年，浦市镇在深入开展城乡同建同治的基础上，全面开展美丽乡村示范创建，广大群众维护公共环境卫生的意识明显提高，讲文明、树新风、治脏乱，爱洁净、呵护城乡环境卫生之风气基本形成。

人口民族

人口 清嘉庆二年（1797）驻守浦市的辰州府通判周尤拔在给湖广总督毕沅与湖南巡抚姜晟写的清点难民的报告中说：“查得本市土著及外省客民，原共有五千数百余户。”抗日战争时期，先后多个军政机关、学校及部分避难民众西迁浦市，人口约 1.5 万人，抗战胜利后机关单位迁回，仍有少数人口留居浦市。由于行政区划多次变化，浦市虽然有两千多年的历史，然鲜有户籍人口记载。至 2018 年年末，全镇总户数 18359 户，户籍人口 60288 人，常住人口 73287 人。在户籍人口中，男性 31348 人，女性 28940 人，城镇化率 45.6%。常住人口年龄构成上，0 ～ 14 岁人口为 12890 人；15 ～ 64 岁人口为 52400 人；65 岁及以上人口为 7997 人。文化构成上，具有大专及以上文化程度人口为 6230 人，占 8.5%；具有高中（含中专）文化程度人口为 12970 人；具有初中文化程度人口为 34520 人；小学文化程度人口为 19567 人。

民族 镇域内主要有汉族、土家族、苗族、瑶族、白族、侗族等 10 多个民族，其中以汉族、苗族、土家族居多，汉族占 64.9%，少数民族占 35.1%。

姓氏 历史上浦市人口迁徙频繁，姓氏较多，有土著原住民，来自河南、江西、浙江、福建、广东、陕西、山西、云南、贵州等地的商贾和从官定居、屯卫及张献忠起义队伍辗转迁徙于此的 150 多个姓氏。2018 年，辖区共有姓氏 148 个，依次是丁、马、门、邓、王、文、易、毛、方、尹、孔、牛、石、田、龙、冯、印、卢、左、甘、叶、白、包、皮、申、史、冉、刘、齐、向、许、阮、孙、庄、江、吉、关、朱、米、全、邬、吕、李、张、陈、吴、余、汤、邹、邱、余、杜、武、沈、何、谷、严、宋、陆、肖、杨、苏、罗、周、苏、郑、尚、孟、范、金、林、邵、官、姚、赵、钟、胡、姜、洪、侯、段、祝、施、贺、柳、唐、徐、顾、贾、莫、陶、秦、钱、袁、郭、高、殷、聂、柴、黄、龚、康、粱、符、章、曹、梅、盛、陆、董、谌、谢、覃、彭、舒、蒋、程、傅、韩、葛、曾、游、粟、温、雷、廉、满、滕、鄢、谭、蔡、熊、廖、糜、漆、黎、樊、颜、潘、虢、穆、霍、薛、戴、魏、瞿、欧等。其中，大姓有李、杨、谭、姚、刘、张、唐、陈、廖、石、邓、向、田、文、吴、黄、龙、符等。各个姓氏尽管来自各个地方，但是汇集浦市后形成了本地居民，在历史长河中结下了深情厚谊，共同为浦市经济社会发展做出了贡献。

文物胜迹

浦市为沅水流域一座极为古朴的中国历史文化名镇。数千年的历史和优越的自然环境，孕育了浦市独特的文化个性。

在 3 平方千米的古镇区内，至今仍完好地保存着明清时期 60 多座封火墙窨子屋。2019 年，浦市镇古建筑群成为全国重点文物保护单位。街道和巷弄将河街、正街、后街三层连接成一个整体，形成“三街四十五巷”的城市格局。货运码头、会馆、宗祠、戏楼、寺庙官庵及老字号、古遗址等文物胜迹，展示了古镇的生活方式和人文风情。

浦市

PuShi

会馆祠堂

江西会馆 江西会馆又名万寿宫、豫章馆，位于浦市沅水防护大堤边。明永乐年间（1403—1424）江西客民初建。清乾隆二十年（1755）和1918年有过重修。馆内祭祀江西人信奉的许真人（许逊）木雕神像。

江西会馆在古镇所有会馆中规模最大。江西会馆是一座坐西朝东的三进庭院式会馆建筑，两侧为四叠式徽派马头墙，中轴线上依次建有大门、门庭、过厅、正厅、后殿，平面呈“目”字形。会馆大门前有一对形态逼真的雌雄石狮分立左右，母狮抱子，雄狮滚球。会馆大门墙面阔平，顶拱形门洞，上部墙体阳刻“万寿宫”繁体楷字，两边刻有龙凤纹样，戏楼紧贴大门。庭院中间铺红石板路，两边青石板纵铺，中间红石板横铺。进入会馆大门第一进院子，头顶上是双重檐大戏台，天井两边有二层戏台看楼，靠北通财神殿，南接厢房，后面是正殿，系江西客商祭祀和议事之处。过厅设青石围栏，中间位置开敞。正厅是单檐三开间抬梁结构硬山式建筑。明间位置留内天井，建天井封盖，使过厅构成一个完整的室内空间。前檐里面开敞，隔墙前设神龛、桌案等。后殿供奉道教净明道祖师许逊（现已建成“严如熤纪念馆”）。

明末清初，江西弋阳曾氏兄弟厌恶官场尔虞我诈，不愿为官，寓居浦溪。闲来无事便在江西会馆哼唱家乡歌调借以解愁。后教授浦市人传唱，融入浦市本土语腔，逐渐形成独特的地方戏曲辰河高腔。

山陕会馆 山陕会馆又名忠义宫、关夫子庙，位于浦市镇河街。由山西、陕西两省皮货客商于明洪武七年（1374）捐资修建，规模仅次于江西会馆。

关公（关羽）是山西人，以忠义著称，因而会馆正殿供奉关夫子夜读《春秋》坐像，左有观音大士，右塑如意财神，关平、周仓二将分列两侧。清乾隆四十五年（1780）夏，忠义宫遭大水浸毁。晋商赵日昌在水退后急招乡客募资修葺，历时两年将正殿、前后厅、左右寮房及围墙阶墀蹬道一并修好，较原来更显气派，并将剩余的募款在大街上置店房两间，门店租金充作住持薪水。浦市实力雄厚的山陕客帮在清道光十五年（1835）再次对忠义宫进行全面修葺，会馆大门重新题写“忠义宫”三个大字。以每字百两纹银请在陕西府台任师爷的达岚人刘奉珍书写，刘因此享有“一字值千金”的美誉。

1921年夏，浦市遭受百年未见特大旱灾，时任湘西巡防军第二支队队长的贺龙于是年秋率部由桃源移防浦市，在忠义宫每天为灾民施粥两次。同时，贺龙在忠义宫设饥儿收容所，收容城乡受饥挨饿儿童400多人，布置保育员给饥儿治病，教饥儿做体操、唱歌、做游戏。1943年，国立第九战时中学从邵阳祝家塘迁到浦市，有教师50余人，学生1000多人，分设初中、高中、职业、师范、校本部5个部门，校本部设在忠义宫，至1945年方迁回原籍。是时，镇区青年姚世鑫筹资13万元（法币）买下原设在屠夫庙的国民党陆军通讯兵团官佐子弟学校全部教学用具，在山陕会馆继续办学，挂起“浦市育才小学”牌子。1958年，镇政府投资1万余元，将山陕会馆改为浦市俱乐部。1987年3月，在浦市热心公益人士雷建喜倡议下，成立浦市自力中学，后改为浦市农校，校址设在忠义宫后厅。21世纪初，忠义宫遗址被开发为商品房。

溆浦会馆 清嘉庆元年（1796），不少溆浦人士在浦市经商做生意。商户们为了增进团结，维护本地人共同利益，在浦市下街修建溆浦商会会馆（义陵宫），馆内祭祀岳飞神像。浦市城内有13座省级客商会馆、23座府县级会馆，而溆浦会馆占其一，也说明溆浦在浦市经商人数较多，实力雄厚。

江西会馆（2019年）

刘云　摄

李氏大宗祠 李氏大宗祠位于浦市镇下湾四合院路桥子坑，即丹桂巷口，坐西朝东，是一处由两个庭院并列组合而成的南方祠堂建筑。祠堂地处沅水河畔，曾多次经受洪水侵袭，有过重修。据现场勘察判断，南侧院落是清道光年间（1821—1850）遗存，北侧院落是清光绪年间（1875—1908）重建。北侧院子正脊上有题记“大清光绪二十一年岁次乙未十月榖旦，湖南辰州府沅陵县浦市李氏合族”。中华人民共和国成立后，李氏大宗祠曾用作县农药厂、浦市化工总厂的粮食仓库。

南侧院是一个三进式庭院，中轴线上有门厅、过厅、正厅。过厅是三开间七架梁

李氏大宗祠（2019 年） 刘云 摄

式结构硬山建筑，正厅是一栋三开间混合式结构建筑。北侧院现存一栋正厅、一座戏楼，戏楼檐口下施卷棚板，祠堂正中为9级红色岩石踏步，正厅是一栋三开间，进深三间十一架梁穿斗式结构的建筑。李氏大宗祠建设时修建了宽2米的溪沟，引溪水由南至北环绕，在祠堂大门南北两侧各建一座精工雕琢跨度3米多的石拱桥，是浦市有名的两个地名“码头对码头，桥眼对桥眼”形象说法中的一个。清澈溪水从祠堂大门桥下流过，东入沅水大河，象征李氏族人从这里成长，融入大世界，寓意家族源远流长，永世兴旺。

吉氏宗祠 位于吉家三重院附近，是一座三进式的祠堂建筑，总体平面呈“T”形，中轴线上有过厅、正厅、厅堂三栋主要建筑，三进厅堂之间有天井，沿山墙建有厢房，偏房建在过厅两侧。国民革命时期，吉氏宗祠曾作为农民协会办公地点。抗日战争时期，用作国民党军政部湖南陆军军人监狱（简称“国民党陆军监狱”）。

吉氏宗祠过厅、正厅和后堂均是三开间九架梁混合结构的硬山式建筑。过厅明间和明间后檐运用了减柱法，由老檐柱直接向后檐伸出一圆木穿枋，后檐五架梁立柱架在穿枋上，增加了过厅的使用空间。木柱上有隔断装修的痕迹。有“大清道光二十六年岁次丙午仲冬吉旦”“支分住居吉家头洪治坪吉氏后裔建立”题记，前檐不加装修，后檐紧挨后围墙。

邓氏宗祠 邓氏宗祠位于浦市古城余家弄内，紧靠城内公路，与重点建筑鲁班庙相通，是最早修建于镇内中心的古代宗祠建筑。据浦市金井《邓氏族谱》载，邓氏祖先原籍江西豫章，后居南昌府南昌县乌鸭田圳堤坎。邓氏祖公邓胜棠字伯海，元末随营驻防浦口江东。至明初，卸职移浦市经商，四子中长子思龙住金井。邓氏子孙后人于明天启年间（1621—1627）建宗祠，在浦市四方井一带耕种。20世纪后期，邓氏宗祠成为浦市木器手工业者合作社处所。合作社解体后，邓氏族人以浦市近郊金井村邓姓家族人为源流，四方搜集邓氏支脉信息，于2015年参加在长沙召开的湖南邓氏宗族大会，对邓氏祠堂的修缮及祠堂功能使用进行筹划。

李氏公馆 李氏公馆位于浦溪村，据浦市《李氏族谱》载，李公馆始建于南宋时期，坐东朝西，长20米，南北宽12米，背靠沅水，馆北50米有一巷名李家巷，巷至沅水边有一码头，名李家码头，即至今尚存的浦溪老码头。明洪武四年（1371）至永乐七年（1409），李氏公馆进行了重修，成为江西吉安府吉水县、丰城市、南昌、建县李氏后裔在湖南湘西辰州的落脚之处。

吉氏宗祠（2019 年）

张宗南　摄

古宅商院

吉家三重院 吉家三重院位于上正街33号，坐东朝西，是一处三座窨子屋并列的组合式建筑。由南向北依次称作头屋、中屋、尾屋。头屋、中屋、尾屋通面阔40米，通进深38米，院墙高10.5米。头屋为清乾隆年间（1736—1795）遗存，尾屋、中屋分别属于清道光（1821—1850）、咸丰年间（1851—1861）的建筑。头屋是两重门四进式窨子屋院落，呈长方形，平头式风火墙，中轴线上依次有外大门、内大门、门厅、过厅、正厅、后庭。外大门用规整红砂石砌墙基，上砌眠砖，再砌“一眠一斗”式风火墙。门墙面阔，规整青石筑墙，粉石灰浆抹缝。青石条门梁，有门额，阳刻“清约家风”四字，置门罩，盖小青瓦，门墙上部有小方形观察窗，安装有铁件加固墙体拉牵扣。粉墙黛瓦。有门庭，有厢房，中间设有

吉家三重院（2016年）

邓和生 摄

天井；门额题记为阳刻“秀衍香山”四字；门厅是三开间两层穿斗式结构。额枋中心有福字纹团花图案，枋两头浮雕卷草纹。撩檐枋下空置斜撑，镂空圆雕方格回纹。明间前后开敞，额枋中央及两头有纹饰。后庭两层两侧建有厢房，中间有天井，额枋中央雕团花麒麟图案，枋两头雕龙须云纹，后围墙左侧置铁皮对开门，通后院。外大门八字墙下嵌有素面石雕屏“梧桐双鸟”“莲鹤双栖”。过厅后檐留存完整镂空雕花挂落。额枋头下置有镂空雕花雀替。中屋建制格局与头屋相同，八字门用砖砌水磨工序，门框青石磨光。过厅额枋中心木雕“福”字纹图案。尾屋建制格局与上相同，1921 年 10 月至 1922 年 4 月，贺龙率湘西巡防军第二支队驻防浦市，曾偕其眷属住在尾屋。中华人民共和国成立后，泸溪县在吉家头屋建农场，尾屋用作泸溪农业中学校址，至今大门上还留有“泸溪农业中学”标识。2011 年 1 月 24 日，吉家三重院被公布为湖南省文物保护单位。

吉家商院 吉家商院位于浦市上正街 65 号，是一处前店后院式组合建筑，坐西北，朝东南，总体平面呈长方形，始建于清同治年间（1862—1874）。院前面是四开间门面商铺，其后是一座两进式窨子屋院落。右侧与院落并排地段，凸出一块条形地盘用围墙围在院子范围内，曾经作为花园，无房屋建筑，用作堆放货物。依次有店面、门庭、大门、过厅、正厅及后庭，占地面积 980 平方米。四开间店面并排，店铺两侧有马头山墙，门额毛笔楷书“忠孝传家”四字，东侧比院落山墙宽 1 米，留一通道与店面后通道相连。门庭由店铺后墙与院落门墙间组成。外大门开在店铺后墙西侧，大门用石磨砖砌筑，门上有石雕门额，楷书“香山溢庆”四字。八字墙上面用檐下置卷拱板，盖小青瓦，门墙上部有望风窗、枪眼。过厅是一栋两层三开间，进深四间，九架梁单檐穿斗式硬山式建筑。从两侧面进入正厅，两次间紧挨板壁、门窗，房门前后开，用作客房卧室。过厅由照壁隔成 3 个生活场地，中堂设在前面，用于接待客人和处理事情，中堂两扇大门，起遮挡后面正堂屋的作用。贵客及家长可以走中堂门，其他人只能从中堂门两边走。二楼空敞，周边围栏，作仓库用，撩檐枋下置斜撑，浮雕夔龙纹图案。正厅即为正堂屋，是家人的起居处，堂屋中设有神龛，供奉神位及家中先人牌位。2011 年 1 月 24 日，吉家商院被公布为湖南省级文物保护单位。

青莲世第 位于古镇城内后街 97 号，是浦市湾里李氏族人修建于清道光年间（1821—1850）的窨子屋建筑。青莲世第墙高 9.98 米，初为并联三重大院，现院居中，三进两厅窨子屋，两层结构。门额横置整块雕花石块，中间篆体阳刻“青莲世第”。2014 年，泸溪县浦市经济开发区管理委员会（以下简称“浦市经开区管委会”）明确产权后，对院落危墙、内厅和楼板进行修缮，整体出租给民间人士打造“青莲世第茶书院”，是湘西地区首家以历史古院落为载体的茶书院，并与落户于浦市古镇的湘西版画院相连通。青莲世第茶书院分上下两层，楼上为书吧，楼下为茶艺部。2019 年 3 月，青莲世第被公布为湖南省第十批文物保护单位。

李家画院　位于城内后街 98 号，坐东朝西，建于清同治年间（1862—1874），为李家三重院之首（第三重已毁）。属于两进一厅的窨子屋。李家画院传到李荣茂时，其婿王公伟擅长国画山水花鸟，尤以水墨小鸡著名。现今李家画院仅存两进一厅与一座小型花园，内厅花窗、水池独具特色，整体结构保存完整，现今已被浦市籍中国美术家协会会员朱健翔打造成湘西版画院。2019 年 3 月，李家画院被公布为湖南省第十批文物保护单位。

青莲世第（2019 年）　刘云　摄

李家画院（2019 年）　刘云　摄

余家巷子（2019 年） 刘云 摄

姚家书楼（2019 年） 刘云 摄

余家巷子 原为“成人美油行”，位于余家巷正中位置，与独具特色的古建筑姚家书楼相对。余家巷子墙高 9 米，门额上嵌青石镌刻篆体“余家巷子”四字，从大门四级青石阶进入石板甬道，右边即为穿斗硬山式架构的庭院，院内花草细竹生机盎然。此院原为串通的两个天井屋，与院子后面的仓楼、晒谷坪连通，是清末浦市十二大家之一的邓益兴的产业，民国初期租给潘姓商户经营“成人美油行”，主营桐油、茶油。2018 年，经过精心设计后，改造为浦市第一家古宅民宿。

姚家书楼 后被称姚家绣楼，位于城内余家弄，清末民国初期姚氏富商所建。此楼坐北朝南，为长形砖木结构的两层建筑物。下层为青砖结构，室内靠左墙有一道小门可通姚家后院。这层青砖结构为民国初期维修时所加，是姚家专用于储存食盐的地方。上层为书楼，纯木质穿斗式结构，比下层多出一圈回廊，上下结构不同。就是这样一座设计独特而精致的书楼，成就了姚少安的三个儿女，他们全部学有所成，成为建设新中国的早期人才。其长子姚元斌少年好学，为中华人民共和国成立后浦市地区考取清华大学的第一人。2019年3月，姚家书楼（绣楼）被公布为湖南省第十批文物保护单位。

余字镖局

位于余家巷内，与周家大院相邻。为三进两厅式窨子屋，主厅宽阔高大，砖木结构，该院镖局创建人余氏，元末明初由江西南昌府迁往辰州府，明末

余字镖局（2018年）　　刘云　摄

清初迁到浦市，世代习武。浦市地处水陆要津之地，商业大户云集，商货远道运输途中多请余氏习武之人押运，特别是通往川、黔、滇西南诸省，山高林密多险隘，地形复杂，余字镖局应运而生。余字镖局走镖武师功夫高强，押运货物从未受损，逐渐发展到三支镖队，名震江南，浦市余家巷由此知名。2019 年 3 月，余字镖局被公布为湖南省第十批文物保护单位。

苏家院子　苏家院子位于中正街中段，坐东朝西，是一处两进式窨子屋院落。总体平面呈长方形，始建年代不详。四周是平头式院墙，中轴线上有八字大门、门厅、过厅、正厅、后庭。大门为八字门，有三级石砌台阶。门洞上为红砂岩门梁，上有石雕门额，毛笔楷书“眉山世泽”四字，四周彩绘纹样。门墙上部设枪眼、观察窗，墙面内外均以白灰粉刷。门厅一间，进门庭两侧建厢房，有天井，屋面盖小青瓦。过厅是一栋两层三开间，进深四间，十一架梁穿斗结构的硬山式建筑，均有板壁、门、窗，且隔扇花工艺精美考究。额枋当心有木浮雕喜字纹及卷草纹，上层周边有围栏，撩檐枋下置木雕纹饰斜撑，额枋上有木雕麒麟送子及卷草寿桃纹饰，门窗隔扇花及涤环板木雕工艺精湛，有夔龙纹图案及“暗八仙”“寿桃杯”“元宝杯”等纹样。后庭两侧建有厢房，右厢房为楼梯间，有通往后院的后门。

苏家大院系晚清浦市十二大家之一的“京广百货”苏恒星祖屋。原建筑除现存这幢完整的三进两厅大院外，外面有多间商铺，大院右侧有花园和可通河街的房屋。2011 年 1 月 24 日，苏家大院被公布为湖南省文物保护单位。

周家院子　周家院子门楣上书“踵事增华”，位于余家巷 01 号，是一处坐西北朝东南、重门两进式窨子屋院落，系清代晚期的遗存。中轴线上有大门、过厅、正厅及后庭。外大门紧靠余家巷，门与平头式防火墙连接，砖砌平头门洞，门庭平面呈三角形，大院角落曾是唱戏的地方。内大门坐石门梁，嵌石雕门额，门额题刻“流芳百世”。过厅是一栋四开间（左侧增建一间），进深四间，九架梁穿斗结构的硬山式建筑，留出天井相应位置。明间前檐开敞，两次间装修门窗，屋面盖小青瓦。正厅是一栋两层四开间，进深四间，十一架梁的穿斗结构硬山厅堂式建筑，后庭通往后院的后门。周氏家族祖先周红椿，于清乾隆三十一年（1766）从江西省丰城县（今丰城市）汝南堂乌沙梗（现名江口）土地堡迁移到浦市。依靠从汉口贩进旧衣，在浦市印家巷对面经营衣摊生意。膝下两子，长子周模文因病早逝，次子周模武继承父业，第三代孙子周焕然继承经营旧衣。第四代周铿湘未成年早逝，五儿周铿家，六儿周铿杰。后来在周起荣的主持

周家院子（2019 年）　张宗南　摄

张家院子（2019 年）　张宗南　摄

下，周氏家族创建了周荣顺布庄、久大斋作坊以及南杂、烟草等店铺，并于清同治年间（1862—1874），在浦市大正街余家巷修建了周家院子。周家后人周晓华继承老辈人衣钵，沿用祖辈“荣顺”商号，至今尚在商海有一定建树，且在国内小有名气。2005 年，周姓子孙对院子进行修缮，改建外大门，对院内设施作了一些维护和改造。2011 年 1 月 24 日，周家院子被公布为湖南省文物保护单位。

张家院子　张家院子位于太平街 56 号，院墙高 9 米，是一座两进式窨子屋院落，坐西朝东，平面为长方形，中轴线上有门墙、附房、过厅、正厅和后庭。门墙基础由一层红砂石砌成，大门偏开，门洞下为石砌墙基，上面砌眠砖，其上搁红砂石梁。门庭铺筑石板，两侧建有厢房，靠门墙有配房，过厅是一栋两层三开间九架梁单檐硬山式抬梁结构建筑。底层明间前檐空敞，后檐装壁，中间开对开门，次间装壁用作住房，其木雕花窗工艺精美。后庭两侧建有厢房，左厢房用作厨房，右厢房为杂物间，院落架梁完整，保存完好。张家大院先人祖籍江西南昌府，清中期来浦市经商，经营南杂盐业，发家致富，清晚期购得此大院与临街店铺。2011 年 1 月 24 日，张家院子被批准为湖南省文物保护单位。

杨家大院　杨家大院位于太平街 57 号，是一处双重门两进窨子屋庭院，坐西朝东，总体平面呈长方形，与张家院子并列。始建年代无文字记载，轴线上依次有门庭、大门、门厅、过厅、正厅和后庭。门庭面阔，院墙高，外大门向南开，平头门，砌眠砖，红砂石条门梁，实木对开门。内大门开在轴线上，门洞下部砌以规整红砂石，上砌眠砖，石横梁，门额四周镌斜万字纹。门厅三开间，明间用作通道，次间用作杂物间。庭院中间有天井，两侧建有厢房，门窗隔扇雕饰花纹。过厅是九架梁硬山式结构，两层，三开间，进深三间。明间前檐额枋素面。后檐在金柱间装中堂壁，中间对开门，两边装裙板及副窗，两次间装修作卧室，二楼宽敞，周边设置围栏。正厅与过厅的民居通后院，后庭有天井置于中间。

杨家大院是杨茂源印书铺工人劳动以及杨家人生活的场所。抗日战争时期，杨茂源印书铺是浦市镇一家老字号印刷及染纸业作坊。书铺主要业务是印刷诸如账单、习字本、《三字经》、《唐诗宋词》、字帖、门神等印刷品。另一项业务是把白纸染成红、黄、黑、绿等色纸，红纸正面印包装糖、茶叶等一些简单图案。色纸是用手工在染色盆中拖染晾干而成。20 世纪 40 年代末期，杨茂源书铺两船货物在沅江桃源域内遭土匪洗劫一空，从此走向衰落。2011 年 1 月 24 日，杨家大院被公布为湖南省文物保护单位。

李家书院　李家书院是一栋两进式窨子屋民居建筑，坐南朝北，平面呈长方形，据

李家书院（2019 年）　　刘云　摄

院墙砖刻记载，乃李玉书始建于清嘉庆年间（1796—1820）。后来，由于李家后人在外为官无暇顾及，托予张姓管理。21世纪初，浦市文氏兄弟出资收购此院落。

李家书院为平头式风火墙，门高墙厚，规整红砂岩墙基，石砌门框上安木门罩，中轴线上有门墙、门庭、过厅、正厅及后院等。西侧门原通李家花园。过厅分三开间，空敞处用作中堂客厅。正厅三开间，中间为盖有亮瓦的大斗形窗，左右两侧厢房为小斗形窗，寓意日进斗金，在浦市古建筑群中别具一格。厢房门庭左右建有两层，过厅与正厅之间两侧均建有厢房。院内门窗木雕精细工整，用料讲究，二楼有厢房连接，形成回廊，可用作仓库。李家大院青石门额上阳刻“派衍撰书”行书大字，曾设家族私塾。2011年1月24日，李家书院被公布为湖南省文物保护单位。

关西世第　关西世第为杨家院子，位于太平街社区后街101号，坐南朝北，为两栋一体砖木结构风火墙院落。建筑有大门、门房、正屋，两侧建有厢房。大门红砂岩砌基，门上面搁条石拱梁，有红砂岩石雕门额，阳刻“步云山房”四字。门房为单层三开间，明间是进门通道。石灰浆包裹的撩檐枋下置的斜撑，是精工细雕、纹饰清秀的圆雕龙纹，艺术价值很高，窗户隔扇精致美观。2011年1月24日，关西世第被公布为湖南省文物保护单位。

李家商院　李家商院位于烟坊弄13号，现存三进两厅，内外整体结构完美。李家祖人李瑞荣于清嘉庆年间（1796—1820）从江西省宜春到浦市经营绸布，后代改营丝烟，商号“李泰顺”，系清末浦市十二大家之一。李家后人李家驹，号仁斋，留学日本，回国后，1920—1935年出任浦市商会第三届至第七届商会会长，是浦市商会史上任职最长的商会会长。其夫人杨辉创办浦市女子学校并任校长，聘请驻防浦市的湘西巡防军第二支队队长贺龙为名誉校长。李家驹任浦市商会会长的第二年（1921）大旱，10月至翌年4月，贺龙在在忠义宫设立饥儿收容所。李家驹积极组织商会为贺龙部队筹集军需物资，并且协助贺龙拯救灾民，促使商贾巨富开仓济粮，设多处地点施放稀饭，达半年之久。2019年3月，李家商院被公布为湖南省第十批文物保护单位。

武家大院　浦市武家祖籍山西太原，其中一支于清嘉庆初年迁居湖南省溆浦。其时不少溆浦人在浦市经商，并在浦市下街修建溆浦商会会馆。武家族人随溆浦同乡到浦市经商。先祖武明垣发迹后，于清末在溆浦馆附近建造武家大院定居浦市。武家大院建有砖木结构老窨子屋一栋，木质结构楼房两栋。院子中间是院坪、花圃，窨子屋左侧是橘园。1980年，让出大院西门边部分面积作为浦市第二小学通道。武家大院东门面向沅江，高大雄伟，门楣题额“秀发商芝”。从题额可以看出武家祖上以经商为业。武家商号“武仁和”，主要经营布匹、桐油、引纸、火药等手工制造业。武家大院老窨子屋坐北朝南，四合砖墙，两进天井，雕梁画栋。正门题额“明经世第”，其祖上曾有贡生功名。2019 年 3 月，武家大院被公布为湖南省第十批文物保护单位。

贺家院子 贺家院子位于太平街社区后街 63 号。院落坐西朝东，建于清光绪年间（1875—1908）。平面呈倒“T”形，大门偏开，轴线上有门墙、门庭、正屋、后庭，两侧建有厢房。门墙为红砂石墙基，梁为红砂岩条石，泥塑门额题字被毁，无法辨识。门庭两侧建有厢房，一层，单檐，三开间，一边倒水穿斗式梁架结构，盖小青瓦。檐柱间装壁，作隔扇花窗，作对开实木门。门墙内侧有配房，门道一侧装壁，正面开敞。正屋是一栋三开间两层、进深四间九架梁穿斗式结构的楼房。明间在最后一间装壁，中间设对开间，两边置对开隔扇窗。两次间装壁，左次间留出一间，由中堂可通后院。二楼前后有围栏，前围栏做成大万字纹透花栏杆，撩檐枋下置斜撑为木雕夔龙纹图案。后檐在后围墙上挑出一间，用作观景台。2011 年 1 月 24 日，贺家院子被公布为湖南省文物保护单位。

黄家院子 黄家院子位于浦市镇十字街社区吉家巷 06 号，是一处两进式窨子屋院落。坐北朝南，总体面积呈长方形，占地面积 247 平方米。经查该院落无文字记载，始建年代不详，据现场状况鉴别为清代晚期同治年间（1862—1874）。四周为平头式院墙，中轴线上过厅、正厅、后庭，大门开在中轴线靠右的位置。保护范围：以墙基为起点四向延伸 5 米。控制地带：以墙基为起点四向延伸 5 米。2016 年 12 月，黄家院子被公布为湘西州文物保护单位，2019 年 3 月被公布为湖南省文物保护单位。

百忍堂 百忍堂为张姓堂号，门楣上“百忍家声”几个字隐约可见。浦市百忍堂坐西朝东，与当地窨子屋建筑结构有别，内有主堂，堂后有小天井，进门建筑为“匚”形状。堂外为大型露天庭院，南端为吊脚楼。现存面积约 400 平方米，此宅主人传承有序，香火不断。

汇丰钱庄 汇丰钱庄位于浦市繁华中心犁头嘴，据钱庄曾姓后人说，钱庄建于清道光年间（1821—1850），初为瓷器行，后改为钱庄。现存木质结构房子一栋，分营业厅与库房内外二进，进入库房有两扇包铁皮厚木门，库房内有四隔间，其花窗分别雕刻着梅、兰、竹、菊四君子图，房内有斗窗采光。

余家巷钱庄（2019 年）　　张宗南　摄

寺庙宫庵

浦兴寺　位于浦市镇毛家坡村，始建于唐代。浦兴寺得名有两种说法：第一种说法是因寺地附近有两棵古松，人们环古松交易逐渐形成兴旺市场，故名浦兴寺；第二种说法是因为浦兴寺所在地古名兴隆山，故名浦兴寺。古寺依山而建，共有三进大殿。第一进为祖师殿，第二进供十大阎罗诸神像，第三殿供玉皇神像。民国初期，二进僧房因年久失修，又遭大火烧毁，仅剩祖师殿。1932 年，募集款项，重建二进殿。延请本地雕塑名师刘水秀塑准提观音像，第三殿塑地藏菩萨像，后人将该寺又称为准提庵。旧时，该寺是浦市地区做盂兰盆会、地藏会、烧纸会、超度亡灵的道场和密宗场所。每年农历七月三十日是地藏菩萨的神诞，旧时，浦兴寺每年农历七月半举行一次地藏会。虽是庙会，却不在庙内举行，而是在和尚坪田坪里扎一座高大戏台，先做法事，超脱一切孤魂野鬼。法事议程结束后，开始演唱大戏。寺内明崇祯四年（1631）的石碑记载："浦市古寺为阖市礼佛圣地，每年中元节内修盂兰盆会。"20世纪60年代，寺院文物遭受严重损毁。20世纪80年代，筹资重建，塑三世佛、飘海观音等30多尊工艺精湛的佛像。后又雕塑了两米多高的四大天王和西方接引三圣等十余尊大型佛像。现今浦兴寺已初具大寺庙的规模，斋堂、山门、围墙、三大殿均已恢复，寺庙内植银杏、西湖柳等名贵树。

上方寺 原名尚方殿，俗称上庵，始建于唐代，后毁于大火。明正德八年（1513）复建，改名卧云庵。清隆庆初年复修。为使施主多布施，曾改名为崇善庵。清乾隆七年（1742），僧九峰募化重修此庵时，邑令（知县）胡僭亲笔题写"上方寺"匾额。历史上，上方寺建有大殿三进，寺庙僧员多时达300余众，整日香烟缭绕，钟鼓齐鸣，经声不断。上方寺内四大金刚神像高3米，周长2.7米，木质雕刻，威武雄壮，是沅水流域各寺庙中最大的四大金刚塑像。与其他寺庙不同的是，上方寺后面建有一座枯骨堂。明洪武朝（1368—1398）后，浦市外来客商日多，其中不乏患疫死者，又不愿葬身异地，便在寺后购地建成枯骨堂，内有侧门供灵柩出入，正门通上方寺，供寺僧做佛会祭奠时出入之用。

民国前，每年上方寺和浦兴寺联合举办一次盂兰盆会。庙会结束前，在上方寺前的田坪里扎戏台，请辰河高腔戏班子演唱48本目连戏，当地人称唱大戏。1938年7月，湖南省高等农业中学西迁至浦市，上方寺作为校址。1949年冬至1950年春，中国人民解放军47军139师80团将上方寺作为团部。此后一直为县农场场部，当地人习惯称此为上庵农场。2000年，僧人释怡悟接管上方寺，带领弟子募集资金，在原寺靠东的路边重建寺庙，占地面积500平方米。寺内佛雕工艺精湛，金碧辉煌。每天晨钟暮鼓，木鱼声声，诵经之声不断。

浦兴寺（2016年） 刘云 摄

上方寺（2015年） 刘云 摄

天王行宫（2016 年）　　刘云　摄

天王行宫　始建于明洪武年间（1368—1398），位于毛家坡村西北。明永乐年间（1403—1424）、清乾隆年间（1736—1795）、清咸丰年间（1851—1861）有过修缮。天王行宫大门两边 3 米高处塑有一对张牙舞爪的神龙，缠柱而绕。大门两边有泥塑对联，宫门前 2 米多高的香炉常年烟雾缭绕。一架六角琉璃瓦亭连接水塘边的凉亭，掩映在一片青翠樟树林中。天王行宫大门内左右两侧有两间木质马房，塑有三天王骑的白、红、黑 3 匹剽壮雄马。一匹昂首蹬蹄，一匹引颈嘶鸣，一匹俯首觅食。另有 3 名头缠包巾、身穿号衣、脚穿草鞋、手执马缰、精神抖擞的剽悍马夫。

天王宫中间庭院设有戏台。此处又叫龙王殿，殿顶悬挂“神恩浩大”匾牌，右边供有龙王坐像，中间正殿上方居中悬挂“浩气长存”匾，殿中供奉威风凛凛的三天王神像。左首置有 3 张木椅和几幅木杠，专供抬天王所用。后殿供天王圣母神像。旧时，民众每年农历小暑节前后要为天王举行封忌。封忌在古镇一带是庄重严肃的大事，屠夫停宰，渔民停捕，民众不杀生伤命，人们不尝荤，不食蛋类和红色食物，不吃象征天王马铃的圆茄子和天王马鞭的长豆荚。不能翻动坛坛罐罐，禁吃酸菜或其他腌制品。封忌前一天由天王行宫的庙役分头鸣锣示众，告知百姓封忌之事。13 天忌期过后，要举行开忌仪式，

百吉庵（2016 年） 姚传山 摄

杀猪宰羊抬到天王行宫去祭祀。富户出钱雇请戏班演出辰河高腔唱《目连戏》。

因天王“日管阳，夜管阴”，历史上天王行宫成为民间“法庭”。如发生争吵，有理的一方不愿花钱去衙门告状，而是向对方说：“你有理？敢和我到天王行宫杀鸡赌咒发誓去吗？”无理的一方怕神降祸，常自愿退出争执。一些冤者到此鸣冤哭诉，祈祷天王诸神主持公道。若遇瘟疫流行，人们要举行抬天王过街仪式，用天王的神威扫除瘟神。每年农历三月初三日、六月初一日、七月初七日是祭祀三大天王的重大节日，庙会现场盛况空前，热闹非凡。

百吉庵 百吉庵位于古驿道边的狮子山背侧，距浦市古镇 1500 米。据清乾隆三十年（1765）版《辰州府志》和 1939 年《湘西乡土调查汇编》载，百吉庵原名“接引庵”，始建于明永乐二十一年（1423）。后因年久失修，墙垣大部分倒塌，清乾隆五十三年（1788）九月初七复建，更名“北极观”，属道教之地。历史上，北极观由正殿、三观殿、祖司殿，玉皇阁等组成。后因兵灾匪患及其他原因多次受到毁坏。1991 年春，经县宗教管理部门批准，龙山籍人氏释广智到北极观任住持，改为佛教之地。1995 年农历七月初七日，在住持释广智、释正法及护法弟子和众信士等努力下，重修寺庙，改名“百吉庵”，寓意百事吉祥，永保平安。现今，百吉庵建有正殿、三观殿、弥勒佛殿、地藏王殿、日光佛等佛殿，庵外建有天王庙、灵官堂、土地堂、寮房、客房、斋堂等。依墙植有金银桂树，各色玫瑰、梦花、兰草等植物，室内塑有木质佛像百尊，嵌于玻璃架上。百吉庵山门高6米，绘有荷花，云纹图案，华丽而庄严。庵内右边为弥勒佛殿，殿门左边置一面大鼓，右边一座铁铸撞钟。佛殿中供一尊大肚弥勒佛，高大威武的四大天王像分列两旁，脚踩妖魔鬼怪，保留了原有的道观特色。正殿门顶上雕刻有“大雄宝殿”四个大字，正殿当中供有三尊大佛。两旁排列二十四诸天和十八罗汉。殿外右侧为大斋堂，斋堂外几方斑驳青石碑刻，其中，有一块刻有清乾隆五十三年（1788）复修时的铭文。正殿后的三官殿中供千手观音、送子观音等雕像。殿左台上供奉开山住持释广智的香位。右有延寿台，供药王菩萨、燃灯菩萨。观音殿后为地藏菩萨、日光佛菩萨。

东岳寺 东岳寺原名东岳庙，主祀泰山东岳大帝，位于印家桥村北侧。相传，农历三月二十八日为东岳大帝生日，这一天会举行庙会。东岳庙始建于明朝初期，曾多次修葺，多次毁坏。20世纪90年代，再次修复，改名东岳寺，以佛教为主。东岳寺圣母殿于清乾隆年间（1736—1795）修建，位于庙宇左侧，祭祀东岳大帝女儿天仙玉女碧霞元君，俗称“泰山奶奶”，是民众心目中的慈母、圣母。每年农历三月十五日是碧霞元君生日，香客多来东岳寺圣母殿祭拜。

东岳寺前庭是一块空旷平地，右侧为斋堂，正对面是佛经殿。殿左边为寮房，右边是东游宫。东游宫主供寺内圆寂师父牌位。主体为佛经殿，屋顶为抬梁式架构，内置长形天井，通透敞亮。弥勒佛与灵官背靠天井，左右分列东岳大帝、天仙圣母、南岳菩萨、达摩祖师、送子观音、四大天王、八大金刚、十八罗汉、二十四星宿等神像。天井后挂“大雄宝殿”横匾，正中供列三大佛莲花坐像。屏风后自左至右为地藏王、燃灯菩萨和千手观音莲花坐像。

东岳寺（2016年） 刘云 摄

龙王庙　位于浦市和尚坪龙拱溪旁，面阔4间，进深1间，主祀龙头人身龙王神像。从北而南依次为斋堂、龙王殿、观音堂、香客房。初建于清乾隆年间（1736—1795），殿内右上供奉玉皇大帝与王母娘娘，殿堂正中供龙王与三位太子神像，观音堂里供奉净瓶观音，金童玉女位列左右。前坪是长廊，从仰虬坪而来的龙拱溪自门前流过。长廊靠溪坎处有一棵硕大的梧桐树，一座一人高的香炉矗立于此。庙门一对堆塑的盘柱金龙，张牙舞爪双龙戏宝，两龙之间用篆体书写“龙王庙”三字。

黔王宫　位于浦溪村古渡口码头处，祀明朝开国名将沐英，俗称黑龙庙。明洪武十四年（1381），沐英率兵30万攻讨云南。大军溯沅水而上，辎重船队泊于浦市下湾，驻军浦溪休整。时逢大雨，为使讨伐大军顺利进军西南，沐英命士兵从高山坪采集石块，拓展城后古驿道，铺设青石路面，开辟通向西南之路。沐英驻军浦市期间对地方百姓秋毫不犯，深得民心。云南平定后，沐英留滇镇守，屯田兴农，劝课农桑，礼贤兴学，传播中原文化，对西南稳定和发展做出杰出贡献。明洪武二十五年（1392）六月，沐英病卒于云南，朱元璋闻讯十分痛心，命归葬京师。当沐英灵柩途经浦市时，百姓悲痛，跪拜长街，恭送回朝。明洪武二十五年（1392）农历十月八日，沐英的灵柩返京（南京），二十一日，明太祖朱元璋追封沐英为黔宁王，谥昭靖，侑享太庙。此后，沐英家族世袭黔国公爵位。为纪念沐英，浦市人们在当年沐英驻军和停放物资之地修建了黔王庙或黔王宫。每年三月初六日即沐英的出生日，都要举行一次抬黑龙菩萨（沐英）的盛大游行活动。年复一年，浦市人们用这种方式祭奠黔王，同时，借神灵之威确保地方平安，祈求风调雨顺，五谷丰登。

黔王宫（2019年）　　刘云　摄

万寿宫　即江西会馆，又名豫章馆，为江西客民修建。在最后一殿原来有江西人信奉的许真人（许逊）木雕神像，民国初期被拆除，被龚恒兴为首的江西客商改做私立豫章小学，

真武殿（2017 年） 姚传山 摄

后一直被用作学校教师办公场所。2016 年，开辟为严如熤纪念馆，对外开放。

真武殿 位于浦市代朝山，初建于南宋绍兴三十年（1160），历代均有修整。据新堡村《谭氏族谱》载，其清乾隆年间（1736—1795）毁于大火，后又重建。庙宇屋顶瓦片均以生铁铸成。代朝山真武殿奉祀真武大帝。进入真武殿，首先要经过一座每拱跨度为 3 米的三拱桥。过桥便是观音殿，从观音殿后门登上 18 级石阶进入签房。至签房后再上 18 级石阶进入中门正殿。清乾隆三十六年（1771）重修后，正殿置如来佛祖，左右为文殊普贤菩萨，殿两侧分列十八罗汉像，从正殿后门再上 18 级石阶通往峰顶的玉皇殿。观音殿每层殿门右梁飞檐下悬一口大铜钟，左廊架一面牛皮大鼓。真武殿顶的生铁瓦在"大炼钢铁"时被拆除炼铁，庙宇也被毁掉。1996 年，在废址上重建代朝山庙，有玉皇殿和观音殿两间，分别供奉玉皇大帝和观音等神像。

凤山庵 位于浦市西北凤凰山顶峰，祀观世音菩萨。2015 年，浦市一批人向社会募集善款，在原址上重新立起一重砖瓦结构的凤山庵，塑观世音等像。在凤凰山半腰的灵官殿原址，有清嘉庆年间（1796—1820）在浦市经商的宝庆府（今邵阳市）人氏捐修路亭等设施的记事碑一块。现重修了一座灵官殿，塑了灵官菩萨像。

黑龙庙 又称下黔王宫，位于下湾处，祀沐英。每年农历三月初六日，浦市地区举行把浦溪黑龙菩萨抬到下湾黑龙庙的游行活动。2015 年，扩建白沙至浦市公路时拆除，在靠原址旁边的花果山半腰另外修建了黑龙庙。

黑龙庙（2019 年） 张宗南 摄

公安殿 位于浦溪村岩龙头寨，过去乡村多有设立。祀土谷及风、云、雷、雨、龙王等神。每年一寨轮为会首，主洁净坛宇，备办祭祀物品。每年农历十月初，庵里举行祭祀活动，并举办斋饭，祀毕按长幼次序就座。也是村里每年端午划龙舟时祭神之处。

鲁班庙 又名至巧宫，位于浦市后街，祭祀木匠祖师鲁班，土木业会馆设此庙内，后为木器厂，遗址尚存。

岩娘庙 位于古镇后面仰虬坪，岩石自生成观音像，岩石腹部有一石洞，深 500 米，前后有门相通，是民众防空的天然场所，遗址尚存。

生宝庵 在生宝（今新堡）村境内，俗称廻龙庵。明万历年间（1573—1620）建成，清康熙年间（1662—1722）及清乾隆年间（1736—1795）重修，后毁于 1968 年。20 世纪 80 年代，新堡村新建约 200 平方米砖木结构的廻龙庵。

天后宫 位于上正街城内衙门口，初建于明永乐年间（1403—1424），原名天妃宫，俗称娘娘宫，历经多次重修，曾是浦市城区最宏伟的建筑群，也是湘西地区为数不多的妈祖庙之一。建筑群坐西朝东，面向江海方向，由山门、牌坊、戏楼、前殿、大殿等组成，属典型的中国传统庙宇式建筑，兼浦市福建省客商会馆功能，由福建客商捐资维修和管理。每年天后诞辰，以天后宫为中心举行大型民间酬神庙会，举行唱辰河高腔大戏活动。抗日战争期间，设立过国民党军政部湖南陆军军人监狱。20 世纪 70 年代，天后宫年因年久失修而拆毁。

福音堂 清宣统元年（1909），美国传教士在浦市牛头巷横街处购置一重单进式窨子屋院落，建立教堂，进行传教活动。后来又购置院后一重两进式窨子屋院落，称作福音堂，迄今已有百余年历史。福音堂内设有礼拜堂、牧师住房等。2000 年，临街单进式院落已被私人盖房，现余两进式院落为居民住房。由砂石台阶上到红砂石板外坪场，上 3 级红砂石岩砌台阶，八字墙面下是规整红砂石砌的，再砌眠砖，之上置门罩，盖小青瓦，墙面内外均以白灰粉刷。2016 年 12 月，列为湘西州文物保护单位。2019 年 5 月，被公布为第十批湖南省文物保护单位。

由于各种原因，除天后宫不复存在外，浦市还有一大批宗教寺庙被淹没在历史的尘烟里，略以记录。

忠义宫 又名关夫子庙，位于浦市河街区，建于明洪武七年（1374），是山西、陕西客商捐资共建的同乡会馆。正殿居中供奉以忠义著称的关云长，左有观音大士，右塑如意财神，关平、周仓二将分列两侧。

五行庙 在城内原徽州会馆，奉祀东岳大帝。20 世纪 60 年代，在原址上修建工商所。

万结禅林 在堤上，寺内有泉井四季不枯，清乾隆年间（1736—1795）艺人侯正俨在此教授辰河高腔。

三圣宫 位于堤上，奉祀元始天尊。20 世纪 60 年代在庙基地上修建泸溪县瓷厂。

观音堂 位于四方井，奉祀观音。抗日战争时，在此设建湘中学和兴华中学。20 世纪 60 年代在庙基地上修建泸溪县耐火材料厂。

九母殿 位于堤上，奉祀九天圣母。20 世纪 60 年代在庙基修建泸溪县耐火材料厂宿舍。

文昌阁 位于城内后街，祭祀文昌帝君。民国初年设浦市女子小学堂。抗战胜利后，姚少安兄弟捐谷五百石在此创办志仁中学。20 世纪 60 年代，建浦市医院。

水龙宫 位于城内饶家弄，祀龙神。后建浦市税务所家属区。

圣母殿 位于印家桥村和尚坪瓦匠弄。奉祀姜子牙女儿、周武王妻子、周成王母亲邑姜，俗称西王母。

南公庙 在堤上，祭祀唐朝扬州大都督南霁云。

帝主宫 位于沅江堤上，湖北会馆曾设在此处，奉祀帝主神。

映月庵 位于城北马王头，奉祀佛教祖神。

孟公庙 位于龙王庙左后方，奉祀徐孟公。

狮子庵 位于古镇西北郊，奉祀佛教祖神。内有群龟听经池。

文昌庵 又名孔子庙，位于下湾。20世纪50年代拆除。20世纪80年代，在此修建硫酸厂。

下庵 又名道堂庵，唐代修建，佛教庵堂。院内曾有高大古钟一座，重1500多千克，明洪武年间（1368—1398）重修。

中庵 寺院建于明代，内有六进，依山而上，宏大广阔，风景宜人，江边建有水星阁（又名“魁星阁”）。抗日战争时期，辰郡中学设于此。

兴隆庵 明洪武七年（1374年）建，是入云山最高的建筑物，同属中庵建筑群，与茅庵、文昌庵、下庵等同属于沅江寺庙建筑群。

伏波宫 有两处，一处位于庙弄寺河边，一处位于犁头嘴。

轩辕宫 万寿宫旁，规模曾大于万寿宫，奉祀轩辕帝。清代是成衣业会馆所在地。

三元宫 有两处，一处在娥眉湾，一处在万寿宫旁边，为清代浙江客民捐资修建，奉祀天官唐尧、地官虞舜、水官大禹，是浙江会馆所在地。

太平宫 原址在今浦市镇幼儿园大门外，明代修建，宝庆会馆设此，又名五属会馆，邵阳客商经营。

玉鼎宫 位于印家弄浦市商场处，祭祀玉鼎真人，是神香业者会馆。

乾元宫 又名火宫庙，奉祀火官。20世纪60年代修建副食品分公司批发部。

七仙宫 又名七圣宫，位于城内下街，奉祀七仙女。明代由丝线业者修建。

岳王宫 祭祀岳飞，清代由江苏客商所建，位于江苏会馆。

桓侯庙 又名屠夫庙，位于中正街。明代修建，祭祀张飞，属屠业会馆。

广福阁 位于镇西南郊1500米，明代修建，明进士杨卓然题写匾额。

大方阁 位于浦溪村，明代修建。20世纪50年代，在该地创办国营柑橘场。

古街古巷

城中有城 浦市古镇总体结构“城中有城，外城中有内城”，别具一格。镇区面积约 3 平方千米，有 3 条商贸古街、6 座古戏楼、13 座省级会馆、23 座府县级会馆、15 座行业会馆、24 座码头、45 条巷弄、72 座寺庙庵观、99 座坊堂，它们共同演绎了浦市的特色文化。古镇的街道构造极富特色。宽约 4 米，街面皆以长条形青石板铺陈，排水阴沟位于条石之下。街道房屋店面，均用洪江杉木构造。三大街道分别为正街、河街和后街，长度分别为 2.5 千米、1.5 千米、1.5 千米，三大主街为百业兴旺之地。

浦市街弄密，码头多。每一个巷弄连接一处河码头，一线排开 24 座水运码头，连通 45 条纵横交错巷弄。正街从南往北依次是永定门的吉家头、街口、天后宫、衙门口（槐荫门）、十字街、大正街、犁头嘴，到太平街（太平门），经高平坊、烟坊街、溆浦馆、万寿宫、寨尾头，终点在红桥。自庙弄寺起至烟坊弄称河街。从大定门到新桥为后街。中间经过堤上、皮匠街、木匠街、篾匠街、油篓街、大后街、德兴门，终点在新桥。连接街道的巷弄歪曲排列，如蛛网密布，为防火灾，街巷中木质结构房舍每隔 100 米左右修有一道隔墙，隔墙装有铁板钉门，巨大铁木门仅唐家弄就有 3 座，形成湘西一道独特的风景。

浦市城墙坚固，周长 5 千米。建有 12 座城门，分别是东面永定门（今吉家头），东南面安定门（今县农场），南面大定门（今浦市中心幼儿园附近），西面文昌门和铁城门（今浦市医院一带），西北面镇山门（今印家桥上首），北面得兴门（今新桥头），东北面得盛门与镇河门（今红桥与寨尾头），东面江西会馆的万寿宫城门，城内槐荫门与太平门，总计 12 座有题名的城门。城门楼翘角飞檐下悬有大字楷书城门横匾，城门上修筑城楼与垛口。城门不仅是城乡来往行人主要通道，也是浦市独具特色的标志性建筑。

中正街商铺（2019 年） 刘云 摄

码头巷弄 明清时期，古镇每一家巷弄连接一处江边码头。从吉家头出发，第一个弄叫汤家弄，有汤家码头。街口的永定门外是铁匠弄，门内有方家弄，河边是方家码头。再后是天后宫街，街内有瞿家弄，河边是瞿家码头。衙门口街有衙门弄、谢家弄和钟家弄，河边则是谢家码头和钟家码头，这5家码头均是用石头砌成马蹄状，深入水中，是民众挑水、洗菜、洗衣的生活码头，官船、商船不能停泊装卸货物。

十字街前后左右分布着当铺弄、蒋家弄、印家弄、香铺弄、申巷弄、堤上、烈母弄（大定门）、庙弄寺（安定门）等门楼巷道。河边则有庙弄寺码头和申巷弄码头。这两座码头是公用码头，供民众舟船停靠。两座水码头的中间河岸有一座规模很大的伏波庙，庙门口有一株高大的梧桐树，庙下是一处深潭，是浦市的一处重要的自然景观。

大正街后面有杨家弄，上是井坑弄，下有饶家弄、汪家弄、余家弄，前面有吉家巷。河边有吉家巷码头，又叫山陕码头，是专门停靠山西、陕西客商船舶的码头。再往下有廖家花园弄和王家弄，弄下河边有水驿码头，唐朝设浦口水驿，有 4 只官船、18 名水手长年接送来往官员，业务范围上至辰溪水驿，下至武溪水驿。明代裁撤水驿。该码头一直到清朝时仍是官船的停泊处，民船不许靠近。时有辰溪财主王万一见驿码头常年停泊官船不多，码头宽阔，独资在驿码头附近另建一座码头，位置在驿码头下游，取名“王万一”码头。久之，人们称它“一码头”，“一”与“驿”，音同字不同，一码头是辰溪县船只停泊的码头。

大码头（2004 年） 朱健翔 摄

犁头嘴是浦市的繁荣中心，东通河街大码头，北通太平街，西连大正街，是浦市镇区的金三角。犁头嘴后面有史家弄、唐家弄，直通后街，瓦匠弄通印家桥。上首有新街口聂家码头，专供洪江船泊停靠。从犁头嘴向东直走到大码头，大码头是浦市最大的码头，在沅江流域名气很大，是明末时期廉姓婆媳二人捐白银一千两修建。

从犁头嘴往北，有一座防火圈门，为原巡检司驻地，后来通判官署也设于此。人们仍叫它司门前弄，河边码头仍叫司码头，铜仁的船停泊此处。从太平街向下走到高坪坊，上首有盐巷弄，河边有陈家码头，沅陵船停泊此处。下首有李家弄、肖家弄和岩屋场。再往前有烟坊弄，河边有唐家码头，峒河船停泊此处。李家码头则是常德船只的停泊处。溆浦馆街有武家弄，河边有杨家码头和溆浦码头，古丈、王村等酉水流域的北河船停泊于杨家码头，溆浦码头则专门停泊溆浦船只。

万寿宫街下有座三元宫码头，又名江浙码头，是江浙客商的专用码头。万寿宫门前码头又名江西码头，是江西商船的专用码头。再往下就到寨尾头，牛头巷通后街总镇坊，金家弄通后街得兴门，再转弯到得盛门的寨尾头码头，游动停泊的商船均在此处停靠装卸。

渔船码头位于陈家码头与李家码头之间，供渔船专用。明清时期浦市大船多，渔船无法靠岸，又不敢争抢地盘，只得停靠在上岸极不方便的渔船码头。浦溪曾姓渔民便倡议集资，修建了一座曾家码头，专门停泊渔船。从此曾姓渔船有了一个合理合法的停泊处。

红桥边纸厂后，河边有两座纸厂码头，是洗纸浆之处。后面有一条石家弄通新桥，再往下到丹桂巷。该巷通李氏宗祠，从李氏宗祠往后，有两条小叉弄，通往新桥大路。李氏宗祠附近住宅的花园中栽有桂花树，名曰丹桂，丹桂巷因而得名。丹桂巷口的码头叫渡船码头，通往江东渡船在此摆渡过河。江西帮衰落后，过渡便移到万寿宫码头。丹桂巷下面徐家弄河边码头叫湾里老码头，是浦市最古老的码头。

在浦市约 1.5 千米的河岸范围，密布了 24 个码头，形成了壮观的码头群。1996 年 7 月百年难遇的沅水特大洪灾发生后，为保护当地居民生命财产安全，国家投入资金在沿河修建防洪大堤，仅留一座大码头，其他仅建有 7 个生活及渡口码头。古镇沅水码头群不复存在。

古桥古井

古桥

明清至民国时期，浦市修建石桥数十座，其中，较为著名的石桥如下。

仙李桥 石拱桥，位于浦市街区东神堂与五果溜之间小溪上。明永乐七年（1409），本地人士李时荣倡修。明万历三十三年（1605），李学儒重修，是泸溪县最早的石拱桥。今桥已毁。

红桥 原名会龙桥，石拱桥，位于下湾。明嘉靖初年建，县府训导彭鹞作记。清乾隆二十九年（1764），潘正琥重修。清光绪年间（1875—1908）张凤翼、李高萼重修，因桥栏饰朱漆，俗称红桥，唐运文作记。1952 年水毁。1954 年，县政府拨款 3000 元复建石墩、木枕，桥面铺设三合土。1997 年，由于修筑河堤，桥已不复存在。

麻溪桥 石桥，明万历三十年（1602），古镇知名人士姚平父子倡修。为使此桥扬名，姚氏赴辰州（沅陵）城内邀请曾任陕西布政使辞仕居家的张文耀作记。今桥已毁。

万福桥 石桥，位于古镇白头溪寨子。明万历三年（1575）建小桥。明天启五年（1625）遭水毁。清乾隆元年（1736）农历六月，张仁远捐银二百两再建，十月建成。桥

白头溪万福桥（2016 年） 刘云 摄

面宽 3.5 米，长 110 米，高 10 米，其子请李涌作记。1931 年，驻扎浦市的国民革命军三十四师曾修缮此桥。

小仙李桥　石拱桥，位于浦市街区李家弄后溪上。明万历三十二年（1604），当地知名人士李学儒倡修。清康熙三十三年（1694），李氏子孙集资重修。今桥已毁。

新济桥　明崇祯三年（1630）石廷俊倡修。明末阁臣上堡人杨卓然作记。清朝重修，改名“德兴桥”，后浦市人叫新桥。2012 年，建成公路桥。

盐井桥　石拱桥，位于新堡村小溪上。清康熙二十一年（1682）修，谭文汧作记。今桥已毁。

福星桥　石拱桥，在古镇后街小溪上。清乾隆元年（1736），沅陵县潘正琥募修。今桥已毁。

马子桥　石拱桥，位于青草村马子桥村小组。清乾隆五年（1740），由浦市人士姚维湖倡修。此桥为泸溪县至辰溪县之界桥，南为辰溪县，北属泸溪县。现已改为公路桥。

永丰桥　石拱桥，位于浦市岩门溪村下小溪。清乾隆二十四年（1759），由村人共建，同大昱作碑记。今桥已毁。

岩门溪桥　建于清代，原名永济桥。1959 年，改为公路桥。1964 年，改单孔石拱桥。1966 年，岩门溪水库垮坝，桥面毁，仅存桥拱。1967 年复修，是武溪至浦市公路的重要桥梁。

印家桥　石拱桥，位于浦市镇印家桥村小溪上，由当地人士印桂人倡修，原桥上建有小屋。今已改造为公路桥。

磨刀岩桥　石拱桥，位于浦市镇田家溪村磨刀岩自然村下小溪上，建于清代。2016 年，在桥上修建桥廊，成为泸溪县境内第四座知名古风雨桥。

都岐民桥群　浦市镇都岐村除清代修建 1 座石拱桥外，2016 年起，在都岐小溪上新修建了 23 座跨溪水泥拱桥，其中，4 座桥修建桥廊，形成民桥群景观。

古井

浦市古井众多，择较有名的古井予以记录。

四方井　位于古镇印家桥社区内。明永乐年间（1403—1424），在修四方井边石拱桥时，同时修了四方井。四方井修葺呈四方形状，井深约 7 米，井身用青石砌成，井面用铁砂石砌成，井底由 4 块大型青石组成，是古镇著名古井。四方井水甘甜清凉，伏天尤其沁人心脾。旧时，古镇有不少卖凉水的人，特别是夏天和赶场时，边挑边吆喝“四方井的新鲜凉水啊，一分钱吃个饱，两分钱洗个澡啊！”民间流传，修井时石匠将竹筒底钻一小孔到代朝山下取水，水沿路滴到四方井，故有四方井的泉水源于代朝山之说。

将军井 位于古镇吉家头万荷园旁，两口水井相距20米。1921年，贺龙率部队驻防浦市在吉家大院时为当地百姓所建。至今饮用。

上庵井 因地处古镇上庵山门旁而得名，井呈圆形，井口上安装吊桶轱辘架子，方便人们用水，井水适合做凉粉和豆芽菜。

余家井 位于浦市十字街原电影院后，因是浦市大户余家人在自己花园内掘之而得名。1996年，洪灾时尚为附近居民提供饮用水源。2000年，因建设而被填埋。

银井 位于银井冲村，因井水在阳光下闪耀银光而得名，饮用至今。

金井 位于新堡行政村金井自然村内，因井水在太阳光照射下金光闪闪而得名，饮用至今。

千户井 又名桂花井，位于新堡村岩坡寨子桂花园。相传为千户将军谭子兴所建，水质清冽，饮用至今。

温洞井 位于新堡村代朝山温洞里，井水冬暖夏凉，有鱼出入，饮用至今。

冲头井 位于古镇新堡村内，饮用至今。

清吉井 位于古镇毛家坡寨子旁不远处，井水清凉且不浊。井旁曾有1921年贺龙亲手栽植的两棵柳树，1994—1996年，因连续3年洪灾所毁。浦市人民为纪念贺龙，在井水旁边新植了两棵柳树。

将军井（2019年） 张宗南 摄

清吉井（2019年） 刘云 摄

古道古隘

古道

自唐代起，古镇除发达的水路外，官府和民间采取分地域、分路段方式陆续修建道路，形成武溪至浦市、浦市至辰溪、浦市至麻阳、浦市至凤凰等驿道、官道和民道。这些道路大部分在20世纪60年代后被公路替代，现存古驿道和民道遗址已经不多。

浦市至武溪 从古镇北行经花园坪到岩门溪，翻丫山头，经邓家岭、吕木溪到李家田，从李家田到顺家田，全程10千米。从顺家田经杨斌庄、郑家坡、儿婆塘等村，走鲇鱼溪到唐家排过渡至武溪镇。全程19千米。

浦市至镇竿（凤凰）城 有四条道路。第一条由浦市南门外上庵西行，2.5千米到岩边，经新堡、马王溪，8千米到白头溪村，5千米到达岚桥。过达岚坳，5千米到都用村，5千米到合水场上。分路向东行，5千米上行到冷风坳，经岩寨，7.5千米到雄山（牛角冲），5千米到萝葡溪，5千米到兰里，再经辰溪至镇竿城。全程80千米。第二条由浦市至合水18千米，再经4千米到木垅，经晒洲田村、天堂垅，9千米到踏虎墟场。由踏虎南行，2.5千米到登云寨，3.5千米到新寨，6千米到木江坪墟场。南行2.5千米到地藤溪。从地藤溪向东南行2.5千米经武岩、板栗树、大寮、上潭等村，同麻阳高村大路会合至镇竿城。全程约70千米。第三条浦市至地藤溪45千米，由地藤溪南行，3.5千米到通道坳，5千米到茅坪村，2.5千米到溪口村，5千米到官庄村，由官庄2.5千米到长坪村，2.5千米到椅子坳村，5千米到镇竿城。全程约70千米。第四条由镇外瓦寨垅2.5千米到杨球坪，5千米到高山坪村，2.5千米到杀人坡，2.5千米到当门坡，经对门坡、都歧村5.5千米到黑冲。1.5千米到三湾，2千米到荞坪，2.5千米到高场，2.5千米到长冲，经铜撑坡2.5千米到三层坡，下1.5千米到三冲坪村。由三冲坪分路东南行，2.5千米到下广村，2.5千米到上广村，3.5千米到冬瓜寨，经下得堡村、后塘村5千米到兴隆场墟场。西行与踏虎大路连接去镇竿城。全程约 70 千米。

浦市通往乾州厅驿道 浦市往乾州厅城道路有 3 条。第一条由镇外瓦寨垅 2.5 千米到杨球坪，5 千米到高山坪村，2.5 千米到杀人坡，2.5 千米到当门坡，经对门坡、都歧村 5.5 千米到黑冲。1.5 千米到三湾，2 千米到荞坪，2.5 千米到高场，2.5 千米到长冲，经铜撑坡 2.5 千米到三层坡。下 1.5 千米到三冲坪村，由三冲坪分路东南行，2.5 千米到下广村，2.5 千米到上广村，3.5 千米到冬瓜寨，经下得保村，后塘村 5 千米到兴隆场墟场。经甘田坪、龙头寨、龙潭冲、滥木垅、已溶村，13 千米过滚龙溪村到狗爬岩（今解放岩），汇入镇竿（凤凰）至乾州道路，至乾城。全程约 80 千米。第二条由浦市至三冲坪 31 千米，在三冲坪分路向南行，5 千米到密灯村，1.5 千米到田家溪，3.5 千米到武堰村，2 千米到都里坪村，4 千米到甘田坪村。1 千米到龙头寨，2.5 千米到龙潭冲，5 千米到滥木垅，2.5 千米到已溶村，5 千米过滚龙溪村到狗爬岩（今解放岩）墟场，汇入镇竿（凤凰）至乾州道路，至乾城。全程约 70 千米。第三条由浦市至三冲坪 31 千米，从三冲坪村向西南行，3.5 千米到烟竹坪村，3.5 千米到小章村，6 千米到旧寨，1.5 千米到川洞村。在川洞分两条道路至乾城：一是由川洞向西行，1 千米到大章村，2.5 千米到池良村，2.5 千米到门楼坳，2.5 千米到硬寨，2.5 千米到高寨，2.5 千米到铁枕岩村。过溪 3.5 千米到毛兰坪，1.5 千米到桃花坪村，2.5 千米到狗儿寨，2.5 千米到三十捞，7.5 千米到乾州城。全程约 82 千米。二是由浦市至三冲坪 46 千米，从川洞向西南行，2 千米到黄桑冲，2.5 千米到竹坪村。由竹坪东南横行过地灰垅，7.5 千米到龙潭冲村。由竹坪向西南行，1.5 千米到略寨，2 千米到牛洞村，由牛洞向西行，2 千米到蓑衣坳，4 千米到鱼梁坳。由牛洞向西南行 1 千米到腊树坳，2.5 千米到万金山村，2.5 千米到茨冲村，过溪 2.5 千米到溪口，4 千米到庙坳，3.5 千米到岑盘，2.5 千米到三十捞，7.5 千米到乾城。全程约 100 千米。

浦市至辰溪县城 从镇南经浦溪、小岸坪等村溯沅江而上至辰溪县城 7.5 千米。水路从大码头乘船溯沅江而上经康家洲村到辰溪县城 10 千米。

浦市至辰溪潭湾墟场 镇南经银井冲到长坪、庄上等村到潭湾墟场。全程 20 千米。

浦市至麻阳县城 浦市至麻阳县城有四条。第一条从浦市西行经新堡、马王溪、白头溪等村到达岚 10 千米。经达岚西行至都用、蝴蟆坳等村到合水 13 千米，合水南行经木垅、晒州田、砂子坳等村到踏虎村共 10 千米。由踏虎向南行，2.5 千米到丁云寨村分路南行，2.5 千米到地藤溪。由地藤溪分路向东南行 2.5 千米，经过武岩、板栗树、大寮、上潭，至麻阳县城。全程约 55 千米。第二条由浦市至合水 38 千米，东行 5 千米到冷风坳，3 千米到岩寨，5 千米到雄山，5 千米到萝葡溪村，5 千米到兰里墟场，6 千米至麻阳县城。全程约 70 千米。第三条由浦市至达岚，经天堂坡村到石榴坪墟场 20 千米，南行经庵堂坡、包家脑等村到兰村 4 千米，进入麻阳县吕家坪墟场。过兰里、龙家铺至麻阳县城。全程约 40 千米。第四条西行经新堡、马王溪、白头溪、毛茂田村，到达岚瑶儿冲，经岩门、企冲、甘岩岭村，到石榴坪红岩坳，过人头坳、蒋家坪村到麻阳茶溪墟场，汇合麻阳大道至麻阳县城，全程 65 千米。

现存古道

野猫坳官道　野猫坳古道修建于明万历年间（1573—1620），从高山坪驿道分路，到田家溪、上野猫坳、右行至李家田，下行至马王溪村（属白羊溪乡）、双溪村、石板古道，延伸到白洋溪墟场，里程 16 千米。由墟场沿溪进排口、翻山坳到潭溪楠木冲村，下行至大陂流，与泸溪至乾州厅驿道连接。

高山坪古驿道　高山坪古驿道位于浦市镇辖区内，属于浦市镇古驿道的首段，经浦

高山坪古驿道（2016 年）　　刘云　摄

市西环城路至杨球坪至高山坪计 6 千米，道路结构均为青石板。2018 年，泸溪县浦市经济开发区管理委员会在古驿道的入口设“浦市古驿道简介”“浦市古商旅示意图”两块石碑，修复“吉祥”“护宝”“听涛”凉亭，刻“古驿道”石刻，由本地书法家刘云题写。

隘口

明清时期，古镇设隘口 9 处，派兵丁防守。

浦市隘 镇域北靠代朝山，商业繁荣，各地商户往来在此交易，上下船只多在此停留，俗称“楚南都会”。后山一带北通乾州，南接镇筸。清乾隆六十年（1795），通判周仕娇募集巨款修建石城堡防卫。城堡长约 5 千米，高约 5 米，设济德、利济、大全、保庶、安宁、彰武、福星、大定等堡门，各门设兵丁防守。

马泥隘 位于丫山头，两侧为高山阻隔，中有一条小径通过。

高山坪隘 位于古镇西北 7.5 千米处，是浦市通往凤凰厅驿道必经之地。石磴盘旋而上，上有广阔水田，有洞水灌溉，旧时是扼守浦市古镇的隘口。

磨刀岩隘 位于古镇西 13 千米田家溪驿道。两侧山势雄陡，路径狭小，旧时是防守浦市之隘口。

野猫坳隘 位于古镇北 18 千米，右通李家田，直下至白洋溪。山高谷深，树木参天，是乾城及潭溪、白洋溪一带官民往来浦市通道。

都岐坪隘 位于浦市西北 21 千米的都岐村。处于高山之中，山高谷深，森林密布。

三层坡隘 位于古镇西北 13 千米，连接高山坪驿道。山势连绵雄伟，石级回转，是乾城到浦市必经之路。明时，在此建堡派兵防守。

中堂隘 位于古镇南 5 千米中堂村。中间稻田平地，两边山势险峻，可埋伏御敌。

白头溪隘 位于古镇西南 10 千米的白头溪村。傍山沿溪，高山峻岭，是防守浦市的重要隘口。

古遗址

下湾遗址

下湾原名下庵，地处沅水中游，隶属浦市镇印家桥社区，为新石器时代高庙文化遗址。遗址位于浦市古镇北郊，坐落在沅水左岸（西侧）一处低矮台地上。20 世纪中后期以来，泸溪县第二中学、浦市磷矿、沅水防护堤等一批基建项目建设以后，遗址遭到一定程度的损毁。2015 年，在泸溪县浦市化工总厂拆迁和建筑垃圾清理过程中，遗址再次遭受重创，白辰公路及浦市游客中心的修建致使遗址原生地貌无存。

发掘情况　1973 年，为配合沅陵五强溪水电站建设，湖南省文物部门在对库区淹没范围内地下文物进行调查时发现了下湾遗址。

下湾遗址所在区域（2020 年）　　刘云　摄

发掘现场（2017 年） 姚传山 摄

1980 年，湖南省博物馆联合厦门大学等单位对该遗址进行第一次考古发掘，首次在沅水流域发掘出新石器时代晚期文化遗存。2016 年，为配合白沙至辰溪公路改扩建工程，湘西州、泸溪县文物部门对该遗址进行小规模抢救性考古发掘，发现新石器时代高庙文化遗存。随后，湘西州人民政府公布该遗址为州级文物保护单位。

2017 年，为配合泸溪县浦市化工总厂一期工程拆迁，经国家文物局批准，湖南省文物考古研究所对该遗址进行首次主动性考古发掘。此次实际发掘面积 500 平方米，清理面积 1200 平方米。发掘工作自 2017 年 8 月中旬开始，12 月中旬结束。以 T20509 南壁为例。该探方上部堆积已被破坏，保存下来的堆积有 20 层：1 ~ 2 层为汉代地层，3 ~ 4 层为商代地层，5 ~ 20 层为新石器时代地层。其中，6 ~ 14 层和 17 ~ 19 层为螺壳堆积层，其他地层基本不见螺壳。在螺壳堆积层中，各层之间有较薄土层相隔，各层内螺壳密度及结构特征有区别。除新石器时代遗存外，还发现有商、战国至两汉时期以及宋至明清时期遗存。其中，新石器时代、商代及宋代遗存是此次发掘发现最多的遗存。新石器时代遗存以高庙文化为主体，商代和宋代遗存主要发掘了一批墓葬。

发掘收获 一是发掘了一批包括墓葬在内的商代文化遗存。主要分布在发掘区东南部几个探方内，一般只有一个地层，少数探方有 2 ~ 3 个地层。地层中出土遗物不多，可辨器形有高领罐、大口缸、釜、竹节柄豆等。墓葬主要沿岗地坡顶一线分布。墓葬均为长方形竖穴土坑墓，墓圹较狭长。一般不见人骨，个别墓葬可见少量保存较差的肢骨。随葬器物以陶器为主。陶器以泥质陶居多，常见黑陶或灰陶豆、高领罐等，夹砂陶多见红褐陶釜，有的还随葬陶纺轮或石器。这批墓葬特征鲜明：墓圹极为狭长，

出土文物凤鸟纹陶片（2017 年） 姚传山 摄

随葬器物常见铺满墓底现象，随葬器物具有浓厚地域特征。二是清理了少量随葬玉器的新石器时代墓葬。墓葬主要发现于发掘区西北部位置。个别墓葬随葬器物多见石器及少量玉器，石器以石斧为多，另有少量凿、铲、刀、璜、玦等。玉器以璜为主，形制有拱桥形和环形两种。根据墓葬出土的少量陶器特征判断，这批墓葬相对年代与洞庭湖地区汤家岗文化比较接近或略晚。三是揭露了 200 余个具有特殊用途的新石器时代灰坑。这批灰坑集中分布于遗址东北部，分布相当密集，而且大多是沿岗地顶部靠近外坡一侧呈带状分布。坑口开口层位均已破坏，坑底绝大多数打破生土。平面形状以方形、圆角方形为多，有少量圆角长方形、圆形，或椭圆形。坑内填土一般为灰黑色土，个别有少量螺壳堆积。有的坑内堆积还可分层，有的中间夹有一层灰黄色土。坑壁光滑，多为直壁，少数坑壁稍微内斜，也有坑壁外斜成袋状者。坑底极为平整，常见大块砺石或陶支座，有的坑底有烧烤痕迹，有的坑底垫满砾石及打制石制品。坑体大小不一，深浅差别较大。坑口长径一般在 1 米左右，坑深 0.5 ~ 1.0 米不等。坑内包含物不多，以砾石及打制石制品居多，陶器较少，有少量动物遗骸。这批灰坑壁、底均有明显加工痕迹，形制规整，十分罕见。从空间位置上看，这批坑整体上是连片分布的，很难分辨出明显的成组或成群分布规律。仔细分辨可以看出有几个区域分布要密集得多，而且有不少打破关系。时间上，这批坑的包含物都很接近，年代应当相差不远。据现场出土遗物观察，初步确定其年代大致处于高庙文化晚期阶段。从坑体自身特征（尤其是方形、直壁、平底等特征）及包含物分析，这批灰坑绝非一般意义上的灰坑，也不是类似于窖藏之类的储存场所，更不像储水养殖等场所。因此，这批数量如此众多、分布如此密集的灰坑，应是下湾人们一种经常性行为形成的，而且是具有某种特定意义的。初步推测，这种行为可能与当时最常见也是最重要的祭祀活动有关。四是出土了大量新石器时代遗物。这些遗物包括陶器、石器以及少量玉器和骨、蚌器。其中，较早阶段的陶器器表多呈炭黑色，以夹砂或夹炭褐陶和黑褐陶为多，泥质红陶较少，偶见白陶。器表施纹以刻画为主，戳印居其次。器表装饰除绳纹外，以刻画或戳印各类图像或几何形组合纹居多，器物造型以圜底器和圈足器为主，有少量平底器和双耳器。较晚阶段陶器多呈红色，有的器表施红衣。有少量酱皮陶以及精美的印纹白陶和彩陶。器表施纹以戳印为主，刻画退居其次。纹饰相对简单，常见绳纹及各种几何形纹饰，同时也有少量图像装饰。器类较为丰富，包括筒腹釜、宽沿深腹罐、敛口彩陶罐、篦点纹矮圈足盘、印纹白陶盘、篦点纹折腹平底钵以及酱色素面碗、蘑菇形支座等。

发掘意义　下湾遗存的发现，反映出沅水流域浓烈的巫鬼祭祀风俗有非常古老的源头。下湾遗址出土的玉器，从玉器的质地、形态及工艺特点来看，与长江下游玉器遗存有密切联系。说明在距今6500年前，中国南方不仅存在远距离的物质交流，也存在观念交流。高庙文化最具特征的图像与意识或许就是通过这种交流向外传播。2018年2月26日，下湾遗址入围2017年度全国十大考古新发现终评名单。2019年3月，下湾遗址

浦市古镇下湾遗址（2019年）　　刘云　摄

被评为湖南省历史文物保护单位。

桐木垅古墓群遗址 1986年文物普查时，在沅水中游西岸浦市镇西郊桐木垅村发现数以千计古墓葬，分布在面积约100万平方米的沅水西岸和浦溪西北岸丘岗地。是年，共发掘战国、西汉墓146座。1996—1998年，进行了抢救性发掘，西、东、南部与中部台地的封土直径均在20～30米，共发掘历代墓群182座，其中，战国墓50座，汉墓15座，出土器物394件。2011年1月，桐木垅古墓群被列入湖南省文物保护单位名录。

浦市古驿道遗址 浦市古驿道包括浦市至达岚至永兴场段，范围有：高山坪古驿道6千米；都岐古驿道2.48千米；三湾岭古驿道2.67千米；毛家头古驿道1.32千米；三层坡古驿道2.88千米；永兴场古驿道2.83千米。其中包括古驿站4个、古桥梁14座、古井3口、碑刻4块。其中，高山坪古驿道段属于湖南省文物保护单位，为青灰岩铺就，路面宽1.2～1.5米，最宽达3米。始建于南宋绍兴年间（1131—1162），明洪武（1368—1398）和万历年间（1573—1620）有过复修。其他路段为就地开采的青石或红砂条石铺就，铺砌讲究，规整错缝。2008年，湖南省文物局组织第三次文物普查时，在高山坪村发现此驿道遗址。2011年，高山坪古驿道被确定为湖南省文物保护单位。

古驿道（2016年） 刘云 摄

国民党陆军监狱遗址（2015 年）　刘云　摄

国民党陆军监狱遗址　原为国民党军政部陆军军人监狱，1938 年秋，从湖北武汉市迁至湖南省桃源县陬市镇甘山寺。1939 年 1 月，再一次西迁至泸溪县浦市镇。地址在天后宫（福建会馆）和吉氏宗祠两处。1942 年，改为国民党军政部湖南陆军军人监狱（以下简称“国民党陆军监狱”）。抗日战争胜利后，迁至长沙。20 世纪 80 年代起，泸溪县曾组织有关人员先后三次到该遗址进行调查清理，发现大量用毛笔书写在墙上的诗词和画作。

文物情况

出土文物　1973 年，浦市下湾出土一件石佩，长 6 厘米，周正对称，两面光滑，上部凿有一小孔，系配饰物。1977 年，在麻溪口水泥厂工地出土 2 件五代时期的多角坛，均高 52 厘米，皆雕有人物禽兽和水波纹样，1 件表丧葬场景，1 件表吹奏娱乐场景。1978 年，浦市青草出土五代时期的人物坛 1 件，坛面雕有庙宇和表现奏乐、拜佛、观花、捕鱼等场景的人物形象。1980 年 9 月 10 日，下湾发掘出新石器时代人类遗址。出土古物数十件，主要是石器和陶器制品。1996—1998 年，在桐木垅发掘不同时代墓葬 182 座，出土遗物 428 件。其中，战国墓 50 座，汉墓 15 座，出土文物 394 件。2017 年，在古镇下湾遗址进行首次主动性考古发掘，出土大批新石器时代遗物。

出土文物犀牛骨针（2016 年）　　姚传山　摄

文物种类　浦市出土文物种类繁多，有石器、陶器、青铜器、铁器和滑石器等。在用途上有祭祀类、生产类和日常生活类等。2017 年，下湾遗址出土文物包括陶器、石器以及少量玉器和骨、蚌器。其中，器类有高领罐、曲领罐、敛口罐、敞口罐、双耳罐、釜、圜底钵、圈足盘、敞口碗、簋形器、圈足杯、斜方形支座等。图像化装饰是下湾遗址出土陶器的一个显著特征。这些图像大多比较抽象，而且图案具有等分、对称等特点，常见太阳、神兽、神鸟、神像等图像。

文物保护　历史上浦市屡遭水患兵燹，致使一些古建筑文物破坏较大，这些能够保存至今的各级文物单位，弥足珍贵，凸现了它的非凡价值，特别值得后人去研究和保护。

出土陶罐、陶壶、熏炉、石璜等（2016 年）　　姚传山　摄

浦市镇文物保护一览表

表 1

序号	名称	时代	级别	公布日期	地点	建控地带
1	浦市 古建筑群	明、清	国家	2019 年 10 月 16 日	古镇内	南、西、北保护范围内向外延伸 300 米
2	岩门古堡寨	明、清	省	2011 年 1 月	岩门 康家寨	东、南、西、北保护范围内向外延伸 300 米
3	古驿道	明、清	省	2011 年 1 月	浦西郊	以古驿道为中心向外延伸 30 米
4	桐木垅 古墓群	战国至 明、清	省	2011 年 1 月	农场	东至沅水，南至浦溪边，西北至二中，北至皮革厂，西至泸合公路
5	李氏大宗祠	清	省	2011 年 1 月	桥子坑	以墙基为起点外延 5 米
6	万寿宫	明、清	省	2011 年 1 月	河街	以墙基为起点外延 5 米
7	李家书院	清	省	2011 年 1 月	李家巷	以墙基为起点外延 5 米
8	贺家院子	清	省	2011 年 1 月	后街	—
9	杨家大院	清	省	2011 年 1 月	太平街	以墙基为起点外延 5 米
10	张家院子	清	省	2011 年 1 月	太平街	以墙基为起点外延 5 米
11	关西世第	明、清	省	2011 年 1 月	后街	以墙基为起点外延 5 米
12	周家院子	清	省	2011 年 1 月	余家弄	以墙基为起点外延 5 米
13	苏家院子	清	省	2011 年 1 月	中正街	以墙基为起点外延 5 米
14	吉家商院	清	省	2011 年 1 月	上正街	以墙基为起点外延 5 米
15	吉家三重院	清	省	2011 年 1 月	吉家头	以墙基为起点外延 5 米
16	吉氏宗祠	清	省	2011 年 1 月	农场	以墙基为起点外延 5 米
17	下湾遗址	公元前 7000 年至 宋代	省	2019 年 3 月	下湾	东至沅江，南至李家祠堂，西至白辰公路，北至白辰公路
18	福音堂	清	省	2019 年 3 月	新桥	以墙基为起点外延 5 米
19	陈家院子	清	省	2019 年 3 月	河街	以墙基为起点外延 5 米
20	武家大院	清	省	2019 年 3 月	武家巷	以墙基为起点外延 5 米
21	青莲世第	清	省	2019 年 3 月	后街	以墙基为起点外延 5 米
22	李家画院	清	省	2019 年 3 月	后街	以墙基为起点外延 5 米
23	李仕富院	清	省	2019 年 3 月	烟坊街	以墙基为起点外延 5 米
24	余字镖局	清	省	2019 年 3 月	余家弄	以墙基为起点外延 5 米
25	姚家书楼	清	省	2019 年 3 月	余家弄	以墙基为起点外延 5 米
26	黄生孝宅	清	省	2019 年 3 月	吉家巷	以墙基为起点外延 5 米
27	余家祥宅	清	州	2016 年 12 月	上正街	以墙基为起点外延 5 米
28	姚明森宅	清	县	2008 年 9 月	李家巷	—
29	黄家大院	清	县	2008 年 9 月	李家巷	—
30	李东和号	清	县	2008 年 9 月	李家巷	—
31	张喜元宅	清	县	2008 年 9 月	李家巷	—
32	张家大院	清	县	2008 年 9 月	李家巷	—
33	梅家院子	清	县	2008 年 9 月	后街	—

续表 1

序号	名称	时代	级别	公布日期	地点	建控地带
34	周水英宅	清	县	2008 年 9 月	烟坊街	—
35	郑家院子	清	县	2008 年 9 月	烟坊街	—
36	姚家院子	清	县	2008 年 9 月	烟坊街	—
37	李云寿宅	清	县	2008 年 9 月	烟坊街	—
38	瞿启桂院	清	县	2008 年 9 月	烟坊街	—
39	张景曼院	清	县	2008 年 9 月	烟坊街	—
40	李家大院	明、清	县	2008 年 9 月	桥子坑	—
41	罗家大院	清	县	2008 年 9 月	太平街	—
42	廖玉珍院	清	县	2008 年 9 月	后街	—
43	张鑫元宅	清	县	2008 年 9 月	后街	—
44	向春元宅	明、清	县	2008 年 9 月	唐家弄	—
45	秦会虎宅	清	县	2008 年 9 月	唐家弄	—
46	颜家院子	明、清	县	2008 年 9 月	唐家弄	—
47	翠云庐	明、清（重修）	县	2008 年 9 月	唐家弄	以墙基为起点四向外延 5 米及石板通道
48	胡如喜	清	县	2008 年 9 月	唐家弄	—
49	朱作喜宅	清	县	2008 年 9 月	唐家弄	—
50	张佩伟宅	清	县	2008 年 9 月	唐家弄	—
51	康渠仙宅	明、清	县	2008 年 9 月	唐家弄	—
52	康德俊宅	明、清	县	2008 年 9 月	唐家弄	—
53	张忠之宅	清	县	2008 年 9 月	犁头嘴	—
54	谭永德宅	清	县	2008 年 9 月	史家巷	—
55	企业办	民国	县	2008 年 9 月	史家巷	—
56	吴翠儿宅	清	县	2008 年 9 月	史家巷	—
57	朱助刚宅	清	县	2008 年 9 月	余家弄	—
58	李记钱庄	清	县	2008 年 9 月	余家弄	—
59	余家巷子	清（重修）	县	2008 年 9 月	余家弄	—
60	觉庐	民国	县	2008 年 9 月	余家弄	—
61	鲁班庙	明、清	县	2008 年 9 月	余家弄	—
62	张显宗宅	清	县	2008 年 9 月	中正街	—
63	宋德翠宅	清	县	2008 年 9 月	吉家巷	—
64	武宗友院	清	县	2008 年 9 月	吉家巷	—
65	李俊初宅	清	县	2008 年 9 月	申家巷	—
66	杨莉宅	清	县	2008 年 9 月	申家巷	—
67	黄生财宅	清	县	2008 年 9 月	谢家巷	—
68	谢家大院	清	县	2008 年 9 月	谢家巷	—
69	李先立宅	清	县	2008 年 9 月	上正街	—

续表 1

序号	名称	时代	级别	公布日期	地点	建控地带
70	石泽军宅	清	县	2008 年 9 月	上正街	—
71	黄春喜宅	清	县	2008 年 9 月	上正街	—
72	王宏文宅	清	县	2008 年 9 月	上正街	—
73	徐仕云宅	清	县	2008 年 9 月	上正街	—
74	唐安东	清	县	2008 年 9 月	上正街	—
75	张求保宅	清	县	2008 年 9 月	上正街	—
76	孙相亭宅	清	县	2008 年 9 月	浦阳北路	—
77	邓国家宅	清	县	2008 年 9 月	印家桥	
78	杨胜忠宅	明、清	县	2008 年 9 月	印家桥	—
79	杨秀清宅	清	县	2008 年 9 月	印家桥	—
80	蒋家院	清	县	2008 年 9 月	太平街	—

古镇建设

2005—2012 年，相关部门对浦市镇保护和发展先后进行了 3 次总体规划及修缮。2012 年起，先后编制《浦市镇总体规划》《浦市古镇保护与整治控制性详细规划》《浦市古镇旅游控制性详细规划》《浦市镇“一线一圈”现代农业示范园建设规划》《浦市古镇旅游线路控制性详细规划》。规划从古镇街道管网改造、街道提质改造、河堤古城墙及路面提质改造、历史建筑保护修缮、新建房仿古改造等层面进行设计。2014—2018 年，整合资金 3.5 亿元，对古民居、古街古巷实施保护性修缮，加强旅游基础设施、市政设施建设。通过分期分批施工，打造了游客中心、河堤古城墙、万寿宫演艺基地、严如熤纪念馆、太平街“非遗”展示区、万荷园生态观光公园（以下简称“万荷园”）等旅游景点，逐步完善了旅游设施和市政基础设施建设。

古镇改造

街道管网改造 2013 年 9 月，浦市经开区管委会启动古镇街道管网改造工程。针对古镇保护区脏乱差、基础设施薄弱等现状，主要改造太平街、中正街及巷弄排污管道、预埋“三线”（供电、通信、有线电视）管网入地管线和街道巷弄铺设青石板。2014 年 12 月，街道管网改造工程全面完工，古镇更加干净、明亮、整齐、古朴。2015 年 4 月，启动上正街管网改造工程，12 月工程竣工。上正街位于浦市古镇保护区（景区）南部，全长 450 米，有古巷弄 8 条，沿线分布有吉家商院、吉家三重院、吉氏宗祠、万荷园等历史建筑与景点。

临街仿古改造　为加快古镇旅游线路建设，整治街区环境，形成整体仿古效果，2014 年 4 月，启动太平街民居包木仿古工程和河街民居贴砖仿古工程。12 月，河街完成 95 栋民居仿古改造，太平街完成砖房包木仿古 40 栋，整体效果明显。2015 年 3 月，启动万荷园周边民居仿古工程，按照徽派建筑风格对万荷园景点周边 38 栋民居进行仿古改造。7 月，启动中正街、上正街临街民居仿古工程。2017—2018 年，完成吉家头、上正街、太平街等棚户区民居仿古改造 500 余栋，特色民居和历史建筑修缮 40 多栋。

古建筑修缮　2014—2018 年，启动对国民党陆军监狱遗址、万寿宫、吉氏宗祠、青莲世第、李氏大宗祠、吉家商院等省级保护古院落的保护修缮和重要节点打造，修复方案上报省文物局审批，并完成 22 栋历史建筑修缮和 32 栋新建房屋仿古改造。修复后，对青莲世第、湘西版画院（李家画院）通过承包租赁方式，由开发商进行商业开发，打造成为茶楼画院，投入商业运营。

棚户区改造　2016 年 6 月，投资 1100 万元启动棚户区改造项目，浦岩路片区、青

沿江堤道路及民居改造（2019 年）　张宗南　摄

棚户区改造（2019 年） 刘云 摄

莲世第片区、吉家花园片区、吉家码头片区、原氮肥厂片区 110 栋现代建筑进行仿古改造，12 月竣工。

道路提质改造 2015 年 6 月，启动浦阳路至南新街提质改造工程。主要对浦阳路至南新街 3.5 千米街道提质改造、“三线”管道预埋、人行道青石板铺设、铺设炒砂路面，安装路灯等。7 月，县政府投资 2.12 亿元，实施 S252 白沙至辰溪公路改扩建工程建设。按照二级公路标准施工，全程 31 千米，为古镇的发展旅游提供了交通便利条件。

设施建设

万荷园及市政设施建设 2014 年 3 月，实施百亩荷花园建设，完成万荷园土地流转，试种观赏莲藕。规划扩大观赏莲藕种植面积，建设万荷园观光栈道、凉亭、沟渠等基础设施。投入资金，完善古镇保护区市政设施建设，安装配套仿古垃圾箱、桶 100 个，新建一处休闲广场和一座仿古公厕，规范街道、巷弄和历史院落标识标牌 200 处。2015 年，实施万荷园观光栈道、沟渠、凉亭等设施建设，修建占地 2000 平方米的万荷园停车场与游客集散广场，配套修建 1 座旅游公厕。12 月，吉氏宗祠完成主体修缮。2017—2018 年，开工建设项目 20 多个，积极推进景区基础设施建设，完善游客中心仿古楼牌、

仿古围墙、门禁系统建设及停车场绿化亮化，升级改造供水管网2000多米，配套建设旅游厕所5座、消防设施20多处。

游客中心及停车场建设 2014年，完成游客中心周边20公顷区域概念规划和建设性详细规划，完成14公顷游客中心用地收储工作，着手游客中心及停车场建设。2015年，完成游客中心12公顷土地收储和厂房收购拆迁，启动游客中心一期建设项目，游客中心市政建设工程用地5万平方米，游客接待中心占地面积2750平方米，为两层徽派仿古建筑，涉及给排水系统、供电系统、“三线”入地、道路建设、绿化亮化、文化广场及大型生态停车等工程建设。年底，游客中心市政建设工程完成“三线”管道预埋、给排水系统和白辰二级公路路基、停车场平整等主体工程，游客接待中心完成主体框架建设。2017—2018年，完成李氏大宗祠、从文研究基地、游客中心“非遗”商品展示馆、遇见美民宿、余家巷子、七彩玉石商品制作基地等旅游业态开发。

河堤风光带建设 2015年6月，启动河堤风光带一期项目河堤古城墙项目建设，主要修复入城口至十字街闸门长约1.5千米的古城墙和烽火台。2016年7月，启动河堤路面提质项目，项目涉及入城口至十字街闸门1400米长河堤路面青石板铺设、仿古路灯安装及绿化等，12月竣工。2017—2018年，继续实施河堤风光带建设，完成河堤加固、二期古城墙和观景台建设，步行道硬化、亮化和绿化。

万荷园亮化区（2016年） 刘云 摄

民间工艺

浦市手工业的发展与百姓生活生产紧密相连。生产工具、生活用具及衣食住行等，都通过手工劳动而得。

浦市发达的商业派生了加工、编织、雕塑、陶瓷、布艺、木艺等行业，形成具有浦市特点的民间工艺。许多传统的民间工艺在沧桑岁月中传承发展至今。

浦市 PuShi

民间工匠

银匠 清朝至民国时期，浦市出现了10家银匠铺。银制品有妇女用的手圈、戒指、项链、梳子、耳环，发髻上的簪子、勺子及插花等饰物；有少儿用的项圈、锁链、耳环等。也有铜质镀银、锡质镀银的冒充货。也制金戒指、金耳环等。普通人家多买（或用银子换）银质品，富户则选购金质品。但普遍用的还是银质品多。1982年后，交通日趋方便，民间需要银饰品多去大城市的首饰店购买。随着人民生活水平日渐提高，收入与消费增加，多改银饰品为金饰品，市场制金首饰的店铺，到处可见。直到2010年后，浦市民间古老的银饰品加工摊子才销迹街头。

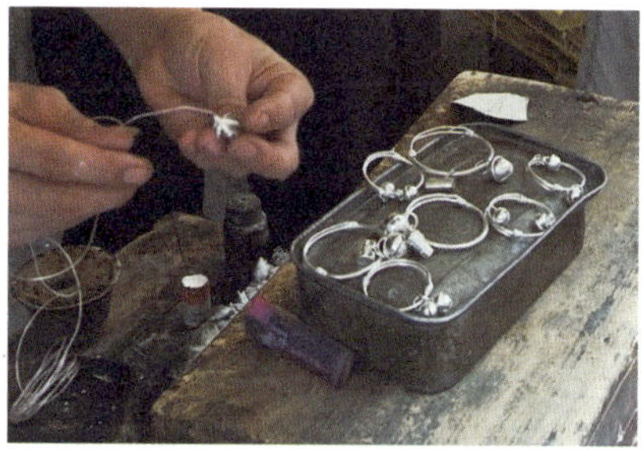

银匠（2016年） 姚传山 摄

铁匠 明洪武年间（1368—1398），古镇已经开始利用本地储量丰厚的铁矿资源进行大规模的炼铁工业，带动浦市一批商户逐渐走上富裕之路。在清期中期，炼铁集中在下湾一带沿河两岸，如今这一带还散落着随处可见的铁矿渣。这种环境也催生了铁匠行业的兴盛。铁匠一般都有自己的铁匠铺，铺内修一座煅烧铁坯的火炉，在火炉的连接处有一个大的手拉风箱，风箱旁竖摆一块铁制砧板，砧板旁放铁匠用来打铁的小铁锤、大

铁匠（2016年） 姚传山 摄

铁锤、铁夹等工具。浦市铁匠铺分大铁业和小铁业。大铁业制作农具、铁耙斧锄等。小铁业专打钉子、钳子及船上用的铁器。铁匠铺分布在吉家巷下首河街一带。铁匠一般用的是蛮力，俗话说：“打铁先要身板硬。”因此，铁匠多数都是男人。一个铁匠师傅一般会带一到两个学徒，学徒的主要工作是用一把比师傅的铁锤大五六倍的八方锤，帮助师傅把烧得通红的毛铁坯打造成所需的工具形状，之后就只能在一旁边拉风箱边用心体会其中的要领了。实行大包干之后出现了家庭式作坊，于是就有了夫妻店，大多是女人掌火，男人抡大锤。等铁坯烧到熟透的时候，用铁夹快速夹到大铁墩上，锤打成型后放入冷水槽内，这一过程就是“淬火”。随后，再放回火炉煅烧，这一过程就是“回火”。“淬火”和“回火”这两项技术十分重要，是铁匠师傅的看家本领，程度和分寸控制，全凭实践经验。最后是安钢和启口，一件理想的铁制工具就大功告成了。

石匠　石匠，本地人称之为岩匠，就是采集石料和整理石料，再将这些石料加工成产品，然后用在所需要的地方。浦市民间流传着这样的顺口溜：“木匠白，铁匠黑，岩匠头上悬坨岩。”意思是说，木匠在室内工作，脸色自然是白的；铁匠常年在炉前烤，满脸炭灰，脸色自然黝黑；岩匠抡铁锤飞舞，头顶上碎石飞溅，非常惊险。房屋落成宴客时，主人待木匠、泥瓦匠为上宾，和主人同庆，风光十足。岩匠不同，只负责前期基础工作，在主人新居还没落成之前，就收工走人。其实，岩工粗中有细活，壮汉也能做细工，雕花刻朵。浦市众多的会馆与商宅大院门头柱上都有花鸟人物的雕刻，如江西会馆大门前的石狮，牌楼上面的文王访贤、八仙过海等青石浮雕，吉家大院门额上的天官赐福、门墙上的鹿鹤同春等雕刻，都是岩匠师傅的作品。岩匠以达岚、合水两地为多且工艺好，尤其达岚岩匠修的码头齐整出名，工艺细腻精湛，浦市许多建筑多有他们承包的岩工工程。

木匠　浦市木匠不仅可以制作家具，而且建筑行业、装饰行业、广告行业等也离不开木匠。从前木匠在农村是份很不错的手艺活，木匠使用的传统工具很简单：斧头，用以劈开木材，削直木料；刨子，细致地刨平修饰木料表面；凿子，用以凿孔与开槽；锯子，用来开料和切断木料；墨斗，用来弹线与标识；鲁班尺，用于丈量与校正角度等。浦市传统木匠分为4种类型：一是大木业，俗称高架木匠，专修房屋，装模，做棺木；二为小木业，专门制作家具，俗称细料木匠；三是船匠，以造船为主；四是圆木业，专门制作圆形用具，如脚盆、木桶面盆、锅盖等用具。圆木业以宝庆府的工匠为主，他们制作包装桐油的木桶，在后街形成了一条桶匠街。木匠大多是根据客户需要上门服务，

木匠做工（2018年） 刘云 摄

小件家具和生活用品也有购买成品的。

旧时，房屋上梁是件大事，上梁时间须由风水先生根据主人生辰八字择定，上梁时，周围数里的村民和亲友，都会前来祝贺和看热闹。上梁前须由木匠师傅进行“祛煞”，驱邪，扶正气，之后才能开始升梁。升梁之先，木匠师傅要唱《赞梁词》：“吉日良时，天地开张。恭贺主东，修造华堂，不看此屋，单看此梁，此梁此梁，问你生在何方？长在何方？它是生在西眉山上，长在活龙头上，上有青枝朝北斗，下有子根万丈长。谁人得见？鲁班得见。谁人得知？弟子得知……”木匠师傅唱完《赞梁词》后，大喊“起呀！”这时鞭炮齐鸣，排杭架上有人用绳索往上拉，下面有人往上顶，一会儿工夫主梁升登于“龙位”之上。一时祝贺声此起彼伏，建屋主人喜笑颜开。

泥瓦匠 泥瓦匠就是从事砌砖、盖瓦等工作的建筑行列的工匠。当地人一般将泥瓦匠称作泥水匠。其实泥瓦匠与泥水匠是有一定区别的。真正意义上的泥瓦匠是指制作砖瓦的人，而泥水匠则是使用砖瓦的人。砖瓦的制作过程，大致分为取泥、制坯、晾干、烧制4个步骤。砖瓦主要以泥土为原材料，泥的好坏直接决定砖瓦的质量。浦市当地有一种黄颜色的泥，黏性很好，大家都叫它“观音土”，是烧制砖瓦的最佳泥材。砖瓦用泥必须经过反复手工搓揉并搅拌均匀，然后泼上水，让其蒸发发酵十来个小时，跟蒸馒头发面差不多，等黄泥完全浸透吸饱水分，用铁铲反反复复地翻踩五六次，至软硬合适为止。把踩熟了的黄泥堆起来，泼上一层水，再用稻草或茅草编扎成的草把盖好备用。泥料备好后紧接着就是制坯，做瓦的木制圆形模机是可以转动的，将调好的泥敷在坯机外，通过旋转抹平和控制瓦的大小厚薄，然后取下泥坯放在阴凉处自然风干至七八成就可以折叠堆放。做砖比制瓦工艺简单，只需将调好的料泥用外力压入砖模里，用钢丝做成的弯弓弦割掉上面多余部分，取下模子晾干即可。砖瓦烧制过程关键在于控制火温，一般焙烧温度控制在 900℃～1100℃之间，如果焙烧温度过高或时间过长，就容易产生过火砖。过火砖为深色、变形大。焙烧温度过低或时间不够，就易产生欠火砖。欠火砖色浅、强度低、吸水率大、耐久性差等。烧制是要在山间修建一个小土窑，一般窑的大小能够放置 1 万块砖、3 万块瓦左右比较适合。砖瓦坯晾干以后，再拉到砖窑，在砖窑里面按规定要求码好。然后，窑门口用砖和泥封起来，在砖窑四周的火口点火燃烧，烧一次砖瓦约需 5000 千克木质燃烧物，达到一定温度后，可熄火，封盖焖上一段时间，砖瓦就烧成了。这种传统的纯手工做砖瓦、烧砖瓦的技术，过去曾遍布城乡。现在由于砖瓦机械的广泛应用，传统的泥瓦匠大多已被淘汰，仅在较偏远的农村还有手工烧制砖瓦。

篾匠 历史上竹篾匠是一个吃香的行业。山区人农忙时种田种地，农闲时织篾货，白天干农活，晚上织篾器。会编织手艺的家庭成员做编织，不会织的做帮工，锯竹子、剖篾、匀篾、接送竹料等，以确保在赶场时有篾货卖出。浦市是个商业重镇，又盛产桐油，盛装桐油的油篓子需求量巨大，在后街形成了一条专门加工篾器活的篾匠街。市场

篾匠（2016 年） 姚传山 摄

专用的油篓、纸伞、背篓、箩筐等，多在此加工制作，篾匠业一时兴旺繁荣。20 世纪 60 年代，成立了专业竹木器社。竹篾匠是细致活，竹料选择讲究。做篾货用的竹子要挑选冬竹，最好是腊月的，这样的竹子韧劲好，不长虫。选竹子还要选鲜竹，不然剖不出篾来。竹篾匠还要掌握一套砍、锯、切、剖、拉、撬、编、织、削、磨的基本功。一个好的篾匠一根竹子能剖出头青、二青、青篾和两层黄篾，一共 5 层薄如蝉翼的细篾。2018 年，后街仅剩两家祖传篾匠还在经营。

皮匠 用皮革制作物件的工人或修理、制作皮具、皮货的人，如鞋匠、皮箱匠等，一般称作皮匠。皮革是常见的材料，如沙发、床铺、皮衣、皮帽、皮带、皮鼓等。在 20 世纪末期，古镇街头巷尾仍然能见到皮匠师傅使劲搓鞋帮，穿针走线缝合破裂鞋子。一个简陋的工具箱，加上钻子、钉子、锤子和几把切刀，就是鞋匠赖以糊口的摊子。制作一双皮鞋从选料到出售大约有 60 多道工序。归纳起来最主要的是备料、裁剪、缝制、配底、上底、整形和包装等。先外帮，再到内帮，然后才是其他位置。鞋夹帮是鞋面套上鞋楦以后定型的一道工序，要保证鞋头一样长短，鞋头要正，前帮必须特别注意鞋面部分与楦头对准，不可歪斜，固定好后跟高度。中帮要注意两腰鞋面是不是拉紧，其紧张度要适中平均。后帮要注意后跟高度是不是标准，避免左右脚鞋高不一致。后帮完成后将中底钉取下以利脱楦，避免穿鞋时伤脚。过锤，关键就是鞋面和鞋底黏合处要光顺，不能有凹凸不平或起泡现象，特别是鞋头和鞋后跟，皮鞋最后一道工序是包装。鞋子内塞纸，放撑筷，放套板，每一件都不能马虎，做鞋工艺每个环节必须按规定的标准操作，严格把关。否则，皮鞋质量必受影响。历史上，浦市有制作牛皮箱的传统，一张牛皮需经过浸润、浸灰、刮脂、剖皮、浸酸、鞣制、筛选、削匀、复鞣、干燥、修剪、精整、熨平、蒙钉 14 道工序才能成为一张上好用料。20 世纪 70—90 年代，浦市民族皮件厂生产的牛皮箱质量好，价格适中，曾远销江苏、上海等地。

裁缝 宋代，浦市裁缝是流动性的。根据人们需要，往来于街区和乡间。明代，古镇经营布匹的商行增多，各店铺请裁缝坐店加工，用手一针一线缝出来。裁缝用的尺子与众不同，叫作三元尺，每尺长 35 厘米。其实，三元尺本是轩辕尺的讹传。根据《周易·系辞》里说“黄帝尧舜垂衣裳而天下治”，裁缝就奉轩辕黄帝为祖师爷，把尺子叫轩辕尺。学裁缝手艺，按规矩，三年学徒期间没有工资，如果平时表现好，年底师傅就给个红包。民间有“泥水木匠，日头三丈；裁缝篾匠，做到大亮”的说法，意思就是裁缝、篾匠是轻体力、复杂活，做的时间长。至民国初期，浦市街区长期坐店加工成衣的裁缝有 12 人，学徒 40 人。服装式样也随着年代更迭和社会进步而变化。民国初期，古镇出现了缝纫机，工艺从手工加工演化到半机械化加工。20 世纪 50 年代，古镇裁缝行业实行集体化后，组建缝纫社，裁缝集中在缝纫社加工服装。乡间人们靠上街扯（买）布匹或者家里做红白喜事送的布匹，请裁缝师傅上门加工衣裤。

染匠 20 世纪 80 年代前，古镇人们多穿蓝色衣服，土法染布特别流行。清代，古镇有染坊 8 家，染匠 27 人。染匠做生意有下乡接布和坐店接布两种。接布人在接布时，在送染的布角扎上“布印子”，用笔写清村名、姓名、所染颜色等内容，以防染错颜色或串户，也是取布的标识。民间染坊主要设备有锅灶、大缸、担缸板、碾布石、卷布轴、晾布架等。锅灶一般多垒砌风灶，灶下通风道较高，不需鼓风。灶高 0.8 米左右，前后安置两口大锅。离灶门近的前锅用于煮布，离烟囱近的后锅用于温水。备染缸若干，用于泡染和滤布。每口缸上放一块木板，称担缸板。从染缸里把布捞出后先放在担缸板上沥水。缸后埋一根光滑木桩，控水后的布或线套在木桩上，另用一根短木棍插入拧绞去水。碾布石也叫踹布石，一般为红砂岩雕凿，两头翘起，底面平滑，形似元宝。长约 1 米，高约 0.7 米，厚约 0.35 米，重约 150 千克，称为“马鞍石”，与卷布轴配套用于碾布。碾布处铺稍凹且光滑的石板，称为碾槽，安装碾布人扶的木架。卷布轴为硬木旋成的圆柱体，大体长 0.8 米，直径 0.12 米。晾布架用松杆或竹竿搭成，长宽视场地而为，一般高 4 米左右，用于晾晒印染好的布。布料染好晾干成捆后，染匠人踩在马鞍石上，两脚踩住两头，“咣当咣当”碾十几个来回，使布面光滑即成。染布要掌握三点技巧：一是颜料和水的配比合适；二是水温和浸泡时间把握好；三是搅拌要快，着色均匀。由于现代纺织、印染迅猛发展，五颜六色的布料、丝线充满城乡市场，民间印染业和染匠延续到 20 世纪 80 年代初自行消失。

屠宰匠 屠宰匠在本地称为屠户。明清鼎盛时期，古镇每天“日销百猪千羊万担米”。屠户多达数十人，专门用于牲畜屠宰的作坊有 20 多处，牲畜屠宰种类有猪、牛、羊。屠户宰杀牲畜要经过刺杀放血、浸烫煺毛或剥皮、割颈肉、开膛解体取内脏、劈半、置案销售等多道工序，一气呵成。在乡间，屠户宰杀生猪很有讲究，杀猪必须一刀毙命，流血要多，称为“血旺”。这就要求屠户要有过硬的技艺，不然，屠户不仅受到耻笑，而且还会失业。屠户把猪整理干净之后，将全猪匍匐在养猪户堂屋里祭祀祖先和祖神“张飞”，以期待来年养猪顺利。

剃头匠 旧时，剃头师傅挑担流动剃头，有的剃头师傅为了做成大人的生意，免费给小孩剃头；如果给婴儿剃满月头，主人会给剃头师傅封个红包，少则2块，多则6块、8块等，以双数为吉。古镇出现理发行业是在民国初期。辛亥革命后，临时政府明令剪辫。1956年后，成立浦市理发社。一些居民向这些理发师学艺，学成后，或在古镇开店从艺，或游走于乡间为村民理发。最初是用剃刀刮发，剪刀修理，后来引进手动推剪。20世纪80年代，街上的理发店纷纷改名美发室，理发行业采用电动推剪，从传统的洗头、剪发、修理、定型等工序，扩大到洗、吹、剪、烫、染、焗油。

油匠 专门从事油料加工的人称油匠。明清时期，浦市油坊多达12家。夏季榨菜籽油，冬季榨桐茶油。榨油有专门的加工作坊。木榨是用两根木头镂空而成，一般用枫树，有一吨多重，横摆在榨油坊档头位置，看上去活像一条长龙，人们称为“木龙榨”。每架木龙榨可放30 ~ 40块油饼。从菜籽、茶籽、桐籽进入油坊，到流出色泽金黄、清香四溢的油，有一套复杂而又规范的制作工艺。菜籽、茶籽、桐籽进入油坊，要经过碾、炒、蒸、包、榨多道工序。在榨油之前，包饼是一道非常重要的工序。包饼要用油铁圈和油衣草，油衣草用糯米稻草结成，是一门技巧活，拎饼全靠稻草受力，否则饼会散架。菜籽、茶籽粉上蒸后，包饼师傅站在热腾腾的蒸灶后面开始包饼，包饼工序要求师傅们不但要有体力、腰力、臂力，还要有巧力、准力。每块饼3千克左右，饼包得太厚不行，影响出油率，饼薄了也不行，藏在铁匝里榨不干，同样影响出油率。包饼师傅将蒸熟的粉倒入铺有油衣草的油圈中，光着脚将油衣草圈拢罩好，然后一个个堆起。油饼包好后就上榨，几十个油饼码堆在油槽里，用油尖插入，再由三人拉起悬吊的油锤撞击油尖头，步步挤进。随着油锤的加压，清亮的油液从木榨的油饼里汩汩淌出，经流油口流入接油桶里。油尖用硬木制成，头大尾尖，头部箍铁圈。油锤选择长约4米左右的硬圆木，中部戳空安装手柄把，上部用粗绳吊至油坊的屋梁上，油锤头部也用铁圈箍住。榨油时，第一道工序是二人掌手柄摇把，一人掌油锤尾部，对准油尖撞击。第二道工序是油大部分榨干后，由两人撞击，一人掌头，一人掌尾，面对油榨向上冲击，向尾部拉开，然后拉回，依其惯性顺势对准油尖撞击，俗称“打天锤”。技术要求严，准确度要高，不能打偏，因此，这道工序一般人是做不了的。通过“打天锤”，油饼里的油已全部榨干。榨油所余之渣因其形圆，统称为枯饼。菜油枯饼、桐油枯饼皆是上好的有机肥料，茶油枯饼则是杀虫的有机农药，还可用作熏腊肉、洗头发等。

漆匠 浦市流传着一句顺口溜："木匠怕漆匠，漆匠怕亮光。"木匠刨得光不光洁，油漆以后，一览无余；漆匠漆得均不均匀，亮光一照，纤毫毕露。20 世纪 90 年代前，浦市漆匠行业著名的有寨尾头的颜漆匠、太平宫的米漆匠，其中，米漆匠手艺代代继承。农家新做的木制家具，如床、衣柜、高柜、中柜、香几、抽屉桌、椅子等都要油漆。漆得好的家具用上百年依然光亮如新。油漆讲究"生漆打底，熟漆盖面"，先用生漆油，再用熟漆油，反复匀漆，越漆越亮。一件好油漆作品要做到黑、青、亮。底打得不好，油漆后的家具没有亮光，还会起皱。漆匠工艺最难的是调漆，根据一年四季不同气候、气温、湿度变化而变化。旧时，油漆都是生漆，容易导致皮肤过敏，出现皮肤红肿，甚至骨头发痒现象，民间称为漆疮。治疗漆疮，土方是用杉树皮浸泡的水洗一洗就痊愈了。20 世纪 90 年代中期，市面流行组合家具，油漆都是用气压喷枪喷化学散光漆。散光漆依照色谱调制，喷制时戴防毒面具，按刮灰、打底、喷面漆等过程完成。在市场的影响下，传统漆匠工艺被淘汰。

画匠 浦市大商户发家后，纷纷雇请手艺好的工匠建造深宅大院，门窗廊柱需要装饰，或请雕匠雕刻，或请画匠绘制。此外，肖像画，尤其是老人肖像画也有一定市场。由此催生了一批画匠。20 世纪 90 年代前，浦市基础扎实、技法熟练的画匠有康定国、唐能刚、吉建章、印绍仙等。2000 年，印国顺、刘清富、戴仲年等以画画为生。印国顺原为浦市工艺厂画师，擅长工笔花鸟，风格独特，画风平朴素简。刘清富以画像为主，使用炭精粉、各型号的毛笔和排笔等，在绘图白纸上以九宫格方式细心地对着小照片画。戴仲年原是浦市电影院电影广告画匠，随着电视机普及，电影院逐渐冷落，遂干起街头画像和写对联行当。旧时，许多老人在身体硬朗时，请民间画匠来画像，称为真容。如果老人去世而生前没有画过真容，只好采取补救办法，根据生前留下的旧照片，画张放大的真容。如果生前没有旧照片，只能根据家属的口头描述估画，叫作补容。

船工 明清时期，浦市是沅水中游的商业重镇，船运业发达。拦头工是班头，船工们须听从班头吩咐，各负其责，相互照应。为防疫病，船上备有茶，为使新手适宜常德水土，船下行至陬市时命新水手喝三竹筒生河水，并念："一拜川市二拜岩，我是初次才下来，吃了三筒蝴蚂（青蛙）水，到了常德乱吃得。"船主所用船工一般从纤夫店请来。船主与店老板说好人数和工钱后，先付一半工钱给店老板。店老板扣减船工食宿费，剩下的付给船工。另一半工钱要到达目的地才付清，中途可以支付部分。船至目的地靠岸，要礼让三分。大船离岸下锚，不压小船；靠岸宜慢不宜急，不挤他船；船工上岸自划小划艇或自搭跳板，不踩他船。船夫需清洗船板、缆子，抽搭好橹桨篙竹。船主上岸买酒菜办“到眼（岸）”餐，大家欢喜聚饮一场，付清工钱，船工与船主相互道谢。船工即回纤夫店报到，听候店主安排。船工只认原店主议就的工钱，船上的吃饭喝酒均由船主开销。船主即使赔本亦不能克扣船工薪金，此成定习。如今，随着陆运的发达，浦市船工这一职业已成为历史。

工艺制品

编织 编织有竹编和棕编。竹编以竹子剖篾为材料，从事竹编者称篾匠；棕编以棕片为材料，从事棕编者称棕匠。

竹编 浦市竹子资源丰富，乡间村野毛竹、旱园竹、烟竹连片成块。竹织品有箩筐、晒簟、背篓、睡簟、提篮、筲箕、纺车等。竹背篓是山区村寨妇女不离身的生产生活工具。山区山高坡陡，道路崎岖，人们多用竹片织成长筒形背篓作负重工具。根据不同用途，背篓规格、制作各异。柴背篓用粗厚的青竹篾统织，形状较大，下部用竹片做成

手提盖篮（2016 年） 姚传山 摄

“墙”（用竹片做成的坚固底子）进行加固。洗衣背篓选料精细，用水竹细篾精心编织，上大下小。陪嫁背篓制作工艺更为考究，篓口用蓬竹和青竹镶边表示阴阳交合，篾丝细腻，图案别致花纹细巧，做工精致。背孩子的背篓有椅架式和陪嫁背篓两种。

棕编　棕树遍布农村屋前屋后，棕片每年可采集两次。棕丝韧性强，用其制绳索、蓑衣、棕垫等。棕匠亦农亦匠，时有外出编制用具。绳索有牛缆绳、箩筐绳、千年绳（又名发绳，用于伐大树和抬灵柩），用途广泛。竹编缆绳、棕编绳索还用于船上拉纤和木材水运扎排。20 世纪 70 年代后，船运逐渐改为机械动力，帆船渐次淘汰，竹棕编织业衰落。

纺织　浦市织染历史悠久。人们“织绩木皮，染以草实”，习俗沿袭了几千年。衣被之需，必于纺织。历史上民间纺织原料以苎麻为主，有棉花、葛藤、楮木、蚕丝等。苎麻一年可收割三次，蚕丝次之，一年可养蚕抽丝两次。棉花种植始于唐代，宋元推广，明清棉花种植普及民间，棉纺走向繁荣，渐次取代了葛纺、褚纺、麻纺、丝纺。清乾隆三十年（1765）版《辰州府志·卷十四》载：“农家妇女，盍饷饲蚕，治木棉，勤纺绩。出则背负篓，援山拾薪，手犹针线不停。归则舂汲炊爨，刻无宁息。妇女之劳苦，此其最也”。棉花织布工序是：采摘棉花晒干后，用辊花木机将棉籽辊出，辊出棉花叫“扁花”，“扁花”交由弹花匠加工成“膨花”，将“膨花”用高粱细杆或小竹竿分次搓成拇指大小的“花条”。通过纺车将花条纺成纱线，而后采用竹制纱拐连接成手臂大小、约 50 厘米长的圆形纱把，把大米与纱把混合煮熬浆洗，上浆后用纺车倒成纱锭，牵成纱幅。后按纱序套综穿扣，装上机床纺织。织者左手抛梭右手织，再右手抛梭左手织，如此轮回交替，纱线上下经纬交错成布。若用彩线搭配花样上机纺织，可织成色彩斑斓的苗锦。1980 年前，农家几乎户户有纺车。秋冬腊月，桐油灯下，呜呜纺车，经常转动至深夜。人们用自己纺的线打花带，织布（俗称“家织布”）。这种自己种棉花、自己纺线、自己织布的生产方式，延续到 20 世纪 80 年代逐渐消失。

印染　印染有染线、染布多种。把棉线染成五色（红、绿、黄、青、蓝），可织成五彩花布。把丝线染成五色，可绣成五色花朵。只用黑线和白线织成的布，密密麻麻，所以叫“蚂蚁布”，苗家青年男子往日极喜穿这种布做成的衣服。青年女子则喜穿花衣、花鞋、裹花头帕、花围裙。当地民众普遍使用印花被子。因此，染色的染匠遍布乡村、集中于城镇。浦市尤以太平街染匠工艺花色出名，其传统蜡染技术远近闻名。传统的染色原料是一种人工栽培的植物叫蓝靛。20 世纪 50 年代以前，兴隆场、永兴场一带村民有栽培蓝靛的习惯，除本地使用外，还挑往浦市集镇出售。印花被的印染是先用牛皮纸凿好“双龙戏珠”“鹊报平安”“双凤朝阳”“鲤跃龙门”等图案，再将其盖在白布上，用石膏粉浆或蜂蜡涂满图案花纹，待干揭去牛皮纸，把布折叠放入烧热的染缸中，约半小时取出，晒干后刮去粉浆，洗净晾干，花纹即显。最后折叠放入碾槽，碾辊即成。若用蜂蜡涂之名蜡染，成本高，故以石膏代替居多。20 世纪 80 年代，民间印染业自行消失。

纸扎 浦市民间广义的纸扎包括彩门、灵棚、戏台、店铺门面装潢、匾额、人物、纸马、戏文、舞具、风筝、灯彩等。狭义的纸扎指的是丧俗纸扎，主要指用于祭祀及丧俗活动中所扎制的纸人纸马、摇钱树、牌楼等焚烧的祭祀纸品。

浦市纸扎艺术最初起源于丧俗，用来祭祀先人，悼念死者，后来也用于表达喜庆。明清时期，浦市城乡每逢节日或喜庆的时候民间艺人就施展技艺，扎制“麒麟灯”“鸭（压）子灯”“鸳鸯灯”“金鱼灯”，或《西游记》中孙悟空、猪八戒等人物，或各种花草、鸟兽等。这些色泽艳丽、造型拙朴、寓意明快的纸扎品，均用竹、木为骨架，用线团、扎丝捆绑固定，用彩绘饰表面，形象栩栩如生。它是将扎制、贴糊、剪纸、泥塑、彩绘等技艺融为一体的民间艺术。纸扎种类主要有四类：一是神像，如丧葬时在陵墓前焚烧的各类扎制品；二是人像，包括童男童女、戏曲人物、侍者等；三是建筑，如灵房、门楼、牌坊、车轿等；四是明器，包括饮食器皿、供品、吉祥用品以及瑞兽类。纸扎作品琳琅满目，上可登大雅之堂，下可融民间习俗。至 20 世纪 90 年代，浦市尚有纸扎店 5 家。21 世纪以来，浦市纸扎店多经营外地批购的成品，民间纸扎艺人逐渐消失。

民间器具

竹器制品 旧时，浦市地区竹子编制的背篓是人们生产生活中的必备用具。背篓的用途很广，除了用于生产外，姑娘出嫁时要陪嫁洗衣背篓；媳妇生孩子，娘家要送一个

竹靠椅（2016年）
姚传山 摄

脚盆、水桶、棒槌（2016年）
姚传山 摄

釉缸、石擂钵（2016年）
姚传山 摄

儿背篓，作为办“祝米酒”的礼品。砍柴、打猪草用柴背篓，摘玉米、小麦则用扎背篓。当地人们利用竹子制作的生活用具还有竹扁担、簸箕、筷子等。簸箕是农村打场与碾磨中必备的生产工具，用以揽装或簸拣小麦、谷物或面粉等。簸箕的用途极为广泛，除用于对谷物进行清选外，还用于农业选种，以及酿酒、酿醋、榨油等加工作坊，以簸净粮食，便于进一步加工。簸箕因简单实用，至今仍是农村家庭农业生产和各种手工作坊的清选农具。

木器用具 戽桶，是脱谷子用的传统工具。如今，戽桶已经消失，替代它的是打谷机和联合收割机。风车，浦市农民在清除谷物时都会用到风车，它是一种借助风力清除谷物中的秕糠和灰土的机具，当时又叫题车。风车的出现使人们摆脱了对自然风的依赖，采用连续的人造风，根据需要可随时对加工后的谷物进行清选，极大地拓展了谷物的清洗加工方式，提高了生产效率。

石器用具 石器主要有碓臼、石磨。碓臼是用石头凿成的。用一块厚厚的石头在中间凿一个深50厘米、口径30厘米左右的石洞，就做成了碓臼，具体大小没有统一标准，主要依石头的大小而定。石磨是一种磨碎谷物的石质工具，至今在一些农村家庭仍然存在。石磨由上下两块圆石组成，上方一块凿有通透孔，侧面安装推动把手。上下磨片之间有磨脐子（铁轴），接合处有纹理，粮食从上方的孔进入两层中间，在石磨转动时被磨碎，形成粉末。

金属物件 除前面提到的浦市民间金、银、铜、锡等饰品外，还有铁质的日常生活用具。如菜刀、锅铲和铁质加木把农具（镰刀、锄头、犁耙等）及作为木工用具的斧头、刨子、锤子、锯子、矬子等。明清时代，古镇铁匠铺还打制匕首、大刀、铁钗、火铳等兵器。民国以后，铁匠打制的各类兵器器具减少。民间还有铣匠，他们使用的是生铁（又名生水）。即把生铁烧熔，灌铸生产用的犁头和各类大小锅鼎罐、碓嘴等生活和祭祀用品。

传统行业

鞭炮业 浦市鞭炮业早在明朝初期就已经发展起来了。浦市鞭炮燃放后，香气弥漫，深受人们欢迎。清朝中叶，浦市鞭炮已远销汉口、南京和东南亚各地。清末，浦市商业十二大家中，有名震沅水流域的鞭炮大户程万兴及李森泰、肖瑞丰、陈良兴、瞿宏顺、姚恒森、吉和兴、吉中兴等大小鞭炮生产作坊126家，专门熬制土硝作坊的有5家，从事鞭炮生产的手工业者1700多人。1956年1月，成立浦市鞭炮社集体企业，有职工40人，年产4000万响，产值9万元。1965年，产鞭炮116.9万箱，其中，大炮35.57万响。1968—1980年，鞭炮业与造纸业先后4次分合。1981年，浦市镇在后街四方井旁筹办庆丰鞭炮厂，有职工185人，厂房面积1.2万平方米，固定资产20万元。1983年，湖南省民族事务委员会投资7万元，将其改为泸溪县民族鞭炮厂。1985年，有职工52人，厂房面积1250平方米，年产值28.2万元，缴纳税收8万元。

鞭炮制作（2010年） 姚传山 摄

浦市郊区村寨在历史上有加工鞭炮的习惯，如做皮子、扎捆、插引线、编鞭炮等。因鞭炮生产工艺发展，还生产名目繁多的烟花，以及创制土火箭用于人工催化降雨。1977 年 2 月，由泸溪县农机厂、浦市鞭炮厂、县气象站、县科技办公室 4 个单位发明创制的人工催化降雨支农小火箭发射成功。至 1985 年，全镇共有 470 家作坊（包含农户）生产加工鞭炮，年收入 20 多万元。浦市鞭炮厂生产的烟花种类很多，除彩色电光炮外，还有“惊天迅雷”“天女散花”“腊月菊香”“彩蝶飞舞”“擂鼓催春”“平地旋飞”“钻地鼠窜”等。这一时期，浦市鞭炮产品畅销省内外。1985 年春节，在县城广场举行烟花比赛会演，引起上万民众观看。20 世纪末期，由于浏阳鞭炮的兴起，在市场的激烈竞争下，浦市鞭炮在技术上得不到提升，加之管理不善，这一悠久的传统产业消失。

造纸业 明末清初，因浦市是“庙乡”，人们在丧葬、求神拜佛、祭祀等活动中需要大量纸钱，于是山区村寨村民依托野生竹子、芭茅等自然优势，开办简陋的纸厂，以制造草纸为主，造纸业兴起。古镇有十几家草纸作坊，西郊都歧村造纸技术娴熟，尤以造鞭炮纸、火煤纸、烧纸有名。都岐人到浦市赶场，每人都要挑一担钱纸，有“都岐人上街，一身钱纸”的俗语。清代，古镇有张恒顺、徐宏兴等7家造纸厂，均分布在下湾、红桥河边，生产黄草纸及文化用纸，也叫老廉纸。造纸的传统工艺较为复杂，主要分为砍伐竹料、打捆浸泡、碾压发酵、入窑熏蒸、清洗、再入窑高温熏蒸、加碱浸腐、米浆浸泡、粉碎成浆、下槽滤水，抄纸、上架压干、手工分纸、打坯烤干、齐整打捆装箱等环节和工序才能完成。从山里砍来嫩山竹，去叶，堆放在水池中，撒上石灰浸泡一段时间。待竹子变软后，捞出置于水碾槽中碾碎，送到堆料场晒至发黄。再放到池中用流动的水浸泡清洗。将清洗后的碎竹片打上石灰浆，送入土窖，用木柴火高温蒸煮至一定程度，使竹片易碎。高温蒸煮后，捞出竹丝清洗，用大碱发酵，再进行二次清洗，放入窑中用米浆发酵，将竹丝粉碎成纸浆，让其流入浆池待用，再将纸浆放进抄纸缸，兑入一定数量的净水搅拌，用特制的帘子在其间抄起细纸浆，每抄一次就是一张纸。待抄起叠放成堆的纸脱水到一定时间，送入人工压纸机进行强压，再把纸取出送进烤房。将纸贴到烘烤炉平面进行烧烤。对烤平的纸进行检验，剔除质量不合格的纸扎捆。把经过检验的纸扎成捆堆进仓库，即可入市。1952 年，浦市草纸生产户在下湾联合组成浦市草纸生产合作社，社员 18 人，是全县第一个集体手工业生产合作社。历经几分几合，至 1984 年，因销路不畅而停产。

印刷业 清朝中叶，古镇已出现刻字和木板印刷行业。启蒙学童需用的红引格、字帖、习字本、农历通书等均为本地印制。清末民国初期，印刷业有肖纯安、杨茂源、石厚丰、曾中庸、马升昌、李伯记、袁茂祥、朱子春、张大炎、陈良能等印刷作坊14家，同时兼营文房四宝。抗战期间，外籍流亡难民纷纷迁徙浦市，李科创办半机械化石印业务，有石印机3台和圆盘机1台，为几家纸烟厂承印香烟包装盒和各种印刷业务。由于石印比木印质量好，该店业务供不应求，开启浦市机械印刷之先河。1961年，其改为文具生产合作社，有铅印机2台，并附设刻字店。1983年，与文具、五金、粉笔3厂合并，成立浦市日用五金厂。1985年，浦市日用五金厂有职工35人。20世纪90年代中期，因不适应市场经济发展而解体。

竹木业 明清时期及民国初期，浦市竹篓业制作分布在黄土坡和下后街，篾匠集中，专制油篓，被群众称为油篓街，"谷家篓厂"雇请篾匠数十名，日制油篓数以百计。1958年，城镇手工合作社转为合作工厂，浦市木作社和篾器社合并为木篾合作工厂，有职工103人。1963年，浦市农具厂调整为木器、铁器两个生产合作社。1966年，兴建浦市光油斗笠厂。1977年，木器厂迁至余家巷鲁班庙。至1985年，有职工25人，有刨床、平刨、压刨、锯木机，车床6台。位于尹公祠的竹器厂有破篾机9台，职工26人。20世纪90年代解体，古镇至今有竹、木器加工户。

抹秤业 抹秤就是制作传统的杆秤，浦市人把加工杆秤称为抹秤。杆秤一般取长在悬崖峭壁上的优质木材，砍回阴干两年以上方可取料制作。制作时先用木锯根据所需杆秤的型号确定好长度和刻度，用斧头、刨子打磨成头大、尾细、椭圆形的杆，再用制秤专用的两脚镊在杆上均匀行走，精确测出支点、打点刻度，用锉刀打磨光滑。为防蛀防腐，以石灰水、五倍子等药材配药水涂抹，最后用精制铁皮进行首尾包裹、安装秤钩及提手等部件。秤是纯手工活儿，耗时费力，做一杆秤需要大半天时间。

抹秤（2014年） 刘云 摄

制伞业　浦市油纸雨伞始于明代初期，产品畅销湘西20多个县及云贵川三省边界，垄断了沅水上游的雨伞市场。时有郑宏顺、邹兴记等雨伞作坊十余家，其中，郑家伞厂规模较大，常年雇有制伞工人60余人。雨伞的引纸、桐油、南竹等材料均出自本地。清代中期，常德河伏雨伞兴起后，各地市场形成河伏雨伞与浦市雨伞并驾齐驱的局面。抗日战争时期，常德河伏雨伞停产，而浦市雨伞继续扩大。这一时期，浦市制伞厂家有20余家，业务量最大的是郑宏顺伞厂，有制伞工人60余人，在雨伞业中一枝独秀。其次是邹兴记，生产规模可观，两家伞厂均设在十字街。抗日战争胜利后，浦市雨伞业逐渐衰退。1952年，县人民政府投资2000元创建公私合营伞厂，时有职工30余人，聘请两名益阳籍制伞技师传授技艺。1956年，并入浦市六联社。1959年，恢复雨伞厂，改名为浦市雨伞社，属浦市镇办企业。1965年后，由于油纸雨伞不及布质伞使用方便，被自然淘汰。

酿酒业　浦市有用粮食酿酒的传统。历史上，多数家庭都会酿酒（俗名“春酒”），尤逢过节或办喜事，均用酿酒自饮和待客。民国初期，浦市酿酒种类有米酒、谷烧酒、麦烧酒、玉米烧和冬酒、苏酒等。产品除本地市场外，还销往周边县。较有名的酿酒作坊有瑞昌和、阮荣泰、钱瑞昌、苏荣泰等9处作坊。各家制作工艺及配方不同，同类型酒口感各异，饮者可根据各自爱好和要求选择。酿酒根据酿制方法又可分为甜酒和烧酒两种。甜酒制法是先把上好的糯米蒸熟，然后将熟糯米晾放于簸箕中，浇上蒸糯米产生的饭甑脚水，待温度稍减，将酒曲与糯米拌匀，然后放入坛内密封，置入铺满稻草的箩筐内（冬天加盖棉被），发酵3天即可酿成，启盖后即可食用。吃不完的，则可以兑水调节放置几天后变成“老甜酒”。中华人民共和国成立后，由于市场盛行瓶装酒，浦市民间酒坊多缩小规模，但仍然有本地人到酒坊买散装酒。烧酒原料主要是红薯、大米、

酿酒（2018年）　　刘云　摄

玉米等，以高粱烧最好喝。烧制方法是把烧酒原料蒸熟后，晾放一段时间，拌入酒曲，然后装入大缸中发酵三四天，取出掺入凉水或温水成为酒糟，把酒糟倒到烧酒甑的大锅里，然后温火加热，酒糟受热挥发出气体上升，遇酒甑顶部安放的天锅受冷凝结成液体，流回锅底即成酒。

制革业 浦市皮革业始于清代。皮革业设在后街，资本雄厚的有毛家皮坊、戴德升皮坊、熊吉顺皮坊3家。主要经营皮箱、皮鞋以及牛皮加工业务，兼营鼓业。民国初期，制革业从业人员仅剩10人。1956年，完成对私营手工业的改造，浦市皮革业并入六联生产合作社。1983年10月，创办皮件厂，与浦市木器厂一套人马，两块牌子。1984年，皮件厂分出，改名为泸溪县民族皮件厂，招聘集体工48人，聘请武汉师傅进行技术指导。是年，生产皮箱4800口，当年售罄。1985年，生产皮箱1.01万口，产值31万元，利税3万元。1986年，产量2万口，产值60.34万元，利税3万元。该厂有机械设备11台，新建楼房1栋，产品远销四川、贵州、广西、上海等地。20世纪90年代，因不适应市场经济发展而破产。现古镇仍有3家商户生产皮革，以皮鞋为主。

制衣业 历史上，浦市城镇妇女以纺纱织布为美德。农村妇女织土布出售。女孩子织花头帕、染黑丝头帕、麻帐丝带、围裙等，以美观、大方、耐用见长。纺织工具一般是矮坐式圆鼓纺车，单纺锤出线。织机是脚踏板，手送梭，织白布或青条蓝条花布，幅宽80厘米左右，织一匹为13.3米左右。民国时期，市场销售机织“洋布”。但农村仍普遍用土布做衣被。1947年6月，街区流行机制缝纫，现代纺织出现。1952年，县贸易公司从溆浦请来师傅在浦市天后宫对面成立棉布加工组，有职工40人。1955年，纺织行业从个体经营进入集体经营。1956年，在浦市犁头嘴创办泸溪县服装二厂，占地500平方米。1958年，转为地方国营染织社，有职工180人，后改名为棉织湘绣厂。湘绣产品行销各地。绣的龙锦袍产品，其工艺质量在湖南省评比会上获第1名。1962年，企业下放给浦市镇，改名为棉麻纺织厂，属集体企业，专门加工花布和蚊帐布。1978年，改为综合厂，地址在聂家巷。至1985年，有职工64人，厂房2000平方米，固定资产61万元，缝纫机械设备120台（其中电动机20台）。1983年，获全州裁剪大赛第一名。1985年，有机械设备30多件，职工36人，经营织布印染、弹花轧花等，年产值46.6万元，利税1.2万元。20世纪末，由于机织棉布、花布、维尼伦、化纤、混纺等产品大量进入市场，且价廉物美、质量好，人们逐渐改变了穿用土布的习惯，手工业纺织品逐渐退出市场。

非物质文化遗产

傩神面具　浦市巫傩祭祀活动中，傩面具是祭仪中使用的道具，是原始图腾的再现，是祛灾纳祥的象征。根据巫傩法事情节需要，表演者戴傩面具，使祭坛充满神秘感。傩面具经历了从原始神灵崇拜到娱神、娱人的变化。浦市傩面具种类繁多，有 12 生肖和 36 天罡以及地狱判官、小鬼、牛头马面，还有风、雷、火、雨、电、五谷、土地等数十种。按功能造型可分为祭祀面具、驱鬼面具、开山面具、跳香面具等，并广泛应用于驱鬼逐疫、祭祀等多种民俗活动之中，体现了一方百姓的生活风貌、民间信仰和

傩面具（2016 年）　　姚传山　摄

民众心理。傩面具制作工艺细致，主要分 4 大工序：一是选料。一般选择泡桐、水柳和白杨树，这些树木轻、软、不易霉变腐朽，便于长期保存，是最佳材质。面具造型以能遮盖人脸为准。二是下料。将面部基本模型做出来，然后进行精雕细刻，凸现各个神灵个性特征。面具各具神韵、性格鲜明。造型偏重艺术夸张，突出主题，刻画出忠诚、正直、刚毅、凶悍、英武、狂傲、奸诈、妍丽、善良等各种性格特征。三是制作。运用多种艺术加工手段把眼睛做得很有神气，很有活力。傩面具工艺，一般分为"实眼"与"虚眼"两种方法。实眼就是直接在面具上刻制眼睛，强调"男豹、女凤、善工、邪歪"形象，根据需要处理眼睛大小、形状，或夸张，或凸出，或变形，追求强烈的艺术效果。虚眼就是挖空眼球部位，戴上面具后，刚好用人眼替代，便于表演。眉毛分为秀眉、柳叶眉、新月眉、浓眉、长绺眉、箭眉、竖眉、怒眉、倒眉、八字眉、无眉毛等多种形态。四是上彩。一般以自然世俗的色彩为主。肤色白嫩则涂之以白，脸皮发黄便涂之以黄，皮肤黝黑便涂之以黑。红色代表血气方刚，黄色代表思想成熟，蓝色代表阴冷鬼气，白色代表纯净与不可捉摸，黑色代表健康勇敢和神秘。

傩面具分为三大门类，第一类在民众生活生产中使用；第二类在傩戏表演中使用；第三类就是在巫傩法事中使用。傩面具按功能分为多种类型。一是正神面具，形象正直善良、圣洁安详、和蔼可亲、助人为乐，如傩公傩母、土地公公婆婆、消灾和尚、唐代太婆等。二是凶神面具，形象威猛勇武、凶悍怪异、冷酷狂傲。如二郎神、龙王、开山莽将、降山、搬山、倒山、吞口、灵官等。三是丑角面具，形象滑稽、风趣、幽默，甚至多有变形、五官失调，在傩戏中运用较多，如算命先生与有趣的琴童等。四是牛头马面，属于阴曹地府的鬼怪系列，形象吓人、阴冷，对眼、青面白獠牙、长吊舌、披头散发，代表冤魂、妖魔鬼怪等角色。五是英雄面具，形象雄伟、豪放、勇敢、顽强、气宇轩昂、气吞山河、具有一往无前、无私奉献的精神，大多表现祖先神、领袖人物与著名历史人物，如关公、马援、蚩尤、神农氏等。

菊花石雕 浦市菊花石矿藏量丰富，多分布在县城西至浦市长约 25 千米的山体里。矿床浅矿体厚，形成于距今两亿年前，含有丰富的蜓科动物化石，由于其深灰色岩石中的天然白色花纹酷似秋天菊花而得名。湖南目前仅浏阳和浦市产菊花石。20 世纪 70 年代初，菊花石雕在泸溪县第二中学及周边开始兴起。20 世纪 80 年代中期，为发展民族职业教育事业，培养专业技术人才，泸溪县第二中学开办两个菊花石雕技艺职教班，学员 60 多人。自此，分散作业的单独艺人开始组成集群，成立菊花石雕作坊或工作室，

佘军菊花石雕圆球摆件《欢乐湘西》(2019 年)

李铁骑蜡板凿花作品(2016 年) 刘云 摄

并由此培养出一批菊花石雕刻艺术人才。菊花石雕工艺精湛，意境深邃，耐人寻味，深受人们喜爱。2009 年，经选送，一块长 2.8 米、高 1.2 米、直径 40 厘米、重 4 吨多且背面有数朵自然形成的浦市菊花石被用作上海世博会湖南展馆的馆标，为泸溪菊花石赢得了荣誉。

蜡板凿花 因源于踏虎村又称为踏虎剪纸，后定名为踏虎凿花，浦市地区称为蜡板锉花。踏虎凿花源于清乾隆年间(1736—1795)泸溪县踏虎乡踏虎村，最初用于民间凿祭祀用的“喜钱”(纸钱)。后来借鉴服饰纹样，但服饰纹样做工粗糙，他们便由刀剪改为刀刻(凿)，并开发多种花样和品种后出卖，深得百姓喜爱。踏虎凿花大师黄靠天(1923—1997)，是当时最受欢迎的“花客”。踏虎凿花分画稿、定稿、凿刻、装裱 4 个步骤。著名作家沈从文曾撰文介绍踏虎凿花工艺，称其是“不用剪刀的剪纸艺术”。后来，在满足实用功能的前提下，通过几代凿花艺人的努力促进了其装饰形式的发展。2008 年，被文化部列为国家级非物质文化遗产。2010 年后，浦市开发旅游业，踏虎凿花因此成为旅游产品。

特色文化

浦市祭祀活动源远流长，并由此衍生了辰河高腔、阳戏、花灯等传统戏曲。明末，江西弋阳曾氏兄弟避乱隐居浦溪，常哼唱弋阳腔，地方人学之，后曾氏兄弟寓居万寿宫授徒。当地艺人在表演过程中把本地辰河戏和江西弋阳腔结合，融进佛、道、傩等祭祀音乐，由此形成了独特的辰河戏唱腔，周边流派无不以独具特色的“浦腔浦调”为正宗。

浦市人闲暇之余，还开发游戏，热衷竞技和体育游戏，以强身健体，培育竞争意识。

浦市 PuShi

民间戏曲

辰河高腔

辰河高腔最早发源于浦市，是流行于沅水中上游地区的一个地方剧种，属戏曲四大声腔弋阳腔范围。明末，江西省弋阳县有曾姓兄弟二人，曾任江西抚台衙门书办，因避乱而寓居浦溪，为谋生计，后在万寿宫授徒教唱弋阳腔，并以堂会形式组织戏班在富户私家演唱。弋阳腔尾声原由人声帮腔，因浦市各种祭祀活动皆用唢呐、笛子吹奏尾声，曾姓兄弟将唢呐笛子引入代替人声帮腔。同时，在弋阳腔调里也融进一些祭祀音乐腔调，两者合一，最终成为一个独具风格的新剧种辰河高腔。曾姓兄弟在浦市设馆授徒传艺后，附近沅陵、辰溪、溆浦、洪江等地许多戏曲爱好者前来拜师学艺。学成后回当地演戏、教戏，逐渐形成辰河戏三大流派。各地方言有别，唱腔大同小异，但皆以“浦腔浦调”为正宗，尊曾氏兄弟为祖师爷，戏班外地演出也都打着“浦市班子”招牌。清光绪《湖南通志》载：“浦市产高腔，虽三岁孩童亦知曲唱。”辰河高腔声腔高亢激昂，音

辰河高腔抬灵官（2016 年）　　杨家旺　摄

域宽广，可在高、中、低音区回旋，粗放时裂金碎玉，响彻云霄；柔和时则细若游丝，婉转动人。男声用大本嗓演唱，给人以粗犷奔放之感，女声唱腔用高八度花腔，委婉清亮，悦耳动听。辰河高腔最初流行于辰州所辖的沅陵、泸溪、辰溪、溆浦四县，后流行地区扩大到湖南省麻阳、黔阳、洪江、会同、怀化、永顺、古丈、保靖、花垣、龙山、吉首、凤凰、芷江、新晃、靖州、通道等县市及贵州省铜仁、松桃、万山和重庆市秀山、酉阳、黔江等县市。

表演形式　辰河戏有围鼓堂、矮台班和高台班三种表演形式。

围鼓堂。围鼓堂俗称打围鼓、坐堂戏，是最古老的一种表演形式。围鼓堂是民间业余辰河高腔戏班，以坐唱形式为主，常在民间喜庆或祭祀活动中演唱。围鼓堂人数一般20人左右，由市镇手工业工匠、小商小贩和乡村农民参加，也有富绅、官吏、文人参加，以此作为消遣。围鼓堂演唱一般由主东盛情款待，不收费。极少数收费围鼓堂称为“八仙”。1940年版《泸溪县续志》载，一般凡遇婚丧喜庆人们都要请民间业余辰河高腔戏班唱坐堂戏。唱坐堂戏是围坐清唱，配以锣鼓、唢呐帮腔。民国初年，围鼓堂学戏是自愿参加，自觉学习，师傅带徒，不收学费，循循善诱。1993年版《泸溪县志》载，清朝末年和民国时期，仅县城和浦市两地就有围鼓堂班子16个，每套班子有艺人20～30人。围鼓堂是辰河高腔最早的演出形式，学唱者很多。有不少辰河高腔高台班艺人都是从围鼓堂开始其艺术生涯的。如辰河高腔名角米殿臣、陈依白等。

矮台。矮台班即木偶戏班，俗称“棒棒戏”或“木脑壳戏”，矮台班即职业的或半职业的木偶戏班，俗称“棒棒戏”或“木脑壳戏”。矮台班人员一般7～9人，在农村演出较多。浦市在清雍正年间（1723—1735）、清乾隆年间（1736—1795）有36坊土地堂。各坊每年农历二月、八月都要唱土地戏，以求保佑一坊清吉。凡唱酬谢土地的戏均请矮台班演出。长坪毛茂田村钟成魁、钟自炎等人的矮台班和在浦市定居的溆浦人梁兴发、刘长久矮台班较为著名。

高台班。高台班是在戏台上演出的辰河高腔班子，高台班分为科班、江湖班及巫师班三种类型。低台的形成和发展促进辰河高腔走上高台演出，高台班系职业戏班，俗称江湖班，这类戏班一般是由艺人创办，也有豪绅地主出资兴办，人数一般在40人左右。据高腔名丑陈德生和浦市围鼓泰斗印佛痴所存资料，杜凤林为组班授徒登台演出的先行者，清咸丰年间（1851—1861），杜凤林在浦市组建戏班，培训学员采取在江湖班中边传授边演出方式，组织戏班登台演出。

辰河高腔乐队（2016 年）
姚传山 摄

辰河高腔（2016 年） 邓和生 摄

演员们(2014 年)
刘云 摄

泸溪高台班主要是江湖班，戏班内设管班一人，负责艺术生产和代表本家与雇主接洽。戏班艺人由本家聘请，每年春节后组班。农历六月二十四日老郎菩萨生辰日散班；秋收后再重新组班，农历十二月二十四日老郎菩萨忌辰日散班。清宣统元年（1909），浦市富绅康少伯筹资与著名生行艺人向代健（字少康）合办“双少班”，该班行箱齐备，名角汇集，技艺精湛。清末至民国初期，泸溪、浦市、辰溪、乾州、花垣、凤凰等地凡重大演出活动，均以能请到双少班为荣。

演出形式 泸溪县境内高台班演唱，分为大愿戏、小愿戏、彩堂戏、神会戏、市卖戏 5 类。

大愿戏。大愿戏由本地村镇民众为还愿酬神而集资，请江湖班露天搭台演唱辰河高腔戏，俗称“唱大戏”。唱大戏一般自秋收后到入冬寒冷为止。清代及民国时期，成为武溪、浦市两地及沅水沿岸村寨习俗，尤以浦市最为隆重。每隔 3 ～ 5 年就要唱一届大戏。武溪、浦市地区唱大戏的剧目以 48 本《目连》为主。一般在农历七月十一日到十五日期间演出，此时家家户户祭祖先、度亡灵。规模最大的活动是七月十五日举办的佛事盂兰盆会和道家罗天大醮。祭祀活动主要有请僧道诵经拜忏，放焰口点河灯和唱目连大戏。镇内上庵坪、清吉坪、和尚坪是 3 个固定的露天戏场。凡遇浦市唱大戏，沅陵、辰溪、溆浦等县辰河高腔艺人都以能来浦市搭班演出或学艺为荣。浦市人常以唱大戏的演技唱腔来衡量戏班实力及艺人水平。

小愿戏。小愿戏又称唱禾苗戏，即由一家或联户、一村或数村集资傍村搭台，请戏班子演唱辰河高腔。其目的是酬神赐泰，祈求风调雨顺、五谷丰登、六畜兴旺，村寨清吉平安。唱小愿戏一般在庙宇、会馆、祠堂等固定戏台或在村寨临时搭台演唱。

彩堂戏。傩堂戏又称为彩堂戏。清代及民国时期，浦市地区富户或官僚往往在喜庆时为增添喜庆氛围，彰显财富和身份，请江湖班至家中演唱辰河高腔，称为唱堂戏或彩堂戏。

神会戏又称会馆戏。浦市神庙、会馆多，因神庙、会馆都供奉各类神灵，庙主或会馆堂主在神灵生日或祭日组织举办活动，称为庙会或馆会。

市卖戏。市卖戏又称为唱卖戏。清代，辰河高腔江湖班为维持生计，在庙内开台唱戏，于庙门口桌上置一竹筐，进入看戏者随意丢钱。这种演出形式称为“唱卖戏”。民国时期，开始在庙宇会馆戏台演出，观众需用钱买票，凭票入场，场内无座位，人们站着看戏。

目连戏是辰河高腔传家戏。明崇祯四年（1631），浦兴古寺前石碑记载：“浦兴古寺为阖市礼佛圣地，每年中元宵节内修盂兰盆会……预期演唱四十八本目连戏剧。”目连戏故事源于西晋竺法护所译《佛说盂兰盆经》，经文讲述目连得知母亲在阴间受苦，向佛祖讨教解救办法。佛祖说，凭你一个人的力量是办不到的，需在七月十五日盂兰盆会上以美味佳肴招各方自恣僧，以众人法力解救母亲。至宋代目连救母故事情节变得更加复杂曲折，七月十五日也变成鬼节，目连杂剧也在盂兰盆会法事活动中搭台演出。明代郑之珍剧本《目连传》问世，为正在发展中的辰河戏提供了拓展的舞台。目连戏诡秘怪异，集天上、地上、阴间、佛、道、儒、人、神、鬼和巫傩祭祀等于一戏，在戏剧中独具特色，故事以目连救母为主线，演绎了孝悌观念。

开台祭祀 男主角目连化好妆后来到后台点燃香烛祭拜梨园宗师，演出之前出城隍庙。台上放着鸡、酒等祭祀用品，一灵官燃香点烛、烧纸钱，手执钢鞭，口中念念有词。然后杀鸡，鸡血点洒于舞台四方。接着举行祭台仪式，四个猖神站立一排喝下灵官敬的水酒，然后断喝一声，将碗摔得粉碎。灵官钢鞭往台下一指，几个猖神挥舞刀叉、铁链、铜锤冲下舞台，将在角落里预先用茅草扎好的赛林挑叉至台前，用符镇住，演出方才开始。传说赛林是游荡在人间的孤魂野鬼的总头目，将赛林捉回剧场为的是驱邪镇鬼。

主要曲牌 高腔曲牌声调源于弋阳腔，经长期和湘西语言、民间音乐相糅合逐渐衍变而成，适于表达喜、怒、哀、乐等各种不同思想感情。各类曲牌近200支，曲牌名称多借用古词牌名。其中，常用的有《归朝欢》《降皇龙》《汉腔》《驻云飞》《江儿水》《四朝元》《耍孩儿》《红衲袄》《懒花眉》《香罗带》《点绛唇》《新水令》《一家书》《江头巾桂》《浪淘沙》《步步娇》《混江龙》《榜妆台》《下山猫》《泣颜回》《五更转》《淘金令》《玉芙蓉》《驻马厅》《桂枝香》《桂坡羊》《半枝花》《倒扳桨》《吹破》《引子》《扑灯蛾》31 支曲牌。

声腔 辰河戏的声腔有 4 种。高腔是辰河戏的主要唱腔，高腔腔调高亢清亮，婉转动人，用唢呐帮腔，具有地方特色。低腔又称低牌子，主要用于过场音乐。昆腔即昆山腔，受到大戏的冲击，缺乏群众性。弹腔，辰河戏中南北路又称弹戏，在北路澧水流域叫荆河弹戏，流行于南路沅水流域称为汉剧，在舞台上一直占据优势。现除了沅水中游地区因高腔有雄厚的群众基础尚能维持外，其他地区高腔已逐步为弹腔所代替。

唱腔 高腔曲调是以三眼板为节奏口传授教。特点是在演唱中有很大灵活性，富有地方特色；声音高亢、嘹亮，风格粗犷、豪放，感情朴实、真挚，音域较宽，可在高、中、低音区回旋，声音高亢柔和可塑性大，一支曲牌各种行当人物都可用，可塑造多种人物形象，表达不同情感；一人启口唢呐帮腔，末节以鼓，不托管弦。

艺术特点 在长期发展演变过程中，辰河高腔形成了独特的艺术风格，有48本《目连》戏及《黄金印》《红袍记》《琵琶记》等剧目。男声用大本嗓演唱，给人以粗犷奔放之感；女声唱腔为高八度花腔，委婉清亮，悦耳动听。演员表演朴实、自然，带有浓郁泥土气息，具有讲究唱功、多唱传奇本高腔、擅演目连戏特点。演出时伴奏乐器包括唢呐、笛子、京胡、二胡、三弦、大鼓、小锣、云锣、钹、小鼓等，特制高腔唢呐声音高亢优美，与唱腔融为一体，在帮腔和伴奏中发挥着重要作用。

角色行当 辰河高腔角色行当分为生角、小生、旦角、花脸、丑角五大行。各行又有不同小行或戏路。生角分为正生、老生、红生，小生分为罗帽、二生巾、公子巾、纱帽、道巾、紫金冠6种戏路。旦角分为正旦、小旦、摇旦、老旦，花脸分为袍带、粉脸、草鞋、老脸、讲白、斗趣、大肚子等8种戏路。丑角分为罗帽、方巾、公子巾、紫金冠、抓子巾、无名巾等 8 种戏路。

身段特技 主要有泪眼、血泪眼、翻眼、死眼、鬼脸壳、耳功、结髯、抖鼻须、彩发扭花、彩发太极图、丢扇、旋扇、盘头扇、抖翎、刷翎、罗帽四方掸、绕袖、挽袖、绞袖、软摊功、打筶、金鸡独立、飞蛾趴壁、岩鹰晒翅、獠牙、高台拖椅、空顶上梯、滚灯、吊辫子、滚火刀、梭台口、变脸、打八彩、抖色、搓眉；身段有跳身段、起坝、打校场、遛马、躺马、夜摸等 14 种。

业余高腔剧团 1953 年，浦市镇一些辰河戏爱好者在镇文化站组织下成立业余高腔剧团，有演职员 41 人。1955 年 2 月，代表泸溪县参加湘西苗族自治州业余剧团会演，得到各界好评。浦市业余高腔剧团除在浦市镇演出外，还经常到附近村寨和邻县辰溪演出。1957 年，浦市业余高腔剧团因为部分人员参加县戏曲学员训练班而停止活动。1979 年，浦市镇再度成立辰河高腔剧团，演职员共 25 人。剧团成立后，除在县内一些乡镇演出外，还到吉首、花垣、沅陵、辰溪等地巡回演出。1984 年后，停演高台而转入围鼓堂。辰河戏自明末在浦市兴起后，先后涌现出姚金榜、姚祖轩、安启家、米殿臣、米寿生、陈德生、谢德基、唐玉清、陈盛昌、陈依白十大名角。

浦市阳戏 清嘉庆年间（1796—1820），湘西地区流行一种由歌舞说唱艺术化为具有简单剧情的采茶戏。清道光年间（1821—1850），采茶戏得到了进一步发展，慢慢形成了由小丑和小旦两种角色扮演的简单地方戏，称为“二小阳戏”。清咸丰同治年间（1851—1874），二小阳戏逐渐发展成有小丑、小旦、小生三种角色的三小阳戏，表演艺术逐渐复杂化和戏剧化，剧目也不断丰富，以传统折子戏为主。至清光绪年间（1875—1908），三小阳戏得到更大进步和发展，在角色创作上发展为三生、三旦、一丑、一净共八种角色扮演的戏剧，称为“八顶网子”行当。由于阳戏剧目的题材大多反映的是农村生活，艺术上主要根植于花灯等民间歌舞，生活气息和乡土气息浓厚。表演技艺中不少是来自民间歌舞的身段和语汇，还有直接采用花灯的各类扇子、手巾表演技艺以及花灯手法。阳戏伴奏由打击乐和瓮琴组成，武场有锣鼓钹敲打，锣鼓点子节奏流畅明快，紧凑活泼。

浦市阳戏源于花灯和外来阳戏的结合，因多与傩堂戏、花灯同台演出，演出剧目以小戏为多，大本戏较少，表演上也较多吸收花灯表演技艺，音乐曲牌丰富，男女分腔，行当分腔，声腔亦自成一体。流行于高山坪村贺家寨、贺李寨、当门坡，都歧村平坨，新堡村李子园，马王溪村刘家，长坪村麻垅、杜家垅，李家田岩头山等村寨。阳戏不同于灯戏，其扎台演唱，加配鼓乐，增添了正生、小生、老旦等角色，变换了如“六字调”“反三字”“苦一字”“急板”等曲调。20 世纪 60 年代初，浦市阳戏渐渐靠近正规阳戏。贺家寨还先后从浦市镇、辰溪等地请进阳戏师傅教学大型阳戏，如《刘海戏蟾》《丁狗讲书》《大卖棉纱》等。从此，贺家寨花灯阳戏演唱越来越精彩，越唱面越广，经常越镇、越县演唱，其声誉遍及沅江东西。浦市阳戏腔调主要有“七句半”“赶板”“正宫调”“苦一字”“男一字”“翻山调”“女一字”和“阴阳扇”8 种。表现在男女分腔、满腔满字、高拉低唱、低拉高唱、大本嗓和二本嗓结合使用，以气托音，气音结合。男

渔鼓（2016 年）　　姚传山　摄

女分腔是南路阳戏演唱的最大特点。

中华人民共和国成立后，对阳戏剧目进行挖掘整理。县内各业余剧团经常演出的传统剧目有《荷珠配》《王大娘补缸》《啼笑因缘》《牛多喜坐轿》等。1955 年，县文化部门搜集整理《双盘花》参加 1956 年举办的全省地方戏会演，被评为优秀剧目，并制作成录音带，广为流传。阳戏的群众基础很好，至今阳戏爱好者较多的村寨，还有亦农亦艺的业余阳戏剧团。近年，随着农村文化振兴，都岐、长坪等村寨又恢复了阳戏剧目，传承阳戏剧种，在节庆或喜庆活动时演出。

浦市渔鼓　渔鼓用一米长的大竹筒制作，内部挖空，一头蒙着鼓皮，一头放空，旁系一片单钹，用一手击鼓，一手打钹。其内容是说唱一些古典故事情节，一般以七字句为多。1993 年版《泸溪县志》载："1925 年，浦市桐木垅祝寿云在浦市街头打渔鼓，演唱《三门街》《小五义》等曲目。"泸溪辰河高腔盛行，渔鼓艺人多是高腔爱好者，故渔鼓带有有高腔韵味。

浦市花灯　浦市花灯遍及各村寨，其中，高山坪村贺家寨、贺李寨、当门坡，都歧村平坨，新堡村李子园，马王溪村刘家，长坪村麻垅、杜家垅，李家田村岩头山曾以唱花灯形式欢庆新春。

贺家寨花灯源于江西省采茶灯。元代，贺渊卿由赣入湘任职辰州，带入江西采茶灯。贺渊卿后人贺文亲由溆浦迁徙浦市，采茶灯便随之到了浦市。贺家寨花灯在明正德年间（1506—1521），就以闹元宵形式演唱于周边各村寨。初时采茶灯是以篾编纸糊的

12只灯笼为灯具，用五色纸糊灯面，上贴茶花、蝴蝶等彩色剪花，粘挂灯谜纸条，内燃蜡烛。人们在大年三十扎灯笼，正月初一白天游寨“请灯神”，傍晚“出灯”。春节期间，12位少年童子扮成“仙姑”提着花灯走村串寨，拜年贺春。“出灯”之前，先由两人送帖至当晚所唱村寨的亲朋好友，让其事先准备。然后演出队伍出发，三套锣钹布于队伍的头、中、尾，击打着“鸡拍翅”“田鸡过垅”灯钹牌子，其声震荡山谷。每到一个寨子，亲友们早已选好“堂子”，摆好香案，围放凳子，鞭炮迎接。送上红绸布、红包、旱烟等礼物，准备灯客茶饭。入场演唱时，“仙姑”提灯绕唱《十二月采茶》，锣鼓唢呐笛子二胡配合吹打，帮腔的以“娘娘腔”助唱，甚是热闹。唱场数以所送拜年帖为准（凡族中外嫁姑娘、地方官、亲朋好友等各送一帖），每换一场则换唱另一堂采茶词调，因其有48堂采茶戏，不管唱到哪寨内容都不会重复相同。有立新居的还要求花灯穿走堂屋，说是请灯神驱邪呈祥，之后燃放鞭炮，送上红包。最后，亲友留餐，观众猜谜，每猜中一则便撕下谜条，谜条稍少、谜底稍好猜时，便会撕得精光，故此，后来增加灯谜难度，多备一些随撕随粘的谜条就再也撕不完了。采茶灯从正月初一开始，至正月十五烧灯送神，送灯队伍提灯串完全寨每个堂屋及各个土地堂后，便打起锣钹列队行至寨西小溪边，将灯笼外皮烧去，留下篾架，下年再用。所得红包除去买器乐服饰开支，其余全村老小一起聚餐，此为小烧灯。如此连续三年演唱，第三年演唱程序照旧，只是烧灯队伍要行到一二千米外的大溪边送灯神，此时灯笼全部烧光，称为大烧灯。偃旗息鼓三年后，第四年又重扎灯笼，再庆新春，如此三唱三歇沿袭至今，已有500多年历史。

明末，采茶灯笼缩减到7只，说是借用玉帝的“七仙女”为灯神，故凡是龙灯、狮子灯遇到花灯都得让道，不敢触犯七仙女灯神。也有说花灯是文官，龙灯狮子是武官，武官应让道于文官。明末清初，采茶调又加进调子灯戏，也叫“对子灯”，即将“七仙姑”中抽出3个扮成“灯姑娘”（旦角），另化装几个小花脸（丑角），旦丑两角对唱调子灯，二胡伴奏，锣钹配合。此寨对子灯有30多场，如《八杯酒》《状元求名》《进财》等，大多词调各一。花灯内容由此得到充实，场面也较热闹，每当亲友留酒后，还得唱一堂《绕茶》以致谢。随着对子灯逐步发展，继而又引进了花灯戏，增加演员，有唱有白。如《双盘花》《背包袱过河》，就是由两旦一丑来演唱。还有《放牛》《捡菌》《补缸》等剧情复杂，道白较多，虽略同于阳戏、花鼓戏或赣南采茶戏，但毕竟剧目短小，且全是花灯曲调。每唱到深夜收场时，往往有亲友（家族姑娘为主）留宿，次日仅唱两场致谢。清末民国初，仿学阳戏，如把花灯“补缸”改为阳戏“大补缸”，曲调也改成阳戏牌

花灯、蚌壳灯舞（2016 年）　　杨家旺　摄

调。另引进了《王屠户杀猪》《黄木匠打嫁妆》《吴大回门》等十来场浦市阳戏。每当扎台唱阳戏，鼓乐齐鸣，附近十里八村的民众都来看戏，气氛热烈。

蚌壳灯　蚌壳灯舞俗称蚌壳、蚌壳精、蚌舞、蚌壳灯、戏蚌壳。蚌壳用竹篾扎制，外糊彩纸或蒙彩布，四周镶以红色布边。表演时，一少女饰“蚌壳精”藏身于蚌壳中，双手抓住蚌壳作翕张动作，另一人扮渔翁，做观蚌、理网、撒网、涉水、摸捞等动作擒捉蚌壳，网打手抱均得不着，蚌壳精扇动蚌壳时而夹住打鱼人的头，时而夹住打鱼人的手脚戏耍，直至蚌精就擒。

蚌壳灯舞源于沅江传说。古时有一渔翁在江边撒网捕鱼，拉网时，被修炼成精的蚌用蚌壳夹住屁股，渔翁左右摇摆脱身一看，原来是一只蚌，只见蚌壳里一个如花似玉美女在朝着他笑，善良可爱。渔翁以为自己双眼发花，于是揉了揉眼睛，左右观看，伸手去摸，手刚伸过去便被蚌壳夹住了手，左挣、右挣、上挣、下挣，挣脱手后觉手臂酸麻，活动了手臂之后转过身钻过去看清楚，结果又被蚌壳夹住了头。在百般挣扎之后，蚌壳突然张开了，渔翁只觉得头昏脑胀，眼冒金星。接连几个喷嚏之后清醒了，再回头见那美女笑得合不拢嘴，渔翁手起网落，将蚌网住，遂与蚌壳精结成连理。

浦市蚌壳灯舞以民间吹打乐伴奏，二胡、笛子间奏，有舞无歌。曲牌常为民间小调。表演时，另增添有第三个角色作滑稽表演，手舞足蹈地替渔翁帮倒忙，表演诙谐幽默，情趣盎然。随着古镇旅游兴起，蚌壳灯舞成为民俗节目表演内容之一。

彩龙船 彩龙船是一种模拟水中行船的民间舞蹈，也是浦市民间花灯的主要表演艺术形式之一。彩龙船依照船的外观形状用木架、竹篾、彩纸扎成。围缀上绘有水纹的棉布裙或是海蓝色棉布裙。船上装饰有红绸、纸花和其他装饰物。表演划彩龙船时，由一名划船太公，一名挎道具彩船的驾船女，一名丑婆（称麻婆娘、胖婆娘或摇婆子），2 ~ 4 名帮船女，5 ~ 7 人载歌载舞表演。角色舞蹈动作有驾船女水上漂船、踏步摇船、前后踢步、彩船卧滩；太公圆场划桨、退步撑桨、向前撑桨、推桨前跑、原地荡桨、平转绕桨、小跳撑船、下水搬石、双手扒沙、用背扛船、用肩顶船；丑婆颤步耸肩，小跑退步、左右摆胯、踏步拍肩；帮船女退步绕臂、前进绕臂、双手荡桨、原地甩纱、甩纱扭跳、双手翻浪、跪地抛纱等。锣鼓伴奏主要是击打快板，使用民歌或花鼓调。2015—2018 年中元节期间，民俗表演队连续多次表演彩龙船，成为民俗节目表演内容之一。

傩堂戏 傩堂戏是浦市最古老的祭祀仪式剧，表演主要在还傩愿的祭祀场所，又称为“傩愿戏”，以驱鬼逐疫、避邪纳福、祈求人寿年丰为目的。傩戏剧目分正戏和副戏

彩龙船（2016 年） 杨家旺 摄

两大类。正戏还傩愿时演出，副戏在法事之外上演，有的与还愿有关，有的则演世俗故事。傩堂戏起源可追溯到人们崇拜鬼神“万物有灵”观念产生时期，认为祖先死后其魂魄脱离躯壳存在，为得到祖先保佑，对祖先亡灵进行祭祀。这种酬神祭鬼活动由老司演唱祭奠词曲，形成定格。唐宋时宗教仪式流行，造神活动日增，祭神词曲大发展。经历代民间艺人加工创造，傩堂戏内容丰富，剧目繁多，按内容可分两大类：第一类为始祖戏内容，剧目有《大仙送子》《白旗先锋》《搬开山》《搬土地》《搬算匠》《搬童儿》《白望送娘》《开山砍五路财》等，都是一些表示酬神还愿的古代戏种。第二类是正本戏，又可分为大戏、小戏和折子戏三种。

傩堂戏面具民间俗称“鬼脸壳”，面具多选用木质材料，雕刻精细，上面覆以彩绘。面具在戏中既是角色身份的象征，又是掌坛老司（道士）地位的衡量标准。傩堂戏唱词多俗陋，惹人发笑。傩堂戏演出戏台简单，在还愿户主门口摆四张方桌即成。演员由本村或外村会演唱的青年担任，老司用牛角、锣鼓配合演出。一般傩堂戏剧中人物有白旗先锋、持斧大将、算匠、琴童、童儿、司娘、幺妹子 7 个。傩堂戏中女性都是男扮女装，首先是先锋上场，有旁白和对话、幕后伴唱。在唱完《十二月酬神》后，进行 6 个阶段的表演。一是“见主”，对东家唱一些奉承话，如“一年酬神三年旺，三年如上九年长，家发如同春水涨，人发犹如笋排行，为人行善做好事，千年发达万年昌”。二是“洗身”，唱一些从“仙桥跃进五湖四海水中央，洗净全身……岳王台前去焚香”之类的歌。三是焚香过程中由掌坛老司在神坛焚香烧纸。四是“扫瘟”，“天瘟扫归天堂去，地

傩堂戏（2018 年） 刘云 摄

瘟扫入地狱门，牛瘟扫归大海去，猪瘟扫归野猪林，麻衣孝服都扫去，五路财喜到来临。”五是“筹盘程”。向主东讨一个红包：“白旗先锋路程远，又缺钱来又缺粮，请把银钱送几两，或是钞票送几张。”六是“辞神回洞府”。而后，老司手持开山大斧、头戴面具上场，在鞭炮声中跳上舞台，他假作耳聋，讲一些隔音字和鄙俗话，引起全场哄笑。他自报来历，请主请神，用大斧砍开五方财路，扫除瘟疫灾星，最后说他的千斤大斧丢失在东洋大海，要请算匠去算一下，看失落何方。这时，算匠身背包袱雨伞，手扶拐杖，在琴童扶持下上场。算匠语言和唱词较风趣、通俗，在自报来历祝贺主东后，就胡乱唱一些鄙俗词句，观众无不捧腹大笑。有些玩全套法事的大户人家还加演一本《孟姜女》。而《笑和尚》《八郎估猪》《坐判》《和会》等大都是在傩堂中央由老司演唱，有时还配伴演者数人。

浦市傩戏主要在镇内街区流传，是历史、民俗、民间宗教和原始戏剧的综合体，蕴藏着丰富的文化基因。

民间文艺

民间歌谣

民间歌谣有山歌、祭神歌、祭丧歌、上梁歌、宴客歌、古怪歌、童谣、佛歌、沅水号子等多种。山歌是在山坡田野间唱的一种歌。沅水流域以瓦乡山歌为主，生产劳动中或男女相恋时总以山歌助兴酬答、寄情。传统山歌一般有手抄本，为后学者提供范本。祭神歌旧时为老司在祭坛或神堂祭神时所唱，有抄本。祭丧歌又叫老人歌，即死了老年人，孝家请歌郎数人在灵堂击鼓所唱的歌，有传抄本。上梁歌是建新屋时，掌墨师傅在架梁木和抛梁时木匠与锯木匠所唱的贺喜歌，有传抄本。宴客歌是新屋梁木上好后，主人宴请宾客，主客双方即席酬唱的歌。古怪歌又叫颠倒歌、稀奇歌，是在喜庆时当作笑料助兴而唱的歌。

佛歌　境内民众注重民间信仰，向善求富，各地庵堂庙宇很多。每逢农历初一、十五日，特别是农历二月十九、六月十九、九月十九，都要举行庙会活动。各地善男信女纷纷到庵堂庙宇赶会上香，其中，不少人留宿寺院，通宵敬神唱佛歌，由一人唱，众人和，第二句结束时，同唱“南无阿弥陀佛”六字。若在其他场合唱，同唱则为“庆祝平安”四字。除去歌后尊敬佛陀的句子，歌词一般都是七字句，4 句 28 个字，构成一首意思完整的歌。其内容主要是《劝善歌》《修行歌》《二十四孝》等，也会根据不同情况，临时编唱“热歌”，内容不限。从佛歌的内容及结构形态看，多是用民间歌谣改编的。它的唱腔曲调也具有区域民间音乐的特点。旧时妇女的思想言行都要受封建礼教和封建婚姻伦理观念的束缚，她们在赶赴庙会的过程中，通过佛歌媒介增加自己对社会的接触、了解和认识，用佛歌表达渴望幸福、摆脱苦难的心愿。

老司歌　是老司在法事活动中演唱的一种歌调，出现在丧葬、祭祀、还傩愿等活动中，肃穆感较强。一曲多词，演唱时有强烈的节奏感。结构多为七字句，也有五字句、多字句。演唱时用苗族唢呐、竹柝、铜铃和锣鼓伴奏，以增强气氛，加深肃穆之感。这些腔调具有民间歌谣的特点，腔调有开路调、叹亡调、娱神调，用得多的是叹亡调。死者入殓后老司为其开通冥路升天时唱开路调，其声调短而低沉，一首歌就是一首词。其腔调慢而悲怆，普带哀声。娱神调主要是道场法事“散花”一节中的唱腔，腔调欢快，用于娱神。

杠仙歌　女巫（仙娘）演唱的一种歌调。历史上乡村巫风盛行，请仙娘的人家大多是遇到不顺事情，民间有“穷拜佛、富烧香，背时倒霉请仙娘”之说。杠仙一般夜里进行，有“上车”“退车”程序。“上车”由主人设一个神坛：一张小方桌，置上香米、红包。仙娘用青丝帕将脸盖住，全身抖动，哈欠连连，哼哼唧唧，然后用颤声来演唱歌词，边唱边回主人所问之事，一问一答，到高潮时完全变了一个人，似是主人家死去先人声音，使人感到惶惶不安，情绪凄惨，气氛肃穆。仙娘显得缥缈又近人情，请仙者可得知先人在阴间情况，还有什么未了心愿，自己不顺也有了解脱的办法。“退车”是主人全部问完后，仙娘开始收尾，双脚不再抖动，揭去头帕，抹去鼻涕眼泪，恢复正常。这种歌调多用佛歌调，歌唱都是随情节即兴作歌，曲式结构较自由。

上梁辞　民间造新居择吉日立柱上梁之后，进入贺梁程序，最初是木匠和锯匠对讲，主家讲梁歌手从屋东边边讲边进中堂，从左边梯上至屋顶，坐在梁头，然后请客人上梁。客人讲梁歌手从西头进中堂，从右边梯上至屋顶坐在梁头上。如果讲梁歌手多，则主客各一人轮流上屋顶讲梁，五对柱头坐满为止。上梁辞从起步讲起直到抛梁粑下地止。上梁时，主人赠给讲梁歌手一段披红，表示主家对讲梁歌手的敬重。贺梁的每一句好话出口后，主人应答“要的”，燃放鞭炮吹唢呐祝贺。上梁辞妙趣横生，辞手对答如流。

民间小调 流行于乡村的民间歌舞小曲，经过历代流传，在艺术上经过较多加工，具有结构均衡、节奏规整、曲调细腻婉柔等特点。小调是人们在劳动之余，日常生活、婚丧节庆中用以抒发情怀、娱乐消遣的民歌。有职业艺人与半职业艺人的传唱，并和曲艺、戏曲有千丝万缕的联系。其加工提炼成分多，曲调定型，反映日常生活特别是妇女爱情婚姻生活居多，包含娱乐嬉戏、生活知识、民间故事等，形式较规整，表现手法丰富。多数属分节歌形式，一曲多段词，常采用四季、五更、十二时等时序体，多侧面、较细致地陈述内容。为适应多段词的需要，其曲调或柔美，或哀怨，或欢快，旋律流畅、婉转曲折，旋律丰富多变，表现力强。《十月怀胎》《孟姜女》等小调为浦市民间广泛流传。

沅水号子 沅水发源于云贵高原都匀的云雾山区，是我国南方最典型的山谷型河流，因而其滩多、陡、长，且又多潭，赋予船工独特的行船方式，即船行下水借助湍急的水势与人力划桨、摇橹，船行上水则拉开风篷借助风力与纤夫的拉力、撑篙。20世纪60年代前，一艘艘依靠人力划桨撑篙拉纤的木船将洪江、辰溪、泸溪、沅陵等地的土产源源不断地运出，再将下游口岸的洋油、盐巴、布匹、日杂百货运回来。在漫长的行船日子里，船工们为齐心合力战胜自然的艰难，也为排除胸中的苦闷，调节自己的生活，日积月累逐渐创作了与水上劳作紧密相关的独特歌谣《沅水船工号子》。沅水船工号子有“橹号子”“纤号子”“桨号子”“急号子”“缓号子”等不同的种类。急速行船时号子激烈紧迫，平滩中号子节奏缓慢，曲调优美。沅水号子歌词长短不一，句式工整，首尾押韵，在演唱中是“一人启口、众人帮腔”。沅水船工号子有独特的演唱方法，包括上险滩唱法、过深潭唱法等。上险滩唱法主要以“哎嗬”吼喊，调整纤夫情绪和用力节奏，每喊一声，就拼命地拉，船往上行。过深潭唱法主要是调节气氛，振奋精神，声调一致，动作一致，热烈愉快，感染力强。在船行下水过滩或过潭时，船工齐心协力攒劲摇橹，喊“齐力号子”。号子的节奏有快有慢，凡过滩与超船时呼喊的号子就快，过潭时呼喊的号子就慢。号子的一般起声是：“噢呵嗬嗨，（嗨！——船工应声），噢——（嗨！——应声），噢呵嗬，（嗨——应声），噢——（嗨！——应声）……”反复两三次后，领号人就在其喊的号子中挟进文辞故事。具体内容包含三个方面：一是赞美沅水两岸风光；二是颂扬本船特性与船主的溢美之词；三是讲述36块骨牌上的人物故事。沅水船工号子，不受人数限制，不拘时间、地点，歌唱自由，生动深刻。

口头文学

浦市境内民间口头文学形式与内容主要有讲故事、唱儿歌、猜谜语等。

讲故事 俗云“老年不讲古，青年就失谱”。夏夜纳凉，冬日围炉，长辈周围常聚集着一群年轻人听老辈人讲故事，俗称“听摆古”。“摆古”内容广泛，有逗小孩的《熊娘家婆与肥肥瘦瘦》童话，有人类起源的《盘古开天地》《傩公傩娘及洪水葫芦》神话，有忠孝节义、打富济贫的侠客传奇，有妖魔鬼怪山神土地的灵验传说等。无“古”不讲，无“奇”不传。这些文学故事以口传耳听形式代代传播。

唱儿歌 爷爷奶奶及外公外婆在孙子孙女们学语时，或给孙子孙女们催眠时常常唱些儿歌给孩子们听，让他们跟着学唱，唱腻了就甜甜地睡在摇篮里。其中，常见的儿歌有《月亮堂堂》《磨荞磨麦》《张打铁李打铁》《老殿亲》《麻雀穿红鞋》《天上天星》等。如:“烟子烟，莫烟我，我是天上棉花朵。猪夹柴，狗烧火，猫儿洗脸笑死我。”有些富含一定生活哲理，如“张打铁，李打铁，打到姐姐屋门边，姐姐留我歇，我不歇，我要回家学打铁。打铁难扯炉，我要回去学开屠。开屠难杀猪，回去学读书，读书难认字，回去学戏子，戏子难起腔，回去学和尚，和尚难念经，回去学当兵，当兵难走路，回去开店铺，开店难数钱，回去学犁田，犁田难端犁，哎呀呀，到头一样没学会”。

猜谜语 猜谜语是催人动脑筋的有趣活动，场所极广。三五人围在一起，互出互猜，纳凉时猜，烤火时猜，田头地脚休息时猜，甚至边走边猜。谜面一般是七言四句，也有七言两句、五言四句的押韵语。谜底内容非常广泛，而以生产生活中的实物居多。

吊脚文

浦市吊脚文，又名斩局，是民国以前流传于古镇并只有局内人才懂得的一种暗示性隐蔽语言。这种语言起源于明清商业繁盛时期。其时，古镇十里长街大小店铺林立，南北商家云集。从明朝开始就有外商会馆，本地也出了一些富户大亨。为保守商业秘密，有心之人创造了只有浦市商人才懂的隐语。后来这种隐语在民间慢慢传播开，至民国时期一般的浦市人也懂得一些吊脚文。“吊脚”与“斩局”是一个意思。“吊脚”即说话时吊下或吊取文字的某一部分。“斩局”即说话时斩去或斩取文字的某一局部。这吊下或斩取的那个“脚”或“局”，便是要表述的事物。“斩局”另一个意思是浦市吊脚文讲的每句话都是设的一个局，破了这个局就知道要表述的是什么。这种暗语运用中国字特点，采取拆句、分字、数头、解构、会意、会声、会像、会形、换位、反义、联想等多种方式进行组词造句，表述事物。对一般日常事物表述，吊脚文多采用拆句方式。这种方式像猜谜一样，将四字句成语、俗语、专用语等作为母体，说话时只道出前三字，如同一个谜面，将后一字吊下，而吊下的这个“脚”即谜底。如，有人问一个王姓老者：“您老贵姓？”老者答：“周吴郑”。局外人还以为他姓周名吴郑，而局内人一听就知道他姓王。原来，老者所说的吊脚文利用了《百家姓》中“周吴郑王”句子。又如，某客去餐馆吃饭，点的菜单中有一道菜叫“雷贺倪”，店主一看就知道他要的是一个汤。这人巧妙借用了《百家姓》中的“雷贺倪汤”。再如，称呼柴为“刘海砍”，米为“安安送”，油为“刮骨熬”，盐为“分硝引”，酒为“太白醉”，醋为“争风吃”，鸡为“王婆骂”，鱼（余）为“连年有”。

数字是商人日常使用最多，也是最需要保守秘密的字眼。吊脚文运用多种方式对数字进行暗语包装。

拆句法 称一（揖）为“磕头作”，二为“独一无”，三（山）为“尼姑下”，四为“颠三倒”，五为“初一十”，六（绿）为“桃红柳”，七（漆）为“桐油生”，八为“乌龟王”，九（久）为“天长地”，十（食）为“丰衣足”。

分字法 此法是将一个汉字分开，说出一部分，吊下一部分。一至十的表述为：一为“王不干”，二为“天不人”，三为“斗不竖”，四为“罗不夕”，五为“吾不口”，六为“交不七”，七为“皂不白”，八为“分不刀”，九为“旭不日”，十为“千不撇”。此法多表个位数，也表十位数。

数头法 此法是按一个汉字的出头多少，吊取出头数，以该字替代要表述之数。“一、二、三、四、五、六、七、八、九、十”，就用“由、中、人、上、大、王、主、井、羊、非”十个字替代。此法运用较多。

解构 解构就是将要说的字按组字结构解开，表述结构字以替代要说的字。如，称李为“十八子”，章为“立早”；黄为“共田”。

会声 会声即抓住要说字（或其同音字）所表示物体发出的声音特点，替代要说的字。如，称杨姓为“老咩”；雷姓为“老炸”或“炸老倌”。

会形 会形即抓住要说字的体貌特征，以替代要说的字。如，称向姓为“老方”或“方老倌”，王姓为“老横”或“横老倌”。

会意 会意即选用与要说字（或其同音字）意思相同或相近的字表述，以替代要说的字。如，称唐姓为“老蜜”，称宋姓为“老推”。

会像 会像即抓住要说字所表示物体的某一外像进行表述，以替代要说的字。如，称朱姓为“老拱”，称牛姓为“老丑”。

会性 会性即抓住要说字（或其同音字）所表示物体的基本特性进行表述，以替代要说的字。如，称姜姓为“老辣”，称罗姓为“老响”。

近义换位 即用要说的字（或其同音字）与另一个近义字，换位表述以替代要说的字。如，称胡姓为“老焦”，称陈姓为“老烟”。

反义 即用要说字（或其同音字）的反义字表述，以替代要说的字。如，称肖姓为“老肿”，称田姓为“老苦”。

联想 即抓住要说字（或其同音字）所表示物体的性能进行联想，得出另一物体或物象，以其替代要说的字。如，称姚姓为“老瓦”，称康姓为“老飞”。

浦市吊脚文是一个地方的历史产物，它曾为地方人们长期使用，产生过很深远的影响。20 世纪 50 年代后，这种语言逐渐消亡。现除了茶余饭后闲谈时聊起这种语言，或时不时为了凑趣调口味讲上两句外，没有人专门使用这种语言进行交流了。

民间体育

武术 旧时，古镇精通武术者众多，街巷和各个村寨皆有习武者。乾隆二十年（1755）《泸溪县志》载，浦市人姚陆伯，由于精通技击，便开馆授徒，但为人却温文尔雅。一次外出，见路人相斗，其中一个壮汉手持扁担像猛虎一般乱挥乱舞。姚陆伯用两指夹住扁担说：“年轻人，为何下这般狠手？伤了人怎么办？”壮汉用力夺扁担却夺不到，于是道歉，匆忙离去。由此可见姚陆伯之武功功底。

浦市武术属于南拳类，1986 年，浦市民间成立“育英武术馆”，有武术师 5 人，先后培育武术学徒 100 余人，教授徒手和器械两类，武术器械主要有流星锤、镗、梭镖、铁叉、铁尺、刀、棍等几种，1991年后解散。

流星锤亦称飞锤、流星，属武术软器械兵器之一，由绳索与小铁砣（小秤砣般大小）的顶部小铁眼相连构成。流星绳索长约3.5米，重500克，锤头用红布包裹，与绳交接处缚有彩绸，主要演练方法有缩、抛、抡、铰等。练时将绳索缠绕在练习者颈、胸、背、四肢各部位，抖身放锤，软中见硬，出击快如流星。

镗上部有三股铁叉安装在弯型硬木上，弯型硬木下接木柄，木柄长约1.2米。三股铁叉均为利刃，中间称“正峰”，长50厘米，两边利刃斜向正峰，多用于击刺、架格、抵挡等。因长且沉重，为长器械重兵器，使用者必须力大身高。使用时两手前后握持，并有交替换把。主要击法为拍、拿、滑、压、横、挑、扎等。套路中多采用“骑龙势”“架上势”等基本姿势。与棍、梭镖等长器械配套使用，抵挡对手器械后，棍、梭镖等器械直接打击对手。

梭镖由矛演变而成，俗称“杆子”，由枪头、枪缨、枪杆组成，枪头为铁制，枪杆多用硬木杆制成，比棍稍细一些，长度2米左右，其用法与棍术基本相同。

铁叉一般都是三头铁叉，有三股扁锋，形似“山”字，中锋铁叉直，比两边锋略高，两边铁叉呈月牙形向中间靠拢，木柄直接插进铁叉下部。柄长1.5米左右。

铁尺其形如剑，下部有铁制手柄，上部铁尺四面不内陷，粗细一致，易于携带，可暗藏于腰间，使用时双手各持一支，所以也称为“双铁尺”。可正持或反手持，旁枝多用于格挡时卡住对方兵器，因此对付刀剑和长兵器有较大的优势。

刀由刀身、护手、刀柄、刀首等构成。刀身由刀面、刀刃、刀尖和刀背组成。手握的部位称刀柄，刀柄与刀身之间有弯形护手，刀重约1千克，套路有“开四门”“闭四门”等动作。

棍用硬木杆制成，棍长约1.5米，因基本与眉平齐，又称“齐眉棍”。棍术有四门棍、八合棍、长棍等，动作有直打、横打、歪打、扫堂等。

古镇人们为提高格斗、械斗技能和技巧，会寻找一些方法和形式练习，经久为习俗，民间称为“舞拳耍棍”。20世纪80年代前，村寨几乎都有懂得技击常识和会几手武功之人。古镇拳术和器械套路都是打“四门”，形成“四门拳”“四门棍”“四门刀”“四门镗”等，搏斗时脚踩“品”字桩，能攻能防，以变求胜。进退中脚走“之”字，蜿若游蛇行走，确保进退灵活。境内街区每个大村寨均有几名武功过硬武师，主持开办武术堂，有的村寨从外地聘请武术名师传授武艺，或父子家传，兄弟互教。也有个别年轻人离村出县访名刹，求名师，学得一身本领，回家开武堂教族人。武术传授非常注重武德教育，师傅授艺之前要徒弟在祖师灵前发誓遵守师训，因此，习武者一般都脾气好，知礼节，重义气，肯忍让。练习过程节奏偏慢，高桩较多，讲究桩功，一招一式架势清楚明了，动作朴实无华，位置路线清楚，拳术求冲拳有力。腿法有站桩、骑桩、弓箭桩，步法多用蛇形步、踮步等，腿法则有刹腿、踩腿、扫堂腿、踢腿、铲腿、顶膝等。在套路结构上，一个套路的动作是相同的，每个套路分与合之间用一个相同动作来衔接。

徒手武术含礼示、基本功、花架子、策手、点穴等招式，礼示用于以武会友，基本功是武术训练基础，花架子多用于表演场合，策手、点穴是绝招，殊死决斗时突然出手置人于死地。器械分硬器械、软器械和暗器三种，硬器械主要是棍、刀、叉、檀木烟袋杆等，软器械主要有流星、头帕等，暗器主要有飞刀等。

龙舟竞赛　浦市人自古以来喜爱龙舟竞赛活动，龙舟竞赛以横渡沅水为主，称为“扒龙船比赛”。竞赛时，没有裁判，多是两船赛手自行邀约。每年端午节举行龙舟赛时，两岸群众身着盛装，争相观看，是一年中最扣人心弦的大型竞技活动。沅水浦市段江面开阔，水流较急，东面属辰溪县辖地。每年自端午节起，直到一个星期后的农历五月十二日止，举办龙舟竞赛。浦市赛龙舟多是以村寨为团队，很多村寨都会组织 50 人的参赛队伍，赛手们为了本村寨的荣誉，都会认真训练。

古镇龙舟赛（2018 年）　　刘云　摄

舞龙灯　浦市舞龙灯有双盘龙、单滚龙、鹅颈龙和草龙 4 种类型，前三种舞龙灯均在春节后、正月十五前举行，名曰“正月观灯”，在华灯初上时开始玩龙灯，至半夜三更止。龙灯队白天先派二人上街，手提一对灯笼，灯上系写着某村灯笼的红布，手持写着“恭贺新禧，某某村龙灯拜贺”的拜帖，挨家挨户递送，遇到户主与该村有亲戚关系的，就改用红纸做的“封筒”，表示对亲戚的尊重，收到“封筒”的户主准备一封长鞭炮、一段红布，红布必须用竹竿挑起挂在门前，燃放鞭炮以示迎接。龙灯在该户门口舞一圈，有的舞进堂屋，向历代祖先拜年，一家老小从龙灯腰下穿过，叫作“穿龙”，预兆一年吉利，然后龙尾先退，龙头将红布夺下，名“赏红”。

旧时，鹅颈龙威望最高。正月期间，龙灯每夜最多有 20 多支龙灯入街戏耍，双龙相遇，互不相让，时发生争斗，因此，龙灯上街，总有手持各种武器的村民排在龙灯前后，以示本村实力。但如果碰上鹅颈龙，所有龙队自觉让道，原因是鹅颈龙代表天王庙神龙，神威高。

草龙别具一格，龙头、龙身和龙尾均是用稻草扎制而成，在农历五六月白天举行，长龙有 12 人，短龙有 8 人。龙身每节用草绳连接而成，舞龙时不得进人家大门。旧时地方流行瘟疫，百姓求助神灵扫除瘟疫，保一方清泰，或是稻禾发生虫害，祈望神龙收走虫害。

灯谜是舞龙灯中一项独特文化，内涵丰富，灯谜展示龙灯所在村的文化素质，有和四书五经、《三字经》有关的谜语，更有高深字谜，如“大朝山被风吹倒，凤凰山飞去一寺水无半点，罗家村树木稀少”，写的是浦市附近景象，谜底却是一个“寻”字。

舞狮　古镇舞狮多在春节和民族节日活动场所进行。狮子头用竹片扎编，头顶扎起多个小包，然后糊纸填充，形成狮子头形状，在各个部位粘上五彩剪纸，眼睛采用蛋壳或皮球穿连，画上眼珠，下唇可作张闭活动，用织布缝成狮皮，与狮子头连接，毛用染色苎麻编织狮，用红布包上砂子作背，按一寸（约 3.3 厘米）一节用线扎捆成狮子脊梁骨形状至尾部。狮皮下端长至舞狮人小腿，内部用棕绳穿连，便于舞狮尾的人将手穿进，不至狮皮滑落。舞狮方法有两种，一种是没有“开堂子”玩法，称为“地狮子”，又称文狮，在整个舞狮过程中只在地上做拜码头、打滚、活动筋骨等动作。一种是武狮，又称“桌狮子”，除表演文狮动作之外，还表演武术和爬桌子技艺。

踩高脚马　踩高脚马是过去浦市山区村寨青少年常玩的一种传统体育。制作高脚马要把 2 根长 1.5 米左右的杂木棍，削圆刨平，然后在下部 0.3 ～ 0.5 米处砍上一个浅斜槽，把 2 个木夹子用葛藤捆在斜槽处，一副高脚马即成。有的还在底部钉上一个盘珠大小的铁钉，使高脚马耐磨。踩高脚马时手握木棍上端，脚踏羊角形木夹走动。骑法可正、顺、倒走，有双脚跳、单脚跳等走法。比赛有两种方式：一种是互相碰撞，在地面画出一个圆圈，裁判员发令后双方进入圈内争斗，可用身体和头部顶、撞、挤，以迫使对方下马或出边线为胜；另一种是赛跑，两名运动员在同一起跑线上骑高脚马跑步，中途不能倒下，倒下为输，先到达终点者胜。

抽陀螺 打陀螺是以前浦市儿童喜爱的一项活动，本地有歌谣曰：“小哥哥，抽陀螺，陀螺转，陀螺圆，噼里啪啦只管鞭，抽得陀螺能上山。”陀螺制作简单，把硬木削成高约10厘米的圆锥体即成，制作时要注意尖端居中，四周均匀，上下比例恰当，陀螺旋转时不能出现摇头晃脚现象。浦市地区的陀螺有两种：一是大陀螺，直径达10厘米以上，这种陀螺惯性大，小陀螺碰到它会被撞退很远，甚至被撞停；二是两头尖尖的陀螺，这种陀螺比赛，如果撞到了，会用另一头继续比赛。打陀螺的鞭杆是竹棍或木棍，系在鞭头的是构皮，构树皮剥下后晾到七成干系在鞭头。陀螺的启动可按在地上或拿在手上使劲抽鞭，使陀螺落在地下转起来。竞技是用自己的陀螺撞击对方陀螺，停者为输。浦市儿童制作的陀螺有发声的，有菱形的，有涂上各种颜色的。涂色的陀螺旋转时像一朵盛开的鲜花。发声的陀螺用竹制作，在居中处用小杂木棍贯穿，上长下短，作为转轴，轴下钉进一节细小图钉，陀螺圆体四周有狭长裂口，转动时便发出响声。

民间游戏

放风筝 春天，浦市河滩和防洪堤是放风筝的最佳场所。风筝用细竹扎成骨架，糊以纸或绢，系以长线，利用风力升入空中。古镇传统风筝技艺包括“扎、糊、绘、放”四种。“扎”即要达到对称，左右受风面积相当，“糊”要保证全体平整，干净利落，“绘”做到远眺清楚、真实的效果，“放”依据风力调整提线角度，种类主要分为硬膀和软翅两类。硬膀风筝翅膀坚硬，吃风大，飞得高；软翅风筝柔软，飞不高，但飞的远。

风筝有禽、兽、虫、鱼、人物等样式。

荡秋千 秋千架场地选择长方形平坦地面，秋千架高6米以上。荡秋千分单人荡、双人荡、立荡、坐荡等，浦市每个村寨都有秋千高手，有时举行表演比赛，少数民族运动会秋千比赛项目分高度比赛和触铃比赛。高度比赛以在规定的试荡次数内荡得最高点来计算成绩，触铃比赛是在规定高度和时间内运动员触铃的次数来计算成绩。

踢毽子 毽子运动是浦市地区盛行的一项常见的民间娱乐，也是传统体育项目。制作毽子用布包缝铜钱，连接约3厘米长的羽毛管，管中插数根公鸡羽毛即成。也有将纸剪成花絮，包扎铜钱或镍币，叫作纸毽。踢毽场地不限，运动形式有踢毽、拍毽、抢毽。踢毽，有踢、弓、栖、挺、平、约6种踢法。以一脚内侧踢健为大的踢法，叫平踢。两脚都不落地，叫吊踢。用脚外侧踢毽，叫外踢，又分定外踢、外吊踢和定平踢。用脚背踢毽叫弓，膝关节可弯曲为软弓，不弯曲为硬弓。毽落不停于脚背叫栖，普通栖毽为平栖，脚绕圈再栖毽为花栖，连接平栖、花栖动作为百花栖。毽底盘顺大腿滚下的栖健叫滚栖，用脚尖栖毽叫尖栖，用脚内侧栖毽叫赖栖，脚绕圈后再赖栖叫花赖栖，以脚外侧栖健叫外栖。用膝盖顶毽叫挺，可分平挺和吊挺，挺毽后又栖毽为挺毽。毽子踢起平落于身体某部位叫平，头部偏斜、毽子落在一边脸颊叫偏平，左右偏平交换进行为调（tiáo）平；仰头，毽平落于头顶为顶平；还有颈平、肩平、肘平等。一脚于另一脚后方踢毽叫约，分平约、吊约、定平约、定吊约。拍毽，自制木质拍板，向上拍抛毽子，有单手拍，换手拍，向上拍单毽、双毽，同时配合身体变换各种拍毽姿势。抢毽由一人贡毽，另一人将毽踢向空中，数人用手抢毽，抢到者向参加抢毽的任一人投掷，被击中者贡毽，掷毽人吃毽。如果毽子被贡毽者抢到，不必投掷，即由贡、吃方互换。如毽子在空中未被抢到而落地，或抢到后，但未击中人，或毽毛扯掉，则重新贡毽。第一次贡毽人和吃毽人采取抽签确定。抢毽活动可组织数队竞赛，看谁吃的毽多。

跳方 跳方又称为跳房子。方是划在地上的长方形条格或连接的圆圈，有三格、五格，每格大小不一，一格最小，五格最大。游戏规则为跳方者手中拿一小块瓦碴或石片，从一方开始跳起，首先投石片于方内，屈起一脚悬空，用站地的一脚跳入方内，再把石子踢出，踢出界外或踩了方线，就称“死了”，则对方跳，如此反复，直到一方可在自己所属方格内双脚落地为止。

挤油渣 挤油渣是两人或两队背靠在墙壁或扶栏上，相向挤压的一种对抗性运动，盛行于20世纪90年代前，为当地少年儿童们所喜爱，不拘人数，也没时间规定。如果是两队比赛，人数可以不相等。依据个人块头和力气大小，可以一挤二、一挤三等等，把对方挤压倒地失去抗衡力量者为胜。挤油渣活动一般在天气寒冷的冬天进行，学生们常在课间休息时，为互相取暖，在教室门口挤油渣，家庭兄妹多的在冬天常使用这种娱乐方式互相取暖。

翻纸板 翻纸板是浦市地区男孩非常喜爱的一项游戏，比赛器材用漂亮的包装纸折成三角形、菱形、正方形等纸板数块，比赛分二人对抗赛或三人以上集体赛。对抗赛由甲先将一纸板平铺于地面拍实，乙用力将纸板砸向甲纸板，希望利用风力或利用纸板的弹性将甲纸板掀翻，则甲纸板归乙方所得，若是乙纸板落在甲纸板的旁边，则由甲捡起纸板砸乙方纸板，若是乙纸板压在甲纸板上面，乙用手掌风力扇一次，能将甲纸板掀翻，纸板归乙方，否则，轮到甲再砸纸板。

打弹子 打弹子是浦市地区男孩喜爱的一项趣味游戏，比赛器材选山中叫“油香果”树的果子，去皮留核作“弹子”，用最粗的一颗弹子作为“打子”，后来文具小店直接有彩色玻璃弹珠出售。比赛场地在山坡、平地均可，挖一个茶杯大小的坑就可比赛。比赛时各放数量相等的弹子于坑内，然后站在距坑 3 米以外边线，向坑里丢打子，谁的打子先进坑为第一打手，依次排序。一号打手蹲在坑边，用打子向坑里的弹子打击，打子弹出时若有弹子随同弹出地面，归打手所有，二号打手再打坑内所剩的弹子，谁打出的弹子多为胜。另一种比赛方法是，甲站立将弹子放在大拇指背上贴紧食指，用力向前方弹出，乙用同样的方法将弹子弹向甲方弹子，击中弹子归已，乙未击中则由甲趴在地下弹击，击中了归已，未击中由乙趴在地上弹击，如此反复，你来我往看谁赢得弹子多。

摔泥炮 浦市傍沅水且多溪流，河岸溪边多黏泥，20 世纪 90 年代前，夏天常有少儿拿捏黄泥比摔泥炮的游戏。可二人以上对抗比赛，比赛时将黄泥洒水像揉面粉一样和捏，使之软糯，然后做一个碗形的“炮碗”，各备一堆相等的糯泥作为器材，泥碗尽量捏得深并且底部很薄，捏好后小心地从地上拿起来托在手中。第二步比赛。用锤子、剪刀、布猜先，先者举起“炮碗”，口里大声念叨一句“辣子开花朵朵来”，迅速将手翻转后高高举过头顶，倒扣着对准码头石板用力砸下，使“炮碗”就像放炮一样发出“嘭”的一声响，“炮碗”底部软泥炸翻一块皮，泥片四处飞溅，谁的窟窿最大，谁就是赢家。后者将备用泥根据炸开的形状，揉一块泥补上，然后用力下砸自已的“炮碗”，让对方补泥。这样不断地循环做“炮碗”、炸炮、补泥，直至让对方没有制作“炮碗”的泥料即为赢。

民间棋术

打三棋 打三棋是沅水流域人们喜爱且至今盛行的一种民间棋艺活动。棋盘由3个不同尺寸的正方形组成。棋盘上共有24个交叉点，这些交叉点是双方对弈时着子的地方。20条直线上，每条直线有3个交叉点，这是对弈双方占点抢线的焦点。打三旗的棋子是不讲究的，一般采用小石子、小纸团、小木棍、小叶片作棋子，各子威力都一样。两人对下，按照轮流下子顺序，把自己的子布在棋盘上交叉，这叫摆子。凡在棋盘的交叉点上占得一条直线上的三个点，就形成了“打三”，也就获得在棋盘上压住对方任何一个子的权利。被压的子均要从棋盘上捉掉。若双方在摆子阶段未形成“打三”，动子阶段棋盘上子满，无法走子，棋就无法下了，这就叫作“闷棋”。出现闷棋时，先下子者为负，输掉本局。之后，动子的先后与摆子的先后次序反过来，由末家先动，限走邻近的一个交叉点，然后轮流下子。如果出现了“打三”，获得捉掉对方一个子的权利。打一个“三”就捉掉一子，直到把对方子全部捉净或对方认输。

猪娘棋 儿童所下的游戏棋。棋形是大正方形的顶端加上一个菱形，在大正方形内各划对等的三条纵横线即为猪娘棋，菱形为猪头。分甲乙方，甲持一个大子谓之猪娘，乙有十六个小子谓之小猪。猪娘先走，二者轮流，每次走一步。猪娘在中间，小猪排在四角上，每角各摆四个。猪娘第一步可以挑四个小猪，小猪以围逼猪娘到猪头走投无路而取胜。如只剩下四子时，可不围到猪头里，围逼在一个角上，也算取胜。如小猪被猪娘挑到只剩下二个时，即算猪娘方获胜。

金木水火土棋 棋格为两个长方形的十字架组成，形成12个点。棋盘用小树枝或小石子画在地上，材料随处可见又非常简单。下棋过程需要有严密的逻辑思维，才能既保住自己的棋子又能将对方的棋子吃掉而取胜。游戏玩法是：参加博弈对象为两名，双方先将属于自己的四颗棋子放在棋盘上。两人划拳，赢者起步先走。双方每次移动一个棋子走一个交叉点。如遇到对方棋子挡住线路，则此路不通，选择移动别的棋子。当双方的两个棋子中间空三个交叉点，即从自己的棋子位置开始算，到达对方棋子所在位置共有五个交叉点，正好和“金木水火土”五个字的字数相同，一个字走一个交叉点，当按顺序念到“土”时，棋子正好落在对方的棋子位置上，则可将对方的棋子吃掉。谁先将对方的棋子吃完谁先获胜。

争高棋 争高棋又称三六九或二四八或一五七棋。棋格是中间画一根竖线，底部分成三根线，一根是中线延伸，左右各一斜线，三根线上各画二根横线作为“梯子”，顶部画一菱形，菱中间画十字，竖线与中线连，中线画一段段横线，中部画一至二个长方形。棋手为三人，棋格上每人一颗不同的棋子，如小石子、小棍棒、小木片等，将子置于底部各线端上，每人手中持三颗小石子，动棋时出多少子由自己决定，三人同时将手伸出打开，将手中所出的子相加，以和数确定谁先走子。如果和是一、五、七，则为甲猜中，甲就在棋盘上向前走一步棋；如果和是二、四、八或三、六、九则为乙或丙猜中，即可走子。谁获得走子权利后，一步一步往上走，遇到长方形时须顺时针或逆时针方向走子，最后直奔“王位”，最先登上王位者获胜。

锁棋 锁棋又称夹子棋。棋格为一个正方形，在内四角各画一根斜线形成等边三角形。两人下棋，方法是，各选择一个对角，在角上布三颗子，游戏时只能一步一步走子，对阵双方须设法用两颗子将对方一颗子锁死在角内，谁先锁死对方两子即胜。

古镇耍龙（2014 年）　廖芳　摄

旅游名胜

幽深的溶洞群，是大自然留给浦市的天然宝库。写满沧桑的古驿道、充满传奇的深庭古宅、神秘有趣的民俗活动，无不是历史沉淀下来的精神财富。在浦市这片古老的土地上，新兴的生态乐园、现代农庄，又赋予了当今浦市人们幸福悠闲的慢生活，使那些感受到浦市柔情的人，来了不想走，走了还对浦市念念不忘。

古镇旅游开发起步于2010年，开发虽晚但基础好、资源丰富。至2019年，经过十年的精心打造，浦市旅游管理体系渐趋完善和成熟，形成了集古镇探秘、驿道访古、江滩探宝、游山水美景、品民俗文化、赏生态田园景色于一体的旅游格局。

浦市　PuShi

景点景区

浦市八景

朝峰应雨 朝峰应雨是浦市代朝山顶独有的景色。每当云雾笼罩顶峰，必有大雨降临，若是顶峰晴朗，即使满天乌云也会云开日出。浦市人以此观测天气，屡有应验，成为当地自然气象台。

龙洞栖霞 位于浦市西北五斤坡后楠木洞。洞内有形似卧龙巨石一块，故得名龙洞。从洞口向下俯视，常见似烟如雾片片兰霞紫气，回绕龙身洞壁，冉冉飘向洞内，而不见飘出洞口，人们以为彩霞长栖洞中，故得名。

古刹晚钟 古刹晚钟是江东浦峰寺（江东寺）的景观。晨昏之际，僧侣敲钟击磬，钟声悠扬传于人耳，如闻仙乐，使人烦恼顿消。

岩龙雪眺 岩龙雪眺是位于镇南土桥溪上上岩龙头水坝的独特景观，水坝跳岩尽处有一水闸建有水碾，碾米时水从闸门奔涌出，吼声如雷，水花飞溅，如白雪铺地，玉珠散落，景色壮观。

岩门行春 岩门溪两岸古树成荫，“古树、藤萝、修竹、农家、小桥流水”，一副绝妙的自然景观，更有奇形怪石散于山坡春草丛中，千姿百态。

当江映月 沅水流到浦市境内，河面豁然开阔，水势平缓，上游挟带而来的泥沙在此沉积，长久便在江中形成一座长长的卵石沙洲，名“当江洲”。秋高气爽之际，日月映于水中，天水一色，闲步于洲畔沙滩，江岸景物及江洲静境，仿佛使人步入蓬莱仙境。

浦溪春渡 春天，浦溪渡口两岸桃李吐艳、岸柳垂丝、溪水碧绿，行人过渡如在画中行走。

娥诸回澜 浦市下湾处沅水自南向北流经入云山下，为山崖阻挡，水势沿江岸向南回流，旋转倒流至寨尾头，与红桥溪水汇合，而后由西朝东奔向沅水主流，回流旋涡在此形成一个巨大的深潭，状如弯曲娥眉，取名娥眉湾，又名娥诸回澜。

山峦溶洞

代朝山 位于浦市镇西部新堡村，距街区6千米。原名大头山，又名辰龙山，因修建真武殿朝拜皇帝而改名为代朝山。清乾隆二十年（1755）版《泸溪县志》载："距邑六十五里，乃浦市之祖山也，明建真武殿于其上。"代朝山西连岩牛山，北接天台山，东延凤凰山，山高林密，修竹叠翠，云雾缭绕。主峰海拔625米，是境内第一座高山，植被以松树和灌木林为主。属于泸溪三大名山之一，是浦市古镇八景"朝峰应雨"所在地。据1993年版《泸溪县志》记载，南宋绍兴五年（1135）六月，岳飞麾下武将谭子兴应召镇压杨幺起义。获胜之后，朝廷在浦市设军事机构，谭子兴奉命镇守浦口，被赐封为千户将军，准其十代袭职。后谭子兴择浦市西郊大头山西面山脚吉地而居，取名生宝（即今新堡村）。谭子兴每年都要进京朝拜几次，皇帝念其年迈体衰、路途艰辛，特恩准其每年在大头山上对京城方向朝觐天子。由此，大头山改称代朝山。谭子兴去世后，儿子谭永圣、谭永贤继位，在代朝山顶修建真武殿，子子孙孙以殿代朝。随着时代变迁，代朝意义渐变，真武殿演变成为人们敬神拜佛的祭祀圣地。

远眺代朝山（2019年） 张宗南 摄

岩牛山 位于浦市镇都岐村与达岚镇达岚坪社区交界处，东连代朝山，延续凤凰山，北靠天台山，高度海拔 622 米，是浦市镇第二座高山。山上建有岩牛庵，每年做庵会一次，田园风光和峰峦叠翠相互交织，令人神怡。

凤凰山 位于浦市镇北郊，海拔 388 米。旧志云“峻岭翱翔，俨然飞凤”。半山之中建有灵官殿、休闲亭，有清嘉庆年间（1796—1820）修建的庙宇纪事石碑一块。山上有在原址上复修的凤凰山庵。遗址上有残损的清乾隆初期复修山庵的简介石碑等。凤凰山不算很高，却是很具特色的山。沿红砂石阶顺势而上，直达山顶，是浦市人们登高望远、登山锻炼、烧香拜佛的首选之处。

五斤坡 位于浦市镇岩门溪村境内，海拔 420.9 米，植被以灌木林为主。原名五更坡，因“瑶三佬称五斤坡”神话故事而得名。此山磷矿资源丰富，1966 年，在此建浦市磷矿，曾在浦市工业史上留下辉煌一页。

雄狮山 位于古镇北郊古驿道起点处，与凤凰山正面相对。因山背平阔，形似一只回首的雄狮而得名。山体属于喀斯特地貌，内空多溶洞，有洞口多处。山下有大洞口、岩娘庙、石泉及传说的“扁担槽”石迹。田地旁边巨石上镌刻“古驿道”三个草书字，巨石旁边有修复的风雨亭，亭名“护宝”，寓意吉祥瑞兽长期守护这里的奇宝。

野猫坳 位于县境西北部白羊溪乡东南边境，与浦市西部田家溪村交界，是浦市镇和白羊溪乡界山，因相传过去山坳中多野猫活动得名。主峰海拔 792 米，脉络与天台山相接，是泸溪县第二座高山，主要植被以马尾松、杉树为主。

丫山头 主峰位于浦市镇小麻村境内，海拔 389 米，因此山有二峰，形似树木丫杈而得名。植被以松树和杂木为主。武溪至浦市公路由山腰经过。山顶建有庙宇，是人们拜佛敬神之地。

杀人坳 杀人坳原来只是普通的山坳，名蛇形坳，位于浦市镇都岐村境内，海拔 480 米。明万历年间（1573—1620），朝廷对其重新整修，驿道从此山坳通过，利于传递信息和运输军需物资。清乾隆（1736—1795）和嘉庆（1796—1820）年间，湘西地区爆发持续 12 年之久的苗民起义。由于战乱，土匪流寇在此山设关卡绑票，山坳便被人们称之为杀人坳。沈从文在《湘行散记》里记述了当年有 3 个一起出来当兵的伙伴由浦市古驿道回家乡凤凰时，在此处被土匪各砍了 20 多刀致死的故事。

楠木洞 位于浦市北部，距镇区 40 分钟车程。古代传说宋朝皇帝得知浦市出现虬龙，遣朝廷大臣实地调查，得知浦市最高峰半山处有一大溶洞，洞中常年有温泉流出，两条蟒蛇在洞内生长成龙形巨蟒，溶洞被高大金丝楠木所掩，故名楠木洞。楠木洞在30多米高陡峭石壁下，洞内终年云雾缭绕，洞内两侧各卧一条巨形石龙，故古代又名蟠龙洞。传说以前龙嘴里有泉眼，喷出的泉水能治百病，人们顶礼膜拜，终日香烟缭绕，取水拜神的人川流不息。

奔牛洞 位于高山坪村贺家寨旁，又名登里洞。山洞在一石壁下，石壁三面相环，洞口宽敞，洞外为一大草坪。传说太平天国起义时，在此“摆四十八张屠桌”“铸造铜钱”，保障生活所需。洞门上设防护墙和“栈眼”，土地堂刻有楹联、人名和年代，清晰明了。据说，奔牛洞及附近风洞、六坨洞等防护墙遗址，是清康熙年间（1662—1722）平三藩之乱时所修，旧时是浦市人们躲避战乱之地。

鹿儿洞 位于浦市镇麻溪口村河畔。鹿儿洞呈立体型，上下均有洞口，上洞口在半壁间，下洞口在沅水岸边。历史上为文人雅士隐居修身之场所。明代，曾有两位名人隐居洞内读书，一位是明嘉靖十四年（1535）进士、泸溪人李乐，号鹿泉，故又名鹿泉洞。另一位是明嘉靖十一年（1532）进士、大学士、曾任江西主考的沅陵人胡鳌。传说胡鳌年轻时在鹿儿洞发奋读书，一个美貌的狐女常来照顾他的生活。有一次饥寒病危，狐女把自己修炼的一颗宝珠，给他吞下，从此胡鳌精神焕发，读书过目不忘，得中进士，铸成大才。民间认为此洞乃福禄之地，故又称“禄儿洞”。清末，被保送到两湖书院就读的廖名缙，一次放假回家途中，早晨从沅陵县舒溪口出发，溯江而上，暮经白龙岩村，游览附近的鹿儿洞，进入此洞驻步，遂留宿洞中。廖名缙想起前朝进士胡鳌、李乐二人曾在此抱膝苦吟，终成大器。辗转反侧，夜不能寐，就写了一首《宿鹿儿洞》的诗，使鹿儿洞之名更盛。

高山坪菊花洞（2017年） 姚传山 摄

菊花洞 位于高山坪村境内，通过数十米深、宽窄不一的通道，下至洞底，洞底十分宽敞，洞中一条阴河，终年流淌，洞顶布满天然菊花石，错落有致地呈现在石头表面，像展开的一幅大菊花墙纸贴在洞顶，洞由此闻名。

倒坨洞 位于灰洞坳境内楠木洞附近石壁下面，洞口垂直而下，呈漏斗状。

洞口有人工修葺遗迹，洞深不可测，不管多大的水流顺着山壁注入此洞，均都消逝无踪，从不溢出。

温水洞　位于在新堡村后，代朝山脚，古名大魁洞。据新堡《谭氏族谱》载，吴三桂起兵途经浦市时，专程到新堡访贤，正逢当地村民求雨，于是吴三桂以潜龙天子身份，亲自在此设台，为村民祈雨，并命工匠把事迹刻成石碑立于洞口。

白牛洞　位于代朝山半山腰，因内有一状如牛形的巨型白色钟乳石而得名。

甲鱼洞　位于楠木洞附近，洞口低而宽，洞口为10余米长的三面红砂石通道，有石门，洞内开阔，进洞约800米通岩门溪畔。

天坑坨　在新堡村后坡，洞口隐蔽，洞深不可测，雨天山坡积水流入坑内不露。

气象景观

丫山头日出　丫山头山顶建有庙宇，山势不高但视野开阔。晴天清晨，站在山顶庙宇前面，可观日出。村寨炊烟袅袅，田园葱茏。

代朝山云雾　代朝山属于浦市镇祖山，屹立于田野阡陌之上，由于地势较高，春夏时节，常常云雾缭绕，山顶真武殿若隐若现，时有云雾将山下村寨和山顶庙宇隔离，从真武庙往下看，犹如仙境。

野猫坳冬雪　野猫坳植被以马尾松、杉树为主，山岭古树参天，秋季满山红枫，冬季银装素裹，为踏雪观景者所钟爱。

水利景观

沅江堤亲水　沅江堤即浦市防洪大堤，浦市镇属五强溪电站淹没区，为防洪而修建。1997年3月动工，2000年9月竣工，总投资3328万元。沅江堤南起吉家头，沿河街而下，北至下湾，全长2087千米，堤顶高124.5米，堤顶宽6.5米，通观光游览车。在大码头、十字街口修建通行闸2座，外坡按一定间距修建生活码头8座。在红桥至溪流出口处修建自排涵闸和抽水泵站，防护面积2.48平方

沅江堤（2016年）　　刘云　摄

千米，整个防护体系包含防洪堤、排涝泵站、排洪渠、拦洪坝、排洪隧洞等多类型构筑物，构成相对独立、封闭的防洪保护圈。2015 年，在堤顶铺筑石板路，2017 年，结合防洪堤加固维修，在堤顶外侧修建红砂岩砌仿古城墙。2018 年，去堤顶青石板，铺炒砂路，列人行道与骑行道，是当地人们休闲散步之处。大堤集防洪、亲水、赏沅水风光于一体。

田园景观

特色休闲乡村 马王溪现代生态观光园。马王溪是浦市镇第二大坪地，稻田面积 200 公顷。20 世纪 50—90 年代，曾是泸溪县有名的稻谷产区和农业生产实验区。2000—2010 年，是杂交水稻、瓜果示范区。2011—2012 年，是全省超级水稻生产示范区，杂交水稻之父袁隆平多次到此检查指导超级稻生产。2013 年起，马王溪村实施新农村建设，成为湘西土家族苗族自治州首个新农村建设示范点。按照“现代生态农业带动休闲观光，乡村旅游推动农产品销售”的产业融合发展思路，实施现代农业科技示范园区建设。园区着力打造“四季赏花、月月采果”为主题的七彩花果园，建有奇花异果园 13.4 公顷、葡萄采摘园 33.3 公顷、有机蔬菜采摘园 6.70 公顷、桃园 10 公顷和陶艺制作体验园等景点，辐射带动当地及周边村寨 5000 多名群众脱贫致富，2009 年，被列为全省新农村建设示范村。2017 年，被评为国家 AAA 级旅游景区。马王溪村以“生态山水、特色乡村”为核心竞争力，以新农村建设为背景，以农耕文化为底蕴，以民俗文化为特色，生态文化为基底，以乡村风情体验为亮点，打造成为集生态观光、水果采摘、农耕文化体验、乡村旅游创业、乡村休闲度假等于一体的乡村旅游创客示范基地、省级乡村旅游休闲度假区。

黄家桥重点历史景区。地处古镇近郊，文化底蕴深厚，在村内考古发掘 4 万平方米的春秋战国、两汉时期的古墓群，保存有大量历史建筑、历史遗迹。现有特色民居 30 多栋，省级文物保护单位古院落 5 栋，古井 3 处，古寺庙 1 处。村旁著名的万荷园景区，是古镇第一个大型田园观光园，也是目前湘西地区面积最大的赏荷景区。园区建于 2014 年年初，规划面积 13.33 公顷。当年开花期间，迎来数十万人次观光旅游。次年，加大投资，配套修建 2000 多平方米停车场及观景栈道、亭阁、荷花园渠道等多项设施。万荷园毗邻吉家商院、上方寺、古井、贺龙井等，亭台楼阁交相辉映，处处皆景。荷花园旁边的大堤可赏浦溪两岸桃红柳绿，古树、石拱桥、红墙绿瓦的农村别墅交相辉映，田园风光十分优美。

马王溪村生态园（2016 年）　　刘云　摄

都岐小桥流水人家。都岐村位于浦市镇西部，距浦市中心街区 12 千米，紧靠高山坪古驿道，有小石林及多处溶洞，两股溪流在村寨交汇穿寨而过，寨子坐落在小溪流两侧。境内风光旖旎，建有 24 座各具特色的跨溪桥梁。都歧村宽阔的平地依山而生，两旁阡陌纵横，整洁的民居依山或沿溪畔而建，错落有致，古祠堂坐落其间。2015 年以来，都岐村把休闲农业、乡村旅游作为富民产业，依托高山盆地、田园风光发展以

都岐小桥流水人家（2018 年）　　张宗南　摄

银井冲村四季花海（2015 年）　　刘云　摄

休闲、垂钓、特色民俗文化为立足点的农家乐旅游产业，开垦山坡 10 公顷，打造既有观赏性又有经济价值的紫薇、栾树花木苗圃基地，种植甜橘 15 公顷，开发中草药种植园 10 公顷。

银井冲村乡村旅游区。银井冲是泸溪县稻谷主产区，属于五强溪水库淹没区。2010 年，泸溪县实施土地整治项目，该片区田成方、路成网、沟相通、渠相连，成为泸溪县农业生产示范基地，春季万亩油菜花令人心旷神怡。这里交通便利、依山傍水，景色宜人，有柴火饭店，四季花海无公害绿色蔬菜基地、原生态放养山鸡场等基础设施，开发了劳作体验、生态休闲、农业观光、餐饮娱乐等旅游项目，旅游商品以蔬菜、葡萄、山羊、铁骨猪等为主。餐饮有浦市特色的“鼓儿糍”“桐叶糍”“浦市铁骨猪腊制品”“稻香鸭”等传统精品美食。2019 年 1 月，被评为湖南省 AAAAA 级乡村旅游区。

新堡古村寨。新堡村位于浦市古镇西北 3 千米处，是南宋千户将军谭子兴的故乡。

高山坪田园（2016 年） 姚传山 摄

村内尚存十余栋明清古建筑，有神奇多样的民俗文化，有巍峨险峻的代朝名山、绵延几十里的古驿道和千亩花卉苗木种植观赏基地等。

高山坪菊花村。高山坪村位于浦市代朝山后山的一块坪地，距浦市古镇 6 千米。旅游资源丰富，探明已知溶洞 7 处，天坑 1 处，明清时期古民居 35 栋，省级文物保护单位古驿道经过该村，因产菊花石，村享誉“菊村”。

岩门溪仙人湖。该村坐落于国家中型水库岩门溪水库沿岸，属于水库移民村，距浦市古镇 3 千米。有远近闻名的楠木洞、五斤坡、仙人擂鼓、仙人晾衣等自然景观，开发有水面养殖、垂钓等旅游休闲项目。

岩门古堡寨。位于浦市古镇南约 10 千米，坐落在崇山峻岭的山坳深处，古色古香

岩门溪水库（2015 年） 刘云 摄

的古堡名屋屹立在这群山叠翠与绿水潺潺的小溪之中。岩门古堡寨兴建于明永乐二年（1404），地域面积2万多平方米，现有人口500余人，是有名的长寿之村。境内保留着清代早、中期古建筑30多栋，其中，主体建筑以康家大院保存最完整，岩门古堡寨现为湖南省文物保护单位。

旅游开发

节会搭台 2014年8月7日，浦市古镇举办第一届“泸溪·浦市中元祈福节”，来自全国各地的专家、学者及周边民众3万余人参加活动。节日活动以“逛古镇、探古宅、听古戏、品古韵”为主题，除了举行辰河高腔目连戏展演外，12支民间队伍表演抬黑龙、傩面具、龙狮共舞、跳香、虾龙灯、彩龙船、蚌壳灯、抬故事、团圆鼓舞等民间民俗文化节目。同时，展示了渔鼓弹唱、踏虎凿花、苗族数纱、菊花石雕、杨柳石雕等非物质文化遗产保护项目。2015年8月25日，第二届“中国泸溪·浦市中元祈福节”开幕，活动以“祈福、感恩、敬祖、孝亲”为主题。开幕式展演了苗家迎客歌、跳香祈福、花灯、渔鼓说唱、九子鞭舞、辰河高腔、沅水遗风、团圆鼓舞等系列民俗文化节目。同时进行四项民俗活动：逛古镇，在太平街展示泸溪特色旅游产品；探古宅，在李家书院观看“民俗风光摄影展”，烟坊街老茶馆听渔鼓，青莲世第观版画展；听古戏，在万寿宫观辰河高腔连唱表演；品古韵，在万荷园欣赏抬黑龙、舞龙灯等民俗活动展示及民族服装秀表演。

2016年1月17日，举行浦市腊八节活动暨旅游口号“浦韵古今，市通天下”发布仪式。活动分为开幕式和民俗文艺节目表演，舞龙灯、唱花灯、辰河高腔、打糍粑、榨茶油、品小吃、书法展、摄影展、送春联、熬腊八粥等活动分别在太平街、万寿宫、李家书院等景点上演。4月29日，结合国家AAAA级旅游景区授牌，举办“笑满三湘·走进浦市古镇暨泸溪一日游”启动仪式。浦市经开区管委会与岳阳楼君山景区签订合作框

古镇一日游启动仪式（2016 年）　　刘云　摄

架协议，同日举办首届“湘西州四大名镇论坛”会议。8 月 15 日，举办第三届“中国泸溪·浦市中元节”，全国各地专家、学者及群众共 3 万多人参加活动。通过节日“逛古镇·探古宅·听古戏·品古韵”龙狮舞、苗族跳香、辰河高腔，放河灯、傩祭祀、抬灵官、民俗踩街表演等一系列地方民间民俗文化活动，多形式、多角度、多方位展示古镇民俗文化。10 月 15 日，举办第一届“习福酒杯”古韵浦市美食文化节，全县 15 支厨艺队伍参加厨艺比赛，获奖菜品收录《泸溪特色美食大全》。泸溪县八什坪羊肉馆“红汤羊肉”、七里香特味烧烤店“铁板猪脑花”、浦市毛家坡水寨休闲农庄“芙蓉龙球鱼卷”分别荣获金、银、铜奖。

2017 年 9 月 2 日，举办第四届“中国泸溪·浦市中元节”，节日以“祈福、感恩、敬祖、孝亲”为主题。开幕式上，当地群众表演了跳香舞、傩舞、渔鼓、锁妹纱、吹火筒、戏曲联唱等。全县乡镇 30 余支队伍由长号唢呐开路，老司引导抬黑龙举行“民俗踩街闹中元”活动，全方位展示浦市古镇原汁原味的风土人情。活动邀请辰溪、溆浦等地的辰河高腔剧团同台演出。并于晚上在大堤码头举行放河灯活动，佛、道、巫三教代表手持师刀、斩刀、铜铃、牛角号、五彩柳巾棒等法器举行祭祀仪式。当地群众将河灯放在沅水中，河灯顺沅水下漂，表达人们寄托思念，追忆先辈，渴望幸福美好生活的愿望。

2018 年 1 月 28 日，举办“腊八节”活动，进行品尝腊八粥、传统娶亲、打糍粑、长龙游街祈平安等活动。“湖南摄影创作基地”在浦市古镇游客中心挂牌成立，展出浦市首届摄影大赛作品。3 月 1 日，在浦市古镇游客中心举行《湘西土家族苗族自治州浦市历史文化名镇保护管理条例》万人签名活动，在街区开展宣传，发放条例 2000 多本。6 月 28 日，西南民族大学城市规划与建筑学院和浦市经开区管委会签署战略合作协议，西南民族大学教学实践基地在溪山行写生基地挂牌。8 月22 日，举行第五届“中国泸溪·浦市中元节”活动，展示了巫傩大戏、踩街、辰河高腔、拜码头等一系列民俗文化。9 月 28 日，在马王溪景区举行“泸溪县 2018 年第二届全域旅游活动周暨乡村旅游启动仪式”。国庆期间，举办“2018 武陵山区·浦市古镇汽车越野车大赛暨啤酒摇滚音乐会”活动，10 月2 日，借助三千多亩河滩作为越野车赛场，举行越野大赛。10 月 15 日，举行“沈从文与泸溪·浦市”大型文化考察交流研讨会、“重走沈从文之路”、“沈从文文学沙龙”活动，60 多位省内知名作家及文学爱好者追随沈从文足迹，重走千年古驿道。

文化发掘 浦市经开区管委会在保护建设古镇同时，注重民俗文化发掘和展示。一是突出古建筑重点文化的挖掘与展示，实施辰河高腔传唱地万寿宫的改造，把国家级非物质文化遗产辰河高腔的经典曲目《目连救母》结合当地文化对外展示；以国民党陆军监狱遗址为核心，打造吉氏宗祠爱国主义教育基地；以会馆、祠堂和族谱序规为背景，挖掘寻根文化，网罗优秀人才宣传推介浦市；利用古建筑推介民间茶文化及住宿等休闲体验。二是以重塑湖南庙乡文化为内容，彰显浦市古镇旅游业特色；依托古镇丰富独特的民俗风情，举办各类旅游文化节庆活动，使旅游节庆活动成为浦市古镇特色文化的传播载体。三是挖掘异质文化，提升旅游内涵，注重挖掘独特的码头文化、移民文化、宗教文化、军事文化、商贸文化、戏曲文化、茶馆文化等地域文化；加强对辰河高腔、傩戏、踏虎凿花、苗族数纱、抬黑龙、赶庙会、龙灯、狮子灯、蚌壳灯、鲤鱼灯、虾子灯、放河灯等丰富多彩的文化活动和传统民间技艺等，特别是非物质文化遗产的保护和传承。把这些“非遗”文化与旅游结合起来，既让游客参与其中，又让游客增长知识。

产品开发 古镇坚持构建“休闲生活、慢享时光”旅游载体，注重产品开发。发展手工作坊，建设傩面制作、纸扎、土陶制作、抹秤、菊花石雕、踏虎凿花、苗族数纱、食用油加工、酿酒、豆腐制作、面粉制作、铁器制作、沅江七彩玉雕等手工作坊街区。生产纯手工旅游商品、纯天然无公害绿色食品，供游客挑选购买。开发篾扎、传统油纸伞、湘绣、印染等民间传统手工艺产品。引导古镇商铺经营特色美味和商品，开发风味小吃斋粉、鼓儿糍、马蹄糕、糖油响、甜酒汤圆、米豆腐、炒米、糖馓、烧饼、雪皂糖等风味街区，创建舌尖上的古镇。打造餐饮场所和窨子屋大宅院、万荷园周边吊脚楼文化主题休闲客栈，注重温馨格调，讲究轻松浪漫，体现绿色舒适，让游客体验回归老家乡村的味道。整合资源，打造休闲观光胜地，以仙人湖（岩门溪水库）水上项目为核心，结合以楠木洞溶洞为主的溶洞群，建成具有浓郁乡村特色的山水田园休闲区；以省级文物保护单位浦市古驿道为核心，涵盖浦市名山代朝山，开发重走南方古丝绸之路的户外健身体验游活动，感受古驿道沿途的古桥、古井、古亭等美好自然风光与独特的民风民俗。开发岩门古堡寨、高山坪古驿道、马王溪村、银井冲村、四季花海风情园、溪涧竹筏等景点，配套农家客栈、农事体验、瓜果种植、针线织品、土特产品加工等产业，让游客吃住在古镇，游玩体验在周边景点，形成一日游、二日游精品线路。开通"白沙—浦市"水上游线，开发沿江村寨乡村旅游，对沿岸民居进行整治改造，在沿岸田园种植油菜水稻、时鲜水果，房前屋后栽种竹柳桃李，江面置轻舟渔火，打造"四季更替，色彩纷呈，鸟语花香，鸡犬相闻"的乡村意境，让游客体验世外桃源般的旅游生活。

品牌营销 2014年起，县委、县政府加大浦市古镇宣传力度，通过举办大型宣传活动，邀请中央、省级电视台等媒体对浦市古镇进行宣传报道，制作和出版发行旅游产品，提升浦市知名度和影响力。利用微信、微电影及互联网营销策划举办媒体采风、旅行商踩线、丛书出版、文学创作、民间工艺品展销、风味小吃和摄影大赛等活动，打造"浦韵古今，市通天下"休闲体验旅游品牌。2017年，联合湖南卫视拍摄《最后的杆秤》《巫傩面具》《社饭》宣传片，完成《浦市老街》旅游电视宣传片拍摄，多角度、多层次唱响"浦市古韵"文化名片。

管理服务 2015年，浦市经开区管委会注册成立泸溪县浦市古镇文化旅游开发有限责任公司，引进专业营销管理公司，组建浦市古镇旅游服务管理公司，全面负责古镇景区营销管理工作。通过招聘考试录用一批讲解员、导游员。举办多场培训班对旅游从业人员进行旅游相关知识培训，提升员工服务意识和水平，制定完善讲解员行为规范、旅游投诉处理制度、客户投诉处理流程、安全处置预案、紧急救护预案等相关制度，建立健全公司管理体系。年底与州内外45家旅行社签订合作协议，古镇景区正式纳入各大旅行社重点推荐旅游路线。与芙蓉镇、里耶镇、边城镇等景区结盟，与岳阳楼君山岛在产品研发、宣传营销、人才培育等方面达成合作。浦市古镇旅游开发公司创办了浦市旅游智能信息服务平台、旅游导览服务平台、网上电子票务、电子解说等多媒体公共信息网络系统。在万寿宫、青莲世第、湘西版画院、李家书院、太平街、余家弄、周家大院、吉家三重院、吉氏宗祠等景点开通智慧旅游系统，游客只要扫描景点标示牌上的二维码，就能听见景点智能语音讲解。

2016 年起，按照创建 AAAA 级旅游景区标准要求，对景区所有标志、标牌包括外部交通标识进行标准化改造，安装景区简介、导游图、导览标识、景点介绍、公共服务信息等标示标牌近 1000 处，配置垃圾箱、消防、盆景等设施 500 多处。对临街裸露管线进行刷漆隐蔽处理，更换太平街临街店铺招牌。同时，定期联合城管、国土、公安、工商等部门加强对景区建房、经营、交通等专项整治，建立治理长效机制。加强景区卫生保洁，配备景区环卫人员，做到日产日清，保持景区整洁干净。

旅游线路

浦市经开区管委会通过三年努力，使游客中心、河堤古城墙、万寿宫演艺基地、严如熤纪念馆、青莲世第、太平街“非遗”展示区、吉家商院、万荷园生态观光公园串联成线，古镇旅游线路打造成型。同时，将古镇旅游与马王溪、高山坪、都岐、银井冲、浦溪、岩门溪等乡村休闲游有机结合，策划了古镇一日游、二日游精品线路。

一日游线路 第一条。上午：游客中心—李氏大宗祠—万寿宫—李家书院—青莲世第—湘西版画院—太平街—余家巷—周家院子—镖局—钱庄—绣花楼—吉家商院—吉家三重院—万荷园—吉氏宗祠—古城墙；下午：马王溪现代农业观光园—岩门古堡寨，返程。

第二条。为浦市沅江寻宝一日游。上午：游客中心—万寿宫—太平古街—大码头—沅江游船 + 浦市寻宝（沅江彩玉）—李氏大宗祠 + 午餐（喜宴文化体验）；中午：游客中心鉴宝 +“浦市三宝”展览馆；下午：吉氏宗祠—万荷园—吉家商院。返程。

二日游线路 第一条。第一天上午：游客中心—李氏大宗祠—万寿宫—李家书院—青莲世第—湘西版画院—太平街—余家巷—周家院子—镖局—钱庄—绣花楼—吉家商院—吉家三重院—万荷园—吉氏宗祠—古城墙；下午：马王溪现代农业观光园—岩门古堡寨，返程住古镇民宿。第二天上午：千年古驿道—都岐村；下午：浦市印象花海—浦溪村、黄家桥村田园风光—岩门溪仙人湖—麻溪口村登辛女峰，返县城白沙。

第二条。第一天：浦市古镇—岩门古堡寨—白沙景区—沅江风光带。第二天：天桥山—军亭界大峡谷—武水风光带。

第三条。第一天：游客中心—岩门溪仙人湖—鱼坪菊花石林—楠木洞溶洞群—高山坪古村—千年古驿道，返回古镇住宿。第二天：浦市万荷园—浦市印象花海—马王溪新农村—都岐村—岩门古堡寨，返回古镇。

旅游体验

江滩寻宝 沅江枯水期间，晴天从浦市大码头乘沅江游船行驶 2 千米左右，至沅江七彩玉产区河滩寻宝，在玉石鉴定人员引导下，体验拣寻沅江七彩玉原石、沅江奇石。

驿道徒步 浦市古驿道从城区至高山坪段为青灰岩铺就，全长 6 千米，路面宽 1.2 ~ 1.5 米，最宽 3 米。其他路段为就地开采的青石或红砂条石铺就，规整错缝，沿途有石拱桥、驿站、凉亭、功德碑等。这些碑文和遗存是特定历史时期浦市政治、军事、经济及重要历史事件的见证。古驿道作为历史遗迹清晰可鉴，成为集旅行、休闲、健身等功能于一体的综合场所。

生态乐园 马王溪村是泸溪县发展全域旅游的重要区域，被誉为湘西第一村。该村距古镇 5 千米，距县城白沙 28 千米，S252 浦市至达岚公路穿村而过，交通十分便利，是古镇旅游精品路线上一个重要节点。乡村旅游资源有奇花异果园、葡萄采摘园、有机蔬菜采摘园、桃园和陶艺制作体验园。2009年，被列为湖南省新农村建设示范村。2018年，被评为国家AAA级旅游景区。

龙舟文化 古镇沅水两岸有天然宽滩坪，为龙舟竞赛提供得天独厚场地。浦市沿河地区龙舟每年端午节都会举行龙舟赛。参赛龙舟队一般有40～60支，上至辰溪、下至泸溪和沅陵均有龙舟来参赛。凡参与浦市划龙舟的村子，在外务工的青壮年都得赶回家参加龙舟比赛，已成俗规。龙舟节期间，是浦市生意经营旺季。

民居文化 浦市民居大都是“前店铺后住所”结构模式，建筑规模庞大，仅明清时期古民居就有124幢。李氏大宗祠气派雄伟，李炳记宅院有12进12厅，并有后花园和游泳池。吉家三重院排列在上正街口吉家头，整体青石岩凿成门额雕饰，直接在整块条石板阳刻家族堂号，风格气势宏大，室内天井既通气透光又消水化雪，地下排水系统几百年来从不淤塞。至2018年，保存完好的仅剩60多栋古宅院。

旅游服务

游客中心 位于浦市下湾古龙潭，占地5万平方米，包括游客集散广场、生态停车场、绿化区、游客中心主楼、售票厅、导游服务中心、古镇文化展示厅、旅游商品展示厅、菊花石及沅江玉石旅游工艺品展厅、游客休憩中心及浦市经开区管委会办公室、会议室、工作室等。

七彩生态旅游 地处浦市古镇南部，隶属国家AAAA级旅游景区浦市旅游景区，景区面积约1.5平方千米。主要由稻花鱼垂钓区、果蔬采摘区、玫瑰花海、百亩桃园、陶艺体验馆、特色民宿区和四清水库游乐区七大板块构成。目前已按照村民富、村庄美、村风好的要求，整合利用优势资金和有限资金，开发200亩大棚西瓜区、30亩草莓大棚区、100亩葡萄采摘区、100亩红心优质猕猴桃区以及100亩绿色无公害蔬菜区。

岩门古堡寨（2016 年） 刘云 摄

岩门古堡寨游客中心 该中心位于岩门古堡核心区域，隶属浦市旅游景区，建设于 2018 年 8 月，占地约 20 亩，有购物中心、餐饮区、游客休息区、三星级旅游公厕、母婴室、医疗室及占地 20 余亩的大型生态停车场，可同时停放 200 辆小轿车，50 余台大巴车。

高山坪金秋稻香（2020 年）　　刘云　摄

风土民情

历史上，由于便利的水运条件及广袤的浦阳平原，使浦市一地得到较早开发，吸引了来自全国各地的客民在浦市经商、发家、传承，他们把各自的生活习俗和文化理念融入浦市。

浦市因气候、文化、经济、社会等诸多因素的影响，产生了农耕、商贾、制造等本土文化，并与来自各地的客民文化逐步融合发展，使浦市民俗荟萃，风情独特。

中华人民共和国成立后，一些不合时宜的陈规陋习渐渐消失。随着社会的发展变化，某些传统文化、习俗契合现代社会发展的节奏，演变成具有地方特色的风土民情。

浦市　PuShi

美食小吃

土特产品

铁骨猪 浦市铁骨猪即浦市黑猪，是湘西黑猪一个重要类群，形成于清代，是本地人们经过长期选育而成的一种良种猪型，具有明显地域特色。该猪种适应性好，抗病力强，长肉快，耐粗食，繁殖力强，易饲养管理，仔猪喂养 6 ～ 8 个月即可出栏，重量达 80 千克左右。其骨质紧密，坚硬如铁，当地群众俗称“浦市铁骨猪”。该品种全身毛黑而密，有“狮子头”和“鲤鱼头”之分，属肉脂兼用型，体格较大，遗传性能稳定，抗逆性强，不易感染传染病。1953 年、1957 年、1963 年，湖南省畜牧试验站三次对浦市铁骨猪资源进行调查，认定浦市铁骨猪为“地方良种猪”，要求泸溪县开展提纯复壮工作。1984 年，浦市铁骨猪被列入《湖南省畜禽品种志和品种图谱》。2005 年，被列入《湖南省畜禽品种资源保护规划》。2006 年，被列入国家级畜禽遗传资源保护名录。2010 年 3 月，荣获农业部颁发的中国优势农产品地理标志登记证书。2012年，获国家商标局“浦市铁骨猪”商标注册。

浦市甜橙 浦市甜橙俗称“橘红”，因1958年被周恩来命名为“浦市甜橙”而得名。浦市甜橙具有果形圆润、色泽鲜艳，果肉细嫩、籽少汁多、果味香甜等特点，色、香、味兼备。浦市甜橙果实极耐储运，在无机械损伤的情况下，无须任何药剂处理，鲜果可以保持良好果质至次年 6 ～ 7 月份。甜橙树形高大，结果年限长，经济价值高，单株最高产量 500 千克，大面积栽植每亩平均可产 2000 千克，经济效益明显。浦市甜橙除营养丰富外，还具有顺气化痰、促进消化、强身补体的作用，特别是含维生素 P，对高血压有一定疗效。种子、果皮、叶片、幼果是珍贵的中药用材。

浦市栽植柑橘历史悠久，唐代著名诗人王昌龄被贬到龙标（今黔阳）时，曾在泸溪送别友人写了一首诗：“冬夜伤离在五溪，青鱼雪落鲙橙齑。武冈前路看斜月，片片舟

浦市甜橙（2016 年） 姚传山 摄

中云向西。”诗中写到橙。清乾隆二十年（1755）《泸溪县志》载，“浦市栽有柑橘、橙、柚”等，并对柑橘类果形及食用价值做了详细叙述。长沙县丞戴元枏咏浦市诗：“浦市数十里，远望却无际……列市黄柑香，临江朱槛丽……”描写了浦市甜橙在市面供应的繁荣景象，民间还有“甜橙进贡慈禧太后”传说。民国时期，浦市甜橙曾销往中国香港，出口苏联、美国等地。

1951 年，泸溪县创办浦市国营园艺场和柑橘苗圃，柑橘生产得到迅速发展。1975 年，柑橘面积 120 公顷，产量 500 吨。1977 年 1 月，因冰冻灾害，甜橙损失严重。技术人员和果农采取措施，保存部分母本。1980 年，再次出现甜橙生产高峰。1985 年，甜橙总产量达 600 吨，为历史最高水平。20 世纪 90 年后，逐渐被泸溪椪柑取代，浦市仅存 20 公顷。

板栗 板栗是浦市的一大特色经济作物。浦市板栗主要产地为山区村寨，属于个小的山板栗，味道香、脆、甜，古驿道的高山坪、都岐、田家溪、小麻、李家田等村寨均长有大量板栗树。秋季板栗成熟时，人们采取打、摘、摇等方法采集收获，收获时节，古镇市区街面形成“板栗一条街”，每年有各地板栗收购商到浦市收购。

蜂糖 蜂糖是古镇的特色产品，山区村寨习惯采取传统方式养蜂取蜜。坪区多为现代饲养方式，采取现代取蜜方法。优等蜂糖蜜源花种多来自枇杷、桂花、茶树花等，呈浅琥珀色，透明黏稠。霜降节气过后，是采集蜂蜜的最后一季，冬糖也是品质好、浓度高的糖。采集蜂蜜大致要经过脱蜂、削封皮、摇糖、过滤、装瓶几道工序，这些方法是现代养蜂人取蜜的常规程序，这些蜂糖没有经过熬煮，属于生糖。山区村寨的村民将蜜

荸荠（2016 年） 姚传山 摄

蜂养在蜂桶里，蜂种也都是野蜜蜂。初冬时节，开始取蜜。传统取蜜方法在晚上进行，用东西拍打蜂箱或用燃香把蜂驱赶到木桶另外一边，把老蜂胶取出来放在木盆里。取蜜不能全部取完，要留一部分让蜜蜂过冬。然后将蜂格放入锅中，适当放入清水熬煮，再用干净的粗布过滤蜂蜜即为熟糖，熟糖存放时间长，不变色。

荸荠 因荸荠上面芽尖像菩提子长出来的胡须，浦市人叫作菩须子，又因荸荠外观似一盏小油灯，芽尖形似灯芯，浦市人多称之为灯芯子。浦市荸荠栽培历史可追溯到唐代，明清时期浦阳坪种植甚广，至今仍是古镇特产。荸荠收获时节，特别是赶场日，古镇有荸荠买卖一条街。浦市荸荠个大、皮红、肉质洁白、甘甜爽脆，生熟吃皆可，生的爽脆，熟的绵甜，各有风味。浦市人常把排骨氽水洗去血水后与荸荠一起煮，放盐和胡椒调味，做成滋补养身的荸荠炖排骨。

莲藕 浦市莲藕栽植历史悠久，春天将藕种栽植在水田里，夏季荷花盛开，荷花凋

挖莲藕（2016 年） 姚传山 摄

黄豆酱（2019年） 刘云 摄

谢后，人们到荷塘采莲，将莲子剥出，用来做莲子粥，淤泥里的莲藕带到集市售卖，用以生计。莲藕是喜水作物，城乡村、黄家桥、浦溪、新堡、银井冲水资源丰富，一直有种植莲藕的习惯。

豆酱 豆酱是古镇知名特产，是传统调味品，有黄豆酱、豆瓣酱、豆面酱等类型。20世纪70年代前，古镇曾经有过几家大型酱油加工厂，酱油厂把取不出酱油的黄豆酱再出售给商贩销往市场。农忙期，农民互相帮工或请工时，没有时间上街买菜，黄豆酱炒青辣椒就是一道必不可少的下饭菜。浦市传统的黄豆酱一般在初夏时开始制作。其制作程序为：选豆、浸泡、煮锅、过滤、冷却、调面粉、发酵、晒干、去霉、开酱水、晒酱等十多道工序，然后暴晒20天左右，黄豆酱的颜色呈暗红色即成，晒制过程最为关键，不能淋雨水，否则会生蛆而使黄豆酱有酸臭味。

风味早点

过早粉 浦市人习惯把在早上吃米粉称为过早粉，俗称“过早”。至2018年，浦市尚有5家大型米粉加工作坊，供应大街小巷近50家米粉店早餐和夜宵生意。米粉由大米制成，根据加工作坊的出粉筛子，分为粗、中粗、细三种类型，都是根据本地人不同的口味要求生产的。米粉用大米经浸泡、蒸煮、压条等工序制成，具有白、光、嫩、细、柔、韧、香等特点。最具风味的是浦市猪脚粉，肥而不腻，脆而不硬，采用本地铁骨猪前蹄，配以多种名贵中药材熬制，味美汤鲜。浦市过早粉调配臊子多达30多种。一些生意好的老门面最少要准备7～8种不同的臊子，开了几十年或几代人的老招牌店，都有一道能代表该店特色的臊子。不管是猪脚粉、牛肉粉、红烧肉粉、扣肉粉、肥肠粉、肚片粉、三鲜粉、羊肉粉、羊脚粉、鸡肉粉、豆腐丝粉、酸辣肉丝粉等，都以重口味为主。浦市米粉的主要特色还在于店家熬制的一锅味美高汤。所谓高汤，就是以鸡肉、筒子骨等，配以独家香料，大火熬开。先在碗里放入一小勺高汤，再放入开水烫过的米粉，然后放入臊子，配以香葱、蒜泥、姜末、香菜及店家自制的剁辣椒等各种调料，就是一碗深受浦市人欢迎、常吃不厌的过早粉。

糯米酒 糯米甜酒通常又叫江米酒、甜酒、酒酿、醪糟，浦市俗称甜酒。传统农耕时代，浦市每家每户都会酿甜酒。过年过节、娶媳妇、嫁女儿、坐月子，都要酿制糯米酒。糯米甜酒酒精含量低，在制作菜肴时还可以作为重要的调味料。糯米酒甘甜芳醇，可增进食欲，帮助消化，适用人群广泛。浦市民间有在糯米甜酒中打个蛋花再加入适量红糖，给小产和产妇月子食用的习俗，补血补气，有“家有月婆子少不得糯米甜酒”之说。

水饺儿 逢年过节或喜庆时，浦市人们都会包饺子寄托美好祝愿。浦市饺子有大、小两种之分，统称饺儿。为了区别，根据大小分别叫之。大饺子皮厚肉馅多，状如荷叶枕头，可煮、蒸、煎。著名小吃则是小饺儿，即馄饨，俗称水饺儿。浦市传统包水饺儿有一架专门行头，即一个抽屉式的木架。水饺儿注重新鲜，现包现煮，包饺子的一整套动作协调连贯，饺儿皮薄如纸，肉馅是新鲜猪瘦肉，手工在砧板反复剁成细匀的肉泥，

包水饺儿（2016年） 姚传山 摄

放入合适的食盐和胡椒粉，煮后散发出袅袅香味，特别诱人。

麦虫儿 就是常见的面片。麦虫儿做法和吃法是浦市最常见、最简单的一种食品，把面片称作麦虫儿，是浦市独有的称谓。浦市每五日赶一次墟场，买卖妥当后，十里八乡百姓大多会选择吃一碗麦虫儿才回家，除经济实惠外，还由于麦虫儿是纯手工现擀制的，香味绵长有嚼劲。麦虫儿做法，是将面粉加水揉成一个大面团。麦虫儿好不好吃，有无韧劲，关键在于双手反复揉搓的过程。揉好后用湿毛巾盖住，待其发酵，称为发老面。煮食麦虫儿时，先从隔夜备好的老面中扯出一小团面块，在案板上均匀铺洒一层干面粉，将面块放在面粉上，用手掌将面块按压成扁圆形状，用擀面杖擀成 3 毫米左右的一团厚面饼，用刀划切成宽约 2 厘米，长 1 厘米的长面条，用开水煮沸。面片浮起来后即用漏勺捞起置于备好的鲜味鸡骨汤碗里，放上一些可口的调味佐料即可。

刷把头 刷把头就是糯米烧卖，始于清乾隆年间（1736—1795），是浦市有名的特色小吃之一，因其外形如竹刷把的头而得名。刷把头制作工序是按照一定比例用精制面粉、鸡蛋、盐、清水调匀，搓成小丸子，再擀成薄如纸般的皮子，用直径 3 ~ 4 厘米左右的圆形器具戳成圆皮备用。用皮子包上一小撮已经事先煮熟并添加芝麻油、胡椒粉、盐等调料的糯米饭，用手捏拢，收口成刷把头状，成品外形底大颈细，顶端参差。然后摆放在闹市区，用炉火现蒸现卖，猛火蒸 5 ~ 6 分钟后可食用。蒸熟的刷把头比核桃略大，淡黄油亮，用鸡汤、油浸胡椒面、酱油、葱花等兑成蘸水沾着吃，味美无比。刷把头多在早晨天还未亮时，在学校门口售卖，很受学生们喜爱。

糍粑 冲糍粑又叫打糍粑，是浦市古镇常见的节令食品。冲糍粑不仅要有技巧并且过程热闹有趣。腊月到了，人们就开始忙着打糍粑，准备应节年货。糍粑主原料是糯米，且必须自己动手打制。原因是除了馈赠和款待宾客之外，糍粑还是敬神祈福之物。糍粑用黏性高的糯米，有膨化效果才好。为使糍粑的味道纯正，其不能与金属器物接触。制作过程遵依古法，把糯米泡发沥干，放入木甑蒸熟，趁热从甑里把糯米饭舀出起锅，放入石臼冲糍粑。冲糍粑有两种方法，一种是由两个人提了甑把，将糯米饭倒进石臼里，两人直接用大木槌夯打；另一种是两人对打，将蒸熟的糯米倒入石臼，由经验丰富的两名粗壮汉子面对面举起手腕粗的硬木大锤，一槌槌对打，边打边推拉。这种打糍粑的方法讲究配合默契，追求“快、准、稳、狠”。臼里糯米打成黏糊糊的糍粑团后，用两支木槌架起，放到撒了芝麻粉的案板上。糍粑团出臼后，女人们在手上沾上蜂蜡或茶油，揪一坨糍粑团，用手掌在干净的案板上压成圆形，厚薄均匀四个一叠地码放整

冲年粑（2016 年） 姚传山 摄

齐。“破笼粑”由心灵手巧会做糍粑的妇女制作，小则一二千克，大则五六千克，象征五谷丰登。圆形、洁白拓有吉祥字画的糍粑，正中点上一个红点，是很珍贵的礼品，各种礼仪活动都可用到。糍粑做得多一时吃不完，可放于清水缸内，储藏数月不坏，到插秧时还有糍粑食用。至 2018 年，古镇仍然有人家过年冲糍粑。

扯扯糍 扯扯糍是浦市人发明的一种特色小吃，俗称“扯糍”。顾名思义，就是直接用手扯出的糍粑。原料选用质量上乘的精细糯米，一个人挑着工具桶，工具桶分层备有干净瓷盘、炒香芝麻糖等备料，另一端带炭火，可温热扯糍。扯糍没有固定模式，买多少随意。买扯糍的人先报个数，店家扯糍出相应数。扯糍的特色就是现做现卖，一盘扯糍需两分钟时间。做扯糍者，双手蘸些油，左手从工具桶里扯一坨温热的糍团，左手拇指与食指缝间一松一紧快速挤出小汤圆般大小的糍团，右手同时与左手协调配合，快速把挤出来的圆形小糍团滚入备好香豆粉（一般为黄豆粉、花生粉、芝麻、食糖等混合物）的瓷盘里，在扯糍上均匀撒上一层白糖即可。

鼓儿糍 清代中期，浦市商贸活动频繁，外地客商多，为满足人们对饮食的不同要求，清代由古镇周家商人发明的风味小吃鼓儿糍应运而生。鼓儿糍源于糯米糍，但制作方法不同于一般糯米糍粑，在糯米糍粑的制作基础上，改进了生产工具和制作方法，加芝麻和红糖为馅，捏成直径约 6 厘米左右的圆饼状，因形状似鼓，故称鼓儿糍。工艺方面最讲究的是舂糍过程，要反复把熟糯米舂成没有颗粒的黏稠状，捏成铜钱大小的鼓形小糍。鼓儿糍讲究热吃，经炭火烤过后再吃，味道更加浓郁。鼓儿糍馅香甜可口，用炒

鼓儿糍（2019 年）　刘云　摄

糍粑（2019 年）　刘云　摄

香的芝麻加红糖做馅，吃后余味绵长。鼓儿糍因贮藏问题，适于天气凉爽做，天气转热时歇业。制作器具为淘米筛、甑子、糍碓、糍槌、挑担。鼓儿糍经周家几代人的传承，已经有 200 多年历史，是浦市独具特色的风味小吃。

桐叶糍　主要食材是糯米加籼米打粉或磨浆，拌以剁成末的青蒿加适量清水做成，形状有圆的、扁的、长的、方的，内包馅料为红豆沙芝麻粉，也可包盐菜腊肉丁，内用箬叶包，再用洗净的桐树叶包外面，既增香味，吃时又方便剥离，趁热吃口感香糯，味道鲜美。制作过程是将采摘回来的青蒿叶洗净、捣碎、拧干，除去蒿叶中墨绿色的汁水和细毛。再将浸泡好的糯米磨浆、吊浆，水分即将沥干时，拌入蒿叶，糅合均匀。将炒香的芝麻拌入红砂糖做成馅，捏拢后揉成圆状，放进盆里，待盆底放满后，上面淋上一层茶油，端盆筛上几圈，直到圆圆的糍粑油光发亮。然后卷上洗净的箬叶再一个个包好桐叶，放入甑笼中清蒸 15 分钟左右即可起锅。

灯盏窝　油炸灯盏窝俗称灯盏糍，是古镇常见的一种特色美食。用大米和黄豆打浆，放在铁皮制成似桐油灯盏样的模具中，再裹上已拌好的萝卜丁、香干豆腐丁、酸菜等食用材料，用菜油炸制而成。因其形状酷似小灯盏，故称为灯盏窝或灯盏糍。灯盏糍在古镇随处可见，现炸现吃，其味香、脆、软，灯盏糍因呈圆形，象征圆满，又因色泽金黄象征富贵，所以，灯盏糍是古镇人们逢年过节敬神、赠友最受青睐的食品之一，也是墟场最普遍的一种特色小吃。

现饭糕　现饭糕是古镇常见小吃。制作时，把按照一定比例掺和好的糯米和灿米添加适量的小茴香和食盐置大锅中煮熟，煮时水要多一点，炸出来的现饭糕才会里软外香。熟后趁热盛出，案板抹油置木框，将之放入，调入适量的芝麻油、花生油、五香粉等拌匀，然后在木框上用木板压平实。冷却后划成方形，然后对角划开，成三角形饭糕，放入烧开的油锅里炸，待其浮上油面即可。

糖馓　糖馓是浦市人们过年必备之物。进入腊月，人们都要做糖馓。方法是将优质糯米淘洗、泡胀，用大锅把水与苏木烧开，置冷，按照比列调入小苏打和淀粉，用木甑蒸至一定熟度，手抹香油，将微糯米放到篾制圆圈形模具里，放在木板上做成一个个圆饼。冷却后，把填好糯米的篾圈拿到铺着干草的架子上，用火烘干，或阳光晒干。糖馓形圆而馓凸，造型美观。食用时用植物油炸酥，膨胀后较原来的体积增大 2 ~ 3 倍，味道香脆可口。

特色糕点

马蹄糕　马蹄即荸荠，浦市当地称为灯芯子，马蹄糕因用荸荠为主要原料制作而成得名。马蹄糕是清末时期由福建客商传入浦市的一种特色小吃。20 世纪 70 年代前盛行于古镇。后来精明的浦市人为节省原料，降低成本，将马蹄糕做成 3 毫米厚、碗底般大小的薄片出售，以吸引购买。

晒糖馓（2018 年）　　刘云　摄

玉带糕 玉带糕又名玉簪糕，是古镇传统糕类名特产品。浦市玉带糕沿用300余年的传统生产工艺，配方独特，以冰糖、核桃仁、青梅、桂花、莲子、金橘饼、糯米粉、芝麻油等为原料。采用多道传统工艺精制而成，既有点黏性又片片不粘。做玉带糕，要先把模子固定好，再将过筛后十之七八的糯米粉，拌入核桃仁，将余粉的一半平放在糕模内，填上搅拌均匀的果仁糕心，然后再铺一层糯米粉，然后用一块特制的通过加温的生铁盘分别将两面碾实压平、按紧。待温度冷后，将两侧模板拆开，分别装上糯米粉，打实并装好模板，成型的工序就完成了。然后是定型，即上蒸笼蒸熟，最后切成均匀的薄片即成。黄色的核桃似黄金，绿色的青梅似翡翠，莲子和橘饼如同珍珠玛瑙，四周有米粉镶成的白边，酷像一条玉带。玉带糕香甜可口，不仅有较高的营养价值，而且具有滋阴强身、润肠益气、清火健胃、生津润肺等功能。糕与“高”谐音，因而为民间所青睐。谁家的孩子考上大学、参军、参加工作，亲朋好友少不了送上玉带糕，以示“步步高升”。玉带糕制作选料精细，配比考究，各个环节都要掌握好比例，成型是一个重要环节。模具很讲究，多采用硬木，不易腐烂，高温下不会变形。

狗屎糖 狗屎糖又叫雪枣酥，是浦市糖类食品一种普通的特产，当地俗话“吃狗屎糖行狗屎运”，意思是常吃狗屎糖，走好运不觉得奇怪。狗屎糖是根据糖的形状、颜色像坨狗屎而得名。旧时，货郎们挑货走村串巷以物换物，其中就有狗屎糖。一些人家为了止住孩子口馋，哄孩子说：“那是狗屎做的糖，吃不得的。”说的人多了，狗屎糖就流传开来。古镇家家户户都会做狗屎糖，方法是先将糯米磨成浆，再加水熬成稠糊状，冷却后切成小指般大条状晒干，油炸后，将膨化的糯条沥出，投入加热的红糖水中搅和，用漏勺盛出，放入香芝麻和炒熟的面粉里滚沾即成。狗屎糖外脆内松，香酥甜爽，经济实惠，深受百姓喜爱。

狗屎糖（2017年） 刘云 摄

牛皮糖 牛皮糖在古镇流传久远，深受人们喜爱，主要用料为麦芽糖、熟芝麻、白砂糖、面粉、猪油或植物油、水、桂花等。将适量的清水少量多次倒入面粉中，搅拌至面浆完全均匀无结块。面粉多少可左右牛皮糖的软硬程度。然后把白砂糖全部放入小锅中，加入适量清水和猪油熬煮。将搅拌均匀的面浆全部倒入小锅中，小火熬煮，同时不停搅拌至稀薄的面糊状。再将麦芽糖倒入锅里，继续熬煮，并用木铲按照顺时针方向搅动。加入麦芽糖的面糊会越来越浓稠，全程熬煮需不时搅拌麦芽糖面糊，以防糊底。然后将剩余的猪油倒入，至麦芽糖面糊变得不易流动且不时冒泡时，撒入桂花拌匀后退火。将其倒入事先铺有熟芝麻的容器中，用木铲平铺均匀后，撒上一层熟芝麻，用擀面杖擀成厚薄均匀的片状。冷却后，用刀规则划开或用剪刀剪开，即成香脆甜爽的牛皮糖。由于制作好的糖既薄又似牛皮那样韧劲，故名牛皮糖。为了区分，人们常把稍厚的叫牛皮糖，薄如纸片的称芝麻片。

酥麻糖　酥麻糖是浦市传统糖品的一个种类，以优质面粉、芝麻、白糖、饴糖、食用植物油为主要原料。酥麻糖制作分为调制糖馅、熬糖坯、冷置、拉骨子、磨制、掺兑芝麻屑、包骨子、包糖馅、捋条、切块、包装等多道工序。精妙之处在于馅的制作。制作馅前，把芝麻焙干炒熟，炒熟的芝麻呈银白色，颗粒膨胀，用手指一捻即成粉末。酥麻糖骨子与众不同，做骨子的饴糖用人力拉扯数次，使它既有韧劲又有弹性，饴糖越拉越白，远看如白霜蒙裹，做成的骨子薄如纸张。独特的工艺流程使酥糖香、细、甜、酥，营养丰富，老少皆宜，是人们馈赠的特色礼品。

特色食材

黄豆腐　浦市常见豆腐有多种，每家制作出来的豆腐口感不一样。老豆腐煲汤或油煎口感清香细嫩，黄豆腐煎食后别具风味。黄豆腐的制作方法是将浸泡的黄豆磨成豆浆，放在大锅里熬煮，直到熬开，停火过包，使豆渣和豆浆分离。在作坊吊一个十字架，将一块方形豆腐包布吊在十字架四个角上，形成大网兜。将熬开的豆浆一瓢一瓢地倒进豆腐包布中，抓住豆腐包布两端不停摇晃，使豆浆从豆腐包中漏下来，流到大缸里。最后用夹板夹住豆腐包布中剩下的豆腐渣，将残留的豆浆挤净。做黄豆腐时，将豆浆放在大缸里稍晾凉，将盛在碗里的卤水慢慢倒入豆浆中用勺子搅拌，注意豆浆颜色变化，直到调出满意的卤水颜色为止。待豆腐花与清水分离后，就可以做黄豆腐。盛黄豆腐的木框宽度与干豆腐包宽度一样，长约 1 米，高约 0.5 米或 1 米。先把卷好干豆腐的包布放在木框里一层，用豆腐瓢将豆腐花搅拌均匀，用瓢将豆腐花舀起轻轻地均匀地泼在豆腐包上。然后，豆腐包布再续上一层，盖在刚泼的豆腐花上面，泼第二层豆腐花。泼好第二层豆腐花再用豆腐包盖住，直到将干豆腐木框铺满。上面盖木板，压大石，用一根木梁横压在木板上，一端固定，一端用绳子绕在下面横梁上，用一个小木棒在绳子

做豆腐（2016 年）　　姚传山　摄

中间不断地绕，木梁向下压挤水分，豆腐花在包里承受重压，逐渐变成干豆腐。几个小时后即可打开。

黄雀肉　不是用黄雀的肉做的，而是油炸出形似黄色小鸟的食品而得名。黄雀肉平时少见，却是逢年过节家家户户要准备的一道食品。原料和工具是五花肉、面粉、鸡蛋、姜、葱、食盐、米酒、鸡精、芝麻油、水、盆、漏勺。做法是将五花肉切成条放入盆中，倒入面粉，鸡蛋打碎置于面粉上，掺和姜、盐、米酒、鸡精、香油等佐料，在盆里搅和均匀、加水，浓度以黏稠为宜，充分搅拌，使每块五花肉都裹上一层面粉浆。锅内放油，大火烧开，将肉块放入烧热的油锅，炸至金黄捞出沥油，即可食用。

黄金衣　俗名蛋衣，又名豆衣、抽精、豆精，以颜色似金得名。浦市黄金衣做工讲究，在湘西地区独具特色。黄金衣制作繁杂，大体分为选豆、泡豆、打浆、配料、熬浆、挫锅、挑衣、晾干、收藏等工序，至 2018 年，浦市古镇尚存两家黄金衣作坊。

黄金卷　浦市黄金卷又称蛋卷肉，是用黄金衣包卷调制好的精细肉末，放油锅里炸，再切片码放碗里用蒸笼蒸熟，是浦市一道上档次的特色菜肴。每逢喜事或逢年过节，都少不了扣肉与黄金卷两道主菜。宴席中，这两道菜不能随意添加，原因是这两道菜制作工序复杂，按宴席数量配套定做，没有备份。

血灌肠　血灌肠又叫作灌肠粑粑，是浦市富有特色的食材之一。血灌肠做法工序复杂，不仅要技术熟练，而且要经验丰富，否则在起锅后就会把肠子煮破，翻花翻朵的不好食用。做血灌肠最繁杂的工作就是把猪大肠洗净。然后根据猪大肠的数量，选与之相

黄金卷（2016 年）

刘云 摄

血灌肠（2019 年）

刘云 摄

配的上好糯米，洗净、泡胀，将准备好的新鲜猪血冷却，加入沥干水的糯米搅拌均匀后，用小勺子灌满一端用线锁紧的一节节大肠里，扎紧。把灌好的血灌肠一根根放入烧开水的锅里，煮开后，把煮胀的血灌肠每根用牙签扎孔放气，再回锅焖几分钟即可。血灌肠有多种吃法，一是血灌肠切片炒着吃；二是把血灌肠油炸加上辣椒，拌上姜蒜，味道独特；三是血灌肠当做饭吃；四是血灌肠和鸭肉合在一起做火锅，也是传统的做法。

稻香鸭 稻香鸭是古镇一道地方特色佳肴，源于“稻鸭共作”养殖法。鸭子出壳 7 ~ 14 天，放入稻田觅食，水稻抽穗灌浆后赶鸭出田。稻香鸭以麻鸭为主，活动量大，喜吃虫子、鱼虾、田螺等。放养时段内，鸭子游走田间，踩杂草，吃害虫，粪便取代化肥让稻禾长得更好。稻禾不使用农药化肥，鸭子不需喂人工饲料，2 ~ 3 个月的鸭子自然成长成 2.5 千克左右即可。这样的鸭子料理后，用稻草火通体烧一遍，食之更香。

腊制品

腊肉 将猪肉在农历腊月制作，故称为腊肉。浦市沅水流域人家普遍加工制作腊肉。旧时进入农历腊月，家家户户“忙年”，其中一项就是熏腊肉。虽然腊肉在年夜饭中算不了什么大菜，但浦市人的春节餐桌上，香肠腊肉仍扮演着不可或缺的角色，也是过去待客的最高礼遇。腊肉的腌制过程并不复杂，但很有技术含量。年关杀年猪，将猪肉切块，每块约 1.5 ~ 2.5 千克，腌制前，将盐炒热，加香粉、花椒等香料一起在鲜猪肉上用力揉搓，使之融入肉中。用盐主要是为了防止肉腐烂变质，同时也可使腊肉有咸味，用香料则可去腥提香。一层层码放在陶缸里腌渍，再压上从河滩捡来的有一

浦市腊肉（2017 年）

姚传山 摄

浦市香肠（2016 年）

姚传山 摄

定重量的光滑大石头压住，使盐及香料充分浸进肉内。腌上 7 ~ 10 天后，用粽叶将肉块穿起来，挂在通风处将水滴干，使肉收缩，然后挂在火炕上熏制。熏腊肉很有讲究。农村人烤火时间较长，熏腊肉时间也长。浦市腊肉油中透红，红中透亮，不见烟灰，颜色好看。腊肉有多种食法：水煮腊肉、腊肉炒鳝鱼、腊肉炒干豆腐、腊肉炒蒜苗等。煮熟切成片，色泽鲜艳透亮，黄里透红，吃起来满嘴醇香，肥不腻口，瘦不塞牙。

香肠 浦市腊肠分风干和熏干两种，因口感各具香味，故而统称为香肠。制作香肠最有技术含量的活儿就是洗肠子，一般用稍厚的竹片，用巧劲把猪小肠刮到薄如蝉翼般透明方算干净。用偏瘦型猪前腿肉（肥瘦合适比例 3∶7），切成肉片，按比例加入胡椒、食盐、白酒、十三香等适量香料，搅拌均匀腌制。取洗净去肠衣的猪小肠和灌肠器各一个，把腌制好的肉片放入灌肠器里，灌入猪小肠内，直到把肠子灌饱满，每一段用棉线系上，分成一段一段的香肠。用牙签在灌好的香肠上扎孔，使香肠晾晒时透气，容易晾干。香肠食法有蒸、炒等多种。

果蔬加工

萝卜类 酸萝卜。萝卜主要取材沅江两岸乡村及当江洲上。俗话说“冬吃萝卜夏吃姜，一年四季保健康。”浦市民间形容萝卜好处是“萝卜菜进了城，药铺关了门。”萝卜菜是指萝卜嫩苗，可连根带叶吃。浦市人把吃萝卜当作长寿食品，它不但是一种常见蔬菜，也是一味具有多种治疗功能的廉价药材。浦市酸萝卜通常不是餐桌主菜，而是作冷盘小吃。用沅江流域特有的红皮萝卜泡出来的酸萝卜呈粉色，不管男女老幼、文人农夫，喜欢醮着鲜红的辣椒汁吃酸萝卜片、酸萝卜梗。这种酸萝卜脆嫩可口，酸、甜、香、咸、辣五味俱全，别有一番风味，既可佐餐，又可调味。节日席间，吃几片酸萝卜既开胃解油腻，又能醒酒。乘车坐船食用酸萝卜片，可免吃晕车晕船药。孕妇、病者嚼酸萝卜，会爽神清心，增加食欲。

酸辣类 浦市人嗜食酸辣，辣椒烹调有炒食或制成酸辣、酱辣、腌辣、油炸辣等多种。人们亦喜食腌制酸菜、盐菜。“坛子菜”为居家必备，人口较多的家庭，主妇十分勤劳，家中坛子菜可达数十坛品种之多。最常见的有豆角酸、油麻酸、胡葱酸、茄子酸、黄瓜酸、西瓜皮酸、柚子皮酸、马齿苋酸、莒头酸、萝卜酸、青菜酸、榨菜酸等。把猪肉、剖肚去杂的鲤鱼加以米粉用坛封之，做成酸酢肉、酸酢鱼，其味更佳。每年开春过后，许多人喜欢采摘苦油菜，洗净泡入开水即可炒食，是最简单的一道酸菜。制作酸菜一般采选稍黄的白菜叶片，在阴凉处摊放 1 ~ 2 天，使叶片呈金黄色，然后切碎、装坛，用滚开的米汤和酸汤曲浸泡并靠近有热火气的地方摆放，一夜可成。颜色金黄透亮，味道清鲜，可凉拌亦可做汤。

晒辣椒（2016 年） 刘云 摄

干菜类 干菜大多由新鲜蔬菜经日光暴晒而成，花样繁多，风味独特，是浦市靓汤中重要的食材之一。多用大白菜叶片晒干制成，菜干外表菜叶部分呈墨绿色，菜根微发黄，菜叶整齐。市面上卖的有豇豆、茄子、南瓜、豆角、苦瓜、萝卜、百合、蕨菜、笋、盐菜等菜干。其中，盐菜最受人喜欢，采用鲜嫩大头菜为主要原料，经多道工序精制而成，常炒入新鲜五花肉，味道鲜美可口，消腻开胃，是办大宴席的正牌主菜扣肉必用辅料，蒸煮扣肉时用此垫底，扣肉颜色酱红油亮，汤汁黏稠鲜美，扣肉滑溜醇香，肥而不腻，食之软烂醇香，从而成为浦市当地人们招待贵客的一道名菜。制作干菜一般加盐、花椒、五香等佐料，叶子上面放一块压菜石。经发酵后，便成了清淡可口的酸菜。一些地方还把咸菜经切丝、蒸、晒、焙等工艺，制成多种多样的风味小菜，也有人在春季采摘香椿叶腌渍成干菜四季食用。

野味青蔬

竹笋 浦市人通常在农历三四月采摘山竹笋，俗称“抽笋”。竹笋一般在清明前后生长出土，剥除笋壳后做菜食用，也可煮后撕成小片晾成干笋，乃纯天然绿色食品，味道清新可口。

地木耳 地木耳（地皮菜）属于菌类食品，主要生长在风化的小山坡岩石和一些草皮上。春秋是地木耳生长季节，色彩黑油透亮，手感摸湿滑，透出淡淡香味。地木耳有多种食法，一般食法是酸辣子炒地木耳，味道清纯。

椿木芽 春季将椿树嫩芽采摘下来，浦市地区称为椿芽菜，在开水里焯过后做菜食用，主要食用方法有切细与鸡蛋调和煎食、用醋与生抽凉拌食用等，焯后可冷冻或晒干。

枞菌 枞菌也叫松菌，是马尾松树底下长出的菌类。橙红色的叫红枞菌，紫褐色的叫乌枞菌，均属山珍。枞菌煮豆腐味道格外鲜美；枞菌拌野胡葱爆炒，满屋飘香；鲜香的枞菌汤更是食中一绝。枞菌还可加工成一种上等佐料菌油，煮面条、米粉或炒汤菜时加上一点菌油，醇香味美。加工菌油要选择肉质厚实、新鲜嫩小的枞菌拌和菜油，配上桂皮、花椒等配料，文火煎熬装入容器密封，可在较长时间内食用。枞菌是浦市人待客的一道特色山珍野味。

水芹菜 水芹菜为伞形科植物，通常生长在水源丰富的地方，柄呈绿色，纤维较粗，香味淡，菜质脆嫩，水芹菜可食用的部位是幼苗和嫩茎叶，可素炒、炒肉丝等，也可将嫩茎叶以盐腌渍成小菜生吃。菜豆腐做法是将油烧熟后加水，放入豆腐渣，煮开后加入水芹菜调和，放盐及佐料，煮熟后即可食用。

鸭脚板 属于伞形科鸭儿芹，为多年生草本植物，别名三叶、鸭脚板草、野芹菜、鸭脚掌等。鸭脚板野菜除炒吃外，还可入药，具有清凉败火，消炎止痛作用。

蕨菜 多生长在山区土质湿润肥沃、土层较深的向阳坡上，一般株高达一米，有黑褐色绒毛。早春柄叶鲜嫩，上披白色绒毛，此时为采集期。食用部分是未展开的幼嫩叶芽，经处理的蕨菜口感清香滑润，清凉爽口，是上乘野菜，可以炒吃，也可加工成干菜，在餐桌上很受欢迎。

蒿菜 又称蓬蒿、菊花菜、蒿子、桐花菜，属菊科草本植物，高 40 厘米左右，叶互生，长形羽状分裂，花黄色或白色，形如野菊花。茎叶嫩时可食，亦可入药，性味甘、辛、平，无毒，有安心气、养脾胃、消痰饮、利肠胃之功效，是制作糯米糍粑、社饭的原料。

折耳根 也称鱼腥草，为多年生草本植物，高 30 ~ 50 厘米，有腥味，茎上部直立，常呈紫红色，下部匍匐，节上轮生小根，是一种药食同源有特殊气味的食材，是浦市人常吃的一道菜。吃法有将鱼腥草洗干净之后切段凉拌、煮汤、煎炒，或做成咸菜等。

马齿苋 马齿苋为一年生草本植物，全株无毛，茎平卧，伏地铺散，枝淡绿色或带暗红色，因其叶面呈马齿状而得名，也是浦市人喜欢吃的一道野菜。马齿苋全身可入药，可做干菜和酸菜，常见吃法有凉拌、炒鸡蛋等。

苦油菜 苦油菜属于芥菜类，栽培历史悠久。主要特点是植株高大、株型松散、分枝纤细、分枝部位高、主根发达。苦油菜有野生和种植两种，是冬春时节人们饮食中常用的蔬菜。春季采摘苦菜，很少用其菜薹腌制，往往直接晒干，用时再洗一下。苦菜大多选择其紫花以煮水的方式配以红糖食用。

生活习俗

服饰 浦市人们服饰原料主要有麻布、丝绸、棉布、毛呢、皮革等，色彩以青、

浦市苗族服饰（2017 年） 杨家旺 摄

红、皂、白、黄 5 种颜色为正色。古代服装有裙装、袍服、襦裤服等。清末民国初期，男人着对襟衫和长裤，富户或有文化者穿大襟长衫，讲究一点的外加一件马褂，谓之“长袍马褂”。裤子都镶有八寸（约 26 厘米）阔腰，头戴呢帽、皮帽、毛线帽。女性穿喇叭状齐膝中长衫和长裤。民国后期，一般男子上穿对襟衫，下着长裤，以青蓝色为主。一般女性上穿大襟斧口衫，下着长裤，也以青蓝色为主。街区男子穿简化了的长衫和马褂，公职人员和知识分子穿中山装，农村男女则大多穿对襟和大襟式衣服。新中国成立初期，镇上男女多穿蓝干部服，男女服装区别只在于领口不同和衣袋多少。农村不少男女仍穿青蓝色对襟和大襟式衣服，着长裤。改革开放后，流行西服、夹克、风衣、运动衫、呢大衣、羽绒服等。21 世纪后，随着人民生活条件越来越好，服饰品牌与花样越来越多，人们可根据自己的喜好随意选择。

饮食

浦市人们的主食以大米为主，菜肴讲究荤素搭配。乡间人们除了把糯米加工成糍粑、糖馓外，玉米、高粱等杂粮和野菜、青菜往往销往镇上。而镇上人善于经商，用糯米做出多种糕点，用杂粮酿酒，将小麦、五谷杂粮和野菜、青菜加工成各种食材食品。

甑子饭 甑是明清时期古镇居民用于蒸煮食物的器具。甑为木制，呈桶状，圆形，直径 50 厘米左右，上宽下窄，底部为条形漏板，用竹篾编成的隔筛隔开。蒸米饭时，在甑顶部铺一块细白布，用于调节蒸汽，使甑里米饭均匀受热。农村过去多是用自己砌的柴火大锅灶，蒸出的米饭晶莹剔透，颗粒分明，吃来喷香爽口。

神仙饭 神仙饭是浦市民间一种独特方式煮出的米饭，多见于民间办红白喜事人家。煮神仙饭时，先在铁锅里倒入适量的水，用猛火把水烧开，然后把淘洗好的大米均匀洒入锅中。根据锅里沉淀的大米，舀出过多的水，水高出一截手指头即可。然后盖上锅盖，用干净麻布或湿毛巾密封好木锅盖周边。然后退去灶膛大火，以小火慢燃。待闻到米饭的香味时，退完灶膛余火。如果觉得时间久了，也可以在中途加点文火，一锅神仙饭大约 30 分钟即可出锅。

柴火饭　柴火饭与神仙饭的区别是做饭过程中有米汤，沥出米汤的饭有七成熟，在大铁锅内坐起，用筷子插出一些气孔，用小火慢慢将米饭焖熟，即为柴火饭。锅底会形成大量锅巴，加上之前的米汤煮开了就是锅巴粥。柴火饭是农村人最平常的饭食。每家每户都配有专门灶房，灶房里安放两口大铁锅。外面一口弄饭菜，另一口多用于煮猪食。

社蒿饭　社蒿饭又称社饭，农历二月初二日是社日，古镇人们习惯做社蒿饭。清明节亲人放假回家团聚，相邀一起上坟祭祖，会准备一餐丰盛的社饭家宴，以祈年景顺利，五谷丰登，家运祥和。社蒿饭主要原料是糯米、粳米、腊肉、水蒿、胡葱、茶油或菜油及部分常用调料。人们上山找到野葱、水蒿洗净剁碎，放于锅中焙干。煮饭时将切细的小肥腊肉炒香，铲出待用。以三分糯米和一分粳米混煮，也有用纯糯米煮的。粳米半熟后下糯米，然后将米汤滤净，放进蒿菜、胡葱和腊肉搅拌均匀，阴火焖熟。饭一开锅，香味四溢，食之既有水蒿野葱馨香，又有腊肉浓郁薰香，油而不腻，米饭甜香。

吃庖汤　吃庖汤是古镇农村历史悠久的一种民间习俗。每年冬至过后家家户户杀年猪，然后将热气尚存的新鲜猪肉、猪血以及猪内脏精心烹饪，请四邻屋舍的亲朋好友喝酒吃肉。庖，古指厨师，庖汤，即厨师调制的菜肴。吃庖汤习俗，传说古时人们只有少量耕地，无法维持生活，靠捕猎野兽充饥，于是产生一种约定，每捕获一只野兽，把好吃的部分煮熟共同分享，至今还流传着“上山撵肉（野兽），见者有份”的俗语。古时无论什么食物只会煮汤食用，人们把这种吃法叫作“吃庖汤”，后来发展演绎至每年冬腊月，家里宰杀年猪，便要请亲朋好友相聚吃庖汤。吃庖汤以宰杀的鲜猪肉（槽口肉）为主，加上新鲜的猪内脏、猪血混炒，人多还配上豆腐，或炒或焖或炖，再配上小菜，任客人大吃大喝。

民居

木房　古镇城区内除大户人家的窨子屋外，其余居民多为木质结构房屋。木房结构和形状有 3 种：一是三柱六挂穿斗式房屋，房屋进深一般 4 米左右；二是五柱六挂穿斗式房屋，房屋进深 5 米左右，山区村民住房多为这种结构；三是五柱八挂穿斗式房屋，进深 6 米。木房一般为 4 排 3 间，分“凹”字形和“一”字形房屋两种，正面开 3 个门，

木屋（2018 年） 张宗南 摄

中间为堂屋，两侧是住房。两侧住房用木板装修隔成内外两间，内为住房，外为家庭成员活动场所。堂屋是一家人迎宾宴客之所。乡人好客爱热闹，家中常有邻里客人围坑而聚，烤火、喝茶、闲话，兴致所至时，架起鼎锅烹煮腊味豆腐酸菜一锅炊，把酒共饮。常年烟熏使房屋梁柱、板壁免遭虫蛀之患，经年耐久，可达数百年。随着经济社会发展，街区木房逐渐减少，农村房屋已被现代钢筋混凝土建筑取代。至 2018 年，高山坪、田家溪、李家田等山区村寨尚有木房，以田家溪村最有特色，已经被批准为湖南省传统村落。

土木房 古镇传统土木房有两种。一种是土墙和木架结构的房屋，屋场平整后，用石块依房屋形状打好基础，然后就地取土装在长方形木制土墙模胚里，用木槌夯紧压实，根据房屋高度层层往上堆，转角处用石块或木方连接。堆砌至 2 ~ 3 米高后，在墙上架人字木架，架好桁条钉好椽皮，然后盖瓦或茅草即成。另一种是在木房外围封砌土砖。多以“捋泥砖”（黄泥里渗寸余长稻草，筑成每块重约 10 ~ 15 千克的长方形泥砖）封墙围屋。这种土木结构的房屋冬暖夏凉，不足之处是易被雨水侵蚀基础。土木房现存不多，留存的房屋居住者极少。

砖房 旧时，古镇城乡富户修建厅、堂和风火墙四合院。内为木质结构房屋，外围用风火墙。风火墙以碎石铺底，基槽深固。出地表数米的墙脚用方形细钻青石料安砌，

在平整的墙脚石基上建高墙。墙体材料为本地优质黏泥经民间土窑烧制而成的泥砖。砖呈瓦灰色，长方形，尺寸一致，厚薄均匀，两面光洁，柔韧度相同。方砖立砌，构成盒状，外实内空，互为依托，工整美观，形如连环。用糯米石灰搅拌成浆勾缝粘连，融为一体，牢固坚实。墙最低 10 米，最高达 30 米。高墙顶部砌弧线马鞍形多层小青瓦徽檐。墙头翘角凌空欲飞，墙檐下和端口处彩绘山水田园、飞禽走兽、花鸟鱼虫等装饰图案。高墙酷似马鞍，如天然屏障，能挡风防火。四合院由正房、厢房、倒座房合围，通过院门围墙等连接而成封闭式建筑，一般由大门、影壁、二门、正房、厢房、庭院、走廊等组成，三进、四进的大型四合院通常由门、墙、回廊分隔成若干个相对封闭的空间，大一些的四合院一般都有后花园。四合院内的木屋门窗多有雕花。其门楣、楹柱、照壁、窗格、家具均饰有龙游凤翔、云纹动物图案。

窨子屋 浦市窨子屋属于明清徽派古建筑，大部分是前为店铺，后为住所，“三井三厅”结构，布局紧凑，宽敞得体，功能齐全。这些古建筑整体风格气势宏大。每栋民居均有 10 ~ 20 间房，占地面积大，进深长，中间是天井，两边为厢房，配有排水、采光、防火等设施，功能齐全。青石岩凿成门楼，红石岩雕就匾额，室内天井通气透光。井面由青石板铺砌而成，井底下水道几百年来从不淤塞。位于下湾丹桂巷巷口处的李氏大宗祠气派雄伟，吉家三重院排列在吉家头蔚为壮观。至 2018 年，保存完好的有 60 多栋。

吊脚楼 过去，吊脚楼是在山区乡村较流行的一种传统建筑形式。吊脚楼的形成既有气候环境的因素，也有一定的历史成因。气候环境因素是山区雨水多，云雾多，空气潮湿，加之山中野兽、毒蛇出没，为适应山区环境，古时即有干阑式建筑，后逐渐演变

窨子屋（2016 年） 刘云 摄

吊脚楼（2017 年） 张宗南 摄

成吊脚楼。历史原因主要是明清时期开征“火坑税”，多一个火坑就要多一份税额。贫穷山民难以负担，因此兄弟之间很少分家，同居一屋，室不容住，只好就地挨着正屋搭建偏屋。山区平地少，建房修屋常选在山坡和溪坎上，加盖“偏厦”屋场不够，只能悬空挑梁穿枋延伸，吊脚建屋而居。久而久之传承至今，便成了现在的特色民居。

吊脚楼柱大枋粗，与正屋成一字形，也有立在正屋左右侧的，有的做正屋用，多数用作客房或休闲场所。其构架是五柱四挂或三柱四挂穿斗式结构形式，也有五柱六挂的。柱子吊脚撑地，横梁对穿，上铺木板呈悬空阁楼，绕楼三面有悬空的走廊，廊沿装有木栏扶手。整个吊脚楼悬空离地较高，通风向阳，空气清新，干爽宜居。房屋布局通常 1 户 1 栋，或避风向阳或临溪谷或傍山腰，随山就势，依地而建。吊脚楼上层多作为闺房、卧室、书斋、女红场所等。底层多为谷仓和牲畜圈栏。

出行

陆路出行 1960 年前，古镇人到县内达岚、合水、兴隆场墟场以及麻阳、凤凰、吉首县城等地均走旱路。道路有浦市至麻阳大道和浦市至凤凰、乾城驿道。旱路至县城武溪道路有两条：古镇一带人们多沿沅水而下，经五果溜、麻溪口、红土溪、白沙至武溪；李家田一带人们走李家田至武溪大道，经顺江田、黑塘至武溪镇。长坪山区一带去辰溪、麻阳县城有多条旱路。旧时，人们一般出行多戴斗笠，肩挎包袱。有身份者或商人则带雨伞，因伞用蓝布包裹，俗称“蓝布包袱”，有身份女子多用花布小伞。农村男人出行到各个墟场出售土特产或购物时，肩挑箩筐以置放物品，女人多背背篓或手挎竹篮。1965 年后，武溪至合水公路开通客班车，人们去县城、吉首、长沙等地改乘汽车，有自行车者骑车去县城。1990 年后，公路网络建设发展很快，摩托车使用逐渐兴起，摩托车基本代替自行车。2000 年，白沙至浦市公路开通后，湘运泸溪县公司开通白沙至浦市客班车，每 30 分钟一趟。2005 年，私人小轿车、面包车相继出现，短途交通出现面包车营运。为全面推进浦市旅游产业发展，改善出行环境，提升古镇品位，2014 年年底，浦市正式开通公交车和出租车。

水路出行 1985 年前，沅水是古镇人们出行和外地客商进入浦市的黄金通道。官办、民办客运货运航运业兴起，上至辰溪、溆浦，下至武溪、沅陵，达常德。明清时期，客运货运码头多达 24 座，航运船只多为人工摇橹和拉纤。每逢浦市赶场，邻近沅水村寨人们纷纷驾自家小船蜂拥而至。同时，沿河铁柱潭、麻溪口、土桥溪、浦市、浦溪、马子桥均建有渡口，便于人们往返沅水、浦溪两岸。1959 年，开通武溪至浦市客运航线，每日有两艘机动船对开，载客座位 110 个。1985 年后，随着公路、铁路运输的发展而逐渐萎缩。1992 年后，随着古镇商贸业发展，民间货运、客运机动船只投入营运，沅水岸边群众短途出行均搭乘客运船只。

岁时节俗

古镇人们自古以来重视过传统节日，特别是春节、吃社节、端午节、六月年、中元节、腊八节，形成了地方风俗。

春节

过年顺口溜 古镇人们习惯从腊月二十三日进入过年阶段。乡下流传着过年一些事务安排的顺口溜：“二十三，打尘烟；二十四，洗甑子；二十五，做豆腐；二十六，办年肉；二十七，泡糯米；二十八，打粑粑；二十九，样样有；三十夜，守年夜；年初一，招财米；年初二，行亲家；年初三，上坟山；年初四，逛街市；年初五，观灯舞；年初六，出门酒。”顺口溜反映了人们过年的过程。

敬祖先、送年饭 敬祖先是祭祀已故祖宗和亲人。大年三十晚餐之前，把做好的大酒大肉拿到堂屋的方桌上敬祖先，给供于神龛上的祖宗牌位烧香。还要到大路口和土地堂去敬烧香纸，寓意让在外去世没有上神龛的亲人回家过年，让土地神保佑。送年饭是在腊月二十六至大年三十上午，带着酒肉和香纸到去世未满三年的亲人墓地上祭祀，还要到已故历代祖先坟墓前拜祭。

坐三十夜 三十夜不睡觉，烧一大堆大火，全家洗脚洗手或洗澡后，围着火堂聊天扯家常或吃东西，直至凌晨第一遍鸡叫开始放鞭炮，之后还要吃东西。

放鞭炮抢年 抢年是在大年三十夜和新年初一子时（23:00—1:00）间，采取放鞭炮方式抢年。旧时，乡间没有钟表，按照时辰转换推算到子时头，以寨中第一声雄鸡啼鸣放鞭炮为抢年时辰。抢年方式很有讲究，放早等于送旧年，放迟等于别人把年抢去了，要准时到第一声鸡叫时放，谁家鞭炮先响便抢得头年。现今放鞭炮抢年的习俗按中央广播电视总台春节联欢晚会晚会结束为燃放鞭炮时间。

进柴（财） 大年初一这天，每家户主都要上山或多或少捡些柴木回来，因柴与财同音，进柴就是进财，讨个好兆头。

行亲拜年 “初一子，初二郎”。大年初二日后，儿子和媳妇要去娘家行亲拜年。特别是刚结婚几年的年轻媳妇最喜欢行亲，行亲要带上酒肉及多种礼品给娘家拜年。刚在年前议定婚事的男方，在正月十五之前行亲拜年，礼俗很重。

赶山围猎 赶野肉是过去古镇山区人们在年后正月初一到十五期间进行的娱乐性活动。村里人闲时无事，喜爱打猎的人结伴上山打猎。打猎分工明确，有放狗理脚、拦头断戕等分工。专门放猎狗的人俗称“理脚”，就是带着猎狗在山间密林丛中寻找猎物的脚印，发现猎物新鲜脚印后，让猎狗搜索。拦头断戕是持枪猎手分布在猎物的必经之路“断戕口”。一般懂得敬梅山神的猎人经验丰富，懂得每种猎物的必经之道，只要猎狗找到猎物吠叫之后，猎物必然会上“戕口”，被猎手用火铳射杀。打猎习俗“上山赶肉，见者有份”，凡是上山看打猎或碰到捕获猎物的人，均可分得一份猎物肉。退耕还林后，山区野猪、野鸡等渐多，在外打工的青年回家过年时，常用铁夹放套方式猎取野兽。

闹元宵 浦市闹元宵离不开舞龙灯、猜灯谜。龙灯有双盘龙、单滚龙、鹅颈龙和草龙 4 种类型，以鹅颈龙地位最为尊贵。舞龙时，前面有各种各样的“灯”开路，灯的四面贴五颜六色的长方形纸条灯谜，这些灯谜多为字谜，以彰显主办村的文化素质。

吃社节 “社”是土地之神，祭礼社神的日子叫“社日”。汉以前只有春社，汉以后开始有秋社。自宋代起，以立春、立秋后的第五个戊日为社日。社日是传统节日中起源最早的节日之一，春天举行时叫“春社”，秋天举行时叫“秋社”。春社祈谷，祈求社神赐福、五谷丰登。秋社报神，在丰收之后，向社神报告丰收喜讯，答谢社神。春社多在春分后的戊日（一般为农历二月初二日）进行。浦市地区人们在春社这一天，聚集在社庙，摆上食品供奉社神，有社酒、社肉、社饭等，祭祀完毕后食物给大家分享。

黔王出巡 也叫抬黑龙菩萨或抬黑龙，在浦市是一件重大事件。传说每年农历三月初六日是黔王进驻浦溪的日子，也有说是沐英出生日。抬黑龙仪式非常热闹，出庙时，前面一对对大锣替“黔王”鸣锣开道，后面一对对版匾上写“回避”和“肃静”，接着是全套銮驾的仪仗。紧跟着是十面黄布大旗和几十面大锣、大鼓、铙钹，几十把“万民

抬黑龙菩萨（2015年） 刘云 摄

大伞”，几十座各式传说“人物”，每座由4人抬着。他们后面是十几匹系铜铃的马队，骑在马上的是一个全身披红挂彩、端庄天真的男童。还有一群仪表超群的儿童，手提着散发香气、青烟袅袅的“掩香炉”紧跟其后。人们抬着“护国黔王”神像前行，烟雾笼罩着城区。全镇各家不约而同在自家门前摆香案，燃蜡烛，焚香烧纸低头作揖。浩浩荡荡的队伍一直到清吉坪，再由乡绅将黔王抬起绕坪一圈，称作“旋草坪”，其意为借神威永保地方平安。抬黑龙在浦市有着悠久的历史和广泛的群众基础，人们在纪念、缅怀英雄的同时也期盼风调雨顺、五谷丰登、地方平安。

端午节横江竞渡 每到端午节时，地处沅水中游之畔的古镇浦市就要举行盛大的龙舟赛。浦市的龙舟有自己的特色，就是龙舟赛事中横江竞渡与浦溪村龙舟放黄烟。浦市龙舟赛俗称扒龙船，是浦市古老的习俗，传说始于纪念盘瓠祖先。浦市江面宽阔，两岸空地为龙船竞赛和容纳成千上万的观众提供了得天独厚的条件。浦市龙船长约18米，宽约1.2～1.6米，有19对桡，加上敲锣、打鼓、舞旗、掌艄、划头等共计43人。现今，为了能赢住对手，也有将桡增加到21～23对的。浦市龙船的旗帜分红、白二色，顺大河边的村寨划红旗，入浦溪内的村寨划白旗。以红、白二色旗为竞赛双方，同一色旗的龙船不能比赛。龙舟赛不以亲戚、宗族论输赢，而以地域（属红旗或白旗）论输赢。不过，如有亲友在船上，则“郎在船上喊加劲，妹在岸上望郎赢”。端午节这天，有辰（溪）、沅（陵）、泸（溪）三县的龙船赶到浦市集中。准备参赛的龙船，不论红白旗，要到浦市下湾娥眉湾作参神仪式，持旗人双手将旗展开，高声念道："高山大庙，低山小庵，庙庵神佛，恭请上船，保佑我船，旗开得胜。"旗手连念三遍，锣鼓连响三遍，每念完一次，鼓手就擂一次密集的鼓，船员回应一长声"呕"，行过参神仪式的龙船方能参赛。到农历五月十二这一天下午，龙船纷纷划到参神之处进行送神，口诀为："高山大庙，低山小庵，庙庵神佛，有堂归堂，有殿归殿，无堂无殿，各归各位，保佑花船，来的清吉，去的平安。"送神后就必须待来年参赛了。参神龙舟中，唯浦溪村的龙舟参神口诀不同。龙船下水这天，嫁出的姑娘遇到娘家龙船来浦市参赛，必得去河边迎接，赠一匹一米长的红布、两盘包子或粽子等吃食以及香烟，放鞭炮或铁炮，表示贺喜并预祝胜利。如果龙船划赢了，再奖一面写着诸如"水上标兵""越战越勇"之类的锦旗。

浦市龙船一般都是互相邀约对手，自西岸向东岸横江竞渡，这是浦市地区龙舟赛独具魅力的地方。五月雨水多，水涨流急，在竞赛中不但要比技术，还要比耐力，尤其要有一位掌艄的能手，否则，船到急流处，一不小心就会被急水冲到浦市下湾几百米远，甚至沉船。浦市上首有一块大河滩，延伸到半河，挤出一道特别湍急的流水。当船到急流时，两岸人声鼎沸，各自为其红旗或白旗呐喊助威。那些没有亲戚在龙船上的人，根据喜好，也竭力撕扯着喉咙喊"加油"。龙船上更是紧锣密鼓，旗帜翻飞，桡手随着鼓旗急骤的节奏一齐拼命划，口中高喊"扒超扒超"，一气喊到岸边。当龙船冲过靠东边的江心急流时，即当地人们所称的"过牛皮水"，亲戚朋友或各自旗域的人们，便将数十挂鞭炮齐燃，两岸为龙船鼓劲的铁炮发出"轰隆隆"的雷鸣巨响，男女老少欢声雷动，为其加油鼓劲，情态近乎疯狂。龙舟竞赛赢者，耀武扬威神态十足地一路吆喝划过江来，有

浦市端午盛事（2018 年） 邓和生 摄

龙舟竞渡（2016 年） 姚传山 摄

的扭着怪动作，洋洋得意。输者则垂头丧气，灰溜溜地划过江来，无鞭炮祝贺。

舞草龙 草龙是浦市 4 种龙灯里的独特种类，一般在五六月舞草龙。草龙用稻草扎制而成，节间用草绳连接而成，节上插有点燃的神香。舞草龙多则 12 人，少则 8 人，不能进户入家，打锣敲鼓穿街而行，祈求神灵保佑，驱除瘟神，祈求风调雨顺，五谷丰登。

六月年 浦市六月年节日主题是纪念胡高、胡金和胡银 3 位历史英雄，俗称开祭。六月年每年六月中旬举行。活动在庙堂举行，燃放礼炮打开庙门，劈柴生火，烧水杀猪，抬上祭台祭拜。祭后将猪肉砍成条块煮熟，每户捐出 1 份大米用猪血熬粥。猪血粥分成若干份后，燃放爆竹通知家家户户到庙堂烧纸祭拜、分猪血粥、抓阄领猪肉。村民则手提爆竹、糖果、米酒、香纸、糍粑等物品进庙堂烧香焚纸。然后带着熟肉和猪血粥，回家杀鸡杀鸭、炸油糍粑、打桐叶粑、办酒宴，热热闹闹过六月年。

中元祈福节 中元祈福节是古镇群众纪念祖先的节日。祝愿普度，人们在农历七月初一到七月十五，择日以酒肉、糖饼、水果等祭品举办祭祀活动，以慰在人世间的鬼魂，并祈求平安。祭祖，在阴历七月十五，俗称七月半祭祖，此时盛夏已过，开始秋凉，民间相信祖先会在此时返家探望子孙，故祭祖。七月半民间还盛行祭祀土地和庄稼，将供品撒进田地，烧纸后再用剪成碎条的五色纸缠绕在农作物的穗子上，传说可以

腊八粥（2017 年）　姚传山　摄

抬故事（2014 年）　刘云　摄

避免冰雹袭击，获得丰收。放河灯，古时认为，中元节是鬼节，也应张灯，为鬼庆祝节日。人为阳，鬼为阴，陆为阳，水为阴，所以上元张灯是在陆地，中元张灯是在水里，河灯是在底座上放灯盏或蜡烛，中元夜放在河中任其漂泛。中元节，又称祭祖、七月半、寄生节、盂兰盆会等，延续至今已有 1500 多年历史，并且增添了祈求风调雨顺、国泰民安，弘扬传统美德等活动，含祭祖、唱坐堂戏、演目连戏、放河灯等内容。2017 年，浦市中元节被列入湖南省非物质文化遗产保护名录。

腊八节　农历十二月俗称腊月，十二月初八即是腊八节。腊八节在浦市有着悠久的传统和历史，在这一天喝腊八粥是当地最讲究的习俗。腊八粥用大米、小米、绿豆、豇豆、花生、大枣、枸杞等 8 种当年收获的新鲜食材煮成。腊八节又称腊日祭、腊八祭、王侯腊或佛成道日，是欢庆丰收、感谢祖先和神灵的节日。自 2015 年后，浦市每年腊月初八日举行腊八节庆祝活动，包含品腊八粥、打年粑、猜灯谜、写春联、进行民俗表演、阳戏表演和尝特色小吃、品茶等活动。如今，腊八节已经成为浦市古镇的一张文化名片。

抬故事　抬故事是把戏剧故事中的人物扎在台上走马过街，扮演“故事”，是浦市民俗重要组成部分之一，内容取材于历代传说中的神话故事、古典戏曲及现实生活中的英雄人物事迹。一般选 6 ~ 7 岁容貌姣好的童男童女进行表演，用栩栩如生的人物造型刻画故事中的主要人物，然后一台故事一个花台，集中再现人们耳熟能详的戏剧情节，反映人们对美好生活的期望。每台“故事”由 8 个身强力壮的男人抬着，龙灯、蚌壳、彩船一齐相伴游街。

民间礼仪

婚嫁

请媒提亲　旧时，请媒提亲是浦市地区很讲究的一种形式，先由男方家长托亲友或媒人提亲，即纳采。双方家长或亲属一般要到对方明察暗访“查根脉”，谓之察亲。双方认为对方根正苗好，门当户对，则男方将生庚用干支八字表示，请媒人转交对方，叫“发八字”。女方亦将姑娘生庚回给男方，叫“回八字”。若男方认为双方八字相克或女方八字不好，须在七日内退还，所谓“男八字满天飞，女八字一七归”，此乃合庚，也称为“问名传庚”。有的人家收下对方生庚后先置于神龛上，若三天内有丢鸡、失狗、物损、碗破等破财现象，即以八字相冲而退庚。若三天内家事顺遂则为上吉，合庚顺利。合庚后互赠信物，男方馈以服饰布料及少量彩礼，外加一双未来新郎的鞋样，意为“谐”。女方则报以笔砚文具，并按鞋样做一双布鞋和袜底。双方将写有“天作之合”的

迎亲队伍（2017 年）　　姚传山　摄

庚书互换为据，这一过程叫定庚或订庚，即“纳吉行聘”。现在，浦市地区请媒提亲仍然沿用一部分旧习，但大多数年轻人都是自由恋爱了。

订婚纳彩　订婚和结婚，男家要给女家送去猪肉、鸡、鸭、烟、酒、茶，富裕人家送宝石戒指、镯子项链等贵重彩礼，彩礼多少随男方家庭经济条件而定，此俗沿袭至今。男方向女方送的彩礼除办酒席的菜肴外，均作女方陪嫁物品带到男方家里。

迎娶送亲　双方定庚后，男方须给女方准备一定数量聘金和其他财物作为聘礼，女方则置备嫁妆。接着由男方选两个吉日催新娘过门，谓之报日，俗名看日子，即“请期预报”。女方择定其中一个日子作为婚期。婚前一两天，男方将聘礼送往女家，叫“过礼”。女方将嫁妆抬至男家陈设洞房，叫铺房。也有由男方接亲时抬嫁妆的。新娘出嫁前一日，请化妆师到家里化妆、盘头，穿上民族服装，去净面部的汗毛，修整鬓角和眉毛，使鬓角整齐，眉毛细弯，叫“开容”也称“开面”。成婚之日，男方用四人或八人抬的花轿接亲，由媒人或家庭至亲成员迎亲。新娘着凤冠霞帔（俗称“披纱”）、盖红头巾。上轿前由年长妇女一手持一对灯笼（后改为马灯），一手拿镜子在轿内外照几遍，俗称“照轿”，意以驱除邪秽。花轿接进屋时，礼炮齐鸣。新娘下轿，地面铺红毡，由牵亲娘扶掖，使之脚不沾地，否则，认为踩了夫家也踩了娘家。新娘入洞房，新婚夫妇择吉方并肩而坐，由牵亲娘劝饮交杯酒（茶），古称“合卺”。牵亲娘敬酒时赞以喜辞，将红枣、花生、桂子、瓜子等物掷于床上，意“早生贵子”。然后掀开新娘盖头红巾，新婚夫妇至此才能见面。礼毕，引新娘至堂屋拜见舅姑等亲属尊长及其他家庭成员。女

闹花轿（2017 年）　　姚传山　摄

方送嫁亲人称大亲、上亲、高亲，坐婚宴主席，男家请老亲陪新亲。现今举行结婚虽有新式仪式，即聘请现代乐队庆祝，但亦有一部分人依然采用上述传统方式迎娶送亲。

吵闹洞房　又名吵新娘，是新郎新娘结婚的当夜，众宾客和邻舍青年戏弄新娘的一种习俗。喜宴过后，众客人和邻舍青年要求“看新娘”。大伙在新郎陪同下进入洞房。进入洞房时，众人要念四句祝词，如“茶盘金盘茶师深深夫妻相亲早抱儿孙”之类的祝福语。闹洞房开始，侍娘或宾客中推举一人把放在床帐里的红枣灯点上，叫作“添丁”，侍娘扶新娘同新郎站立房中，宾客环坐周围。假如洞房容纳不下宾客，就在正厅吵新娘。当新娘把喜糖和茶敬给主客时，主客故意不收，而让给隔座的人，隔座的人同样再让给他的隔座。这样新娘尽管在房内踱来踱去，大家还是不理她，于是吵新娘就开始了。随后叫新娘唱歌跳舞或要新娘新郎拥抱，有的出难题让新娘、新郎回答。闹洞房方式多种多样，诙谐浪谑，无所禁忌。“闹洞房”“吵新娘”是为祝福新娘和新郎而进行的，无论男女老少都可以大闹一顿。此俗沿袭至今。

三朝回门　婚礼次日或第三日，新娘偕新郎回娘家省亲，叫回门，古称归宁。娘家设午宴答谢贺客，叫“办回门饭”陪新客，餐后招待烟茶。此俗沿袭至今。

生育

踩生　所谓踩生，是产妇生下婴儿后，至“三朝”（过了三个早上，意即过了三天）办“开眼酒”（宴请夫妻双方姐妹喝添丁喜酒）期间，凡不知该家添丁进口，无论熟人生人，或借东西，或讨水喝，或商讨事情，只要踏进该家，即被该家视为为该婴儿踩生。这家人定会相告你是婴儿踩生人，会以酒肉、香烟、茶水热情款待。这是因为凡为父母者无不希望自己儿女知书达理，家道殷实，衣食无忧。据说踩生人的脾气、命运会传给被踩生的婴儿，所以主家才将踩生人视为上宾，特别是对那些知书达理、家道殷实、衣食无愁而又高寿者，主家更是热情有加，事后还会像待亲朋好友一般互相走动。

报喜　浦市人特别是农家，将添丁进口视为人生第一大喜事。因而在孩子降生后，第一次当父亲的人不论妻子生儿生女，都会欢天喜地抱着一只鸡去岳母家报喜。岳母根据女婿所抱之鸡，不用询问就知道女儿生的是男孩或女孩，抱公鸡说明生了儿子，抱母鸡说明生女儿。酒肉招待女婿后，岳母再忙也要和女婿一起去看望女儿和外孙。

送“鸡米”　又叫“送鸡米人情”。外嫁女儿生小孩后，身体虚弱，月子里需要大补。过去人们穷，认为“稻米和鸡”是天下第一补品，所以，产妇在月子里除了吃大米饭，就是吃鸡肉。添丁进口是人生第一大喜事，娘家及亲朋好友在产妇坐月子期间送人情，因为送的是鸡和米，故叫送鸡米人情。送鸡米人情分层次，一般亲朋送两只鸡或一斗米，姑父、姨父之类亲戚送鸡要在 5 只以上，送米要在两斗以上，做了外婆的岳母送鸡在一笼（12 只）以上。

满月酒　一般人家办“开眼酒”，较为殷实人家还会办“十朝酒”或满月酒。所谓“十朝酒”就是小孩生下后第十天办一桌酒席。孩子满月之日办一桌酒席宴请亲朋好友为满月酒。满月酒又叫圆亲酒。旧时，男女结婚是“父母之命，媒妁之言”，双方父母同意才能结婚。如果男女青年为自由恋爱而奔婚，一年半载后，女的生了小孩，女方父母认为生米已煮成熟饭，且女儿又在男方家生了“根”，这门亲不得不认。于是，就在外孙满月那天抬着原本就要给女儿的嫁妆、外孙穿戴服饰等，吹吹打打来到男方家正式认亲，给女儿圆房，所以又叫圆亲酒。

拜寄　旧时，若小孩多灾多难，吃不好，睡不着，身体虚弱，吵闹烦人，父母担心不易养大，便请算命先生定生辰八字，算命先生根据小孩的生辰八字，建议父母将孩子认某方某姓某人做寄爷，让孩子跟寄爷姓，要寄爷给他另取一个名字，定会祛病除灾长大成人。“拜寄”之后，双方就成干亲家，经常走动，感情甚笃。

寿庆　人生七十古来稀，一个人能在世上活下来是件极不容易的事情。于是，人们就用做生日祝寿方式庆贺生命存在。浦市民间约定俗成是，男女至 50 岁只称过生日，年满 60 岁以上才能举行寿庆。寿庆规矩是“男做虚，女做满”。男性虚岁进入十而实岁逢九（59、69、79、89、99）、女性逢十（50、60、70、80、90、100），称为过大生日。祝寿时，儿女要为老人缝制新衣，买烟酒茶等礼物，备办寿宴，并通知亲戚朋友前来祝贺并喝寿酒。旧时，富户为老人祝寿讲究排场，办寿品，备宴席，张灯结彩，悬挂寿星、寿幛、寿联，请辰河高腔戏班子演戏。届时，贺客盈门，鸣炮送礼。随后，举行寿庆仪典，寿星穿寿庆新衣高坐中堂太师椅，接受晚辈叩拜。然后举行寿宴，宴席除大鱼大肉外，长者必吃长寿面。除过大生日隆重庆祝外，每年过小生日也照例小庆。清贫之家寿庆则相对简单，或无心顾及。此习沿袭至今，但寿庆礼仪从简，城区一般由小辈买生日蛋糕、寿面、菜肴，举行家宴，或上馆子设宴，欢庆一餐，表示庆贺与敬意。乡间寿庆习俗比较简单，往往是儿女和近亲属参加，集体聚餐为老者祝寿。

丧葬

旧时，浦市丧葬活动有严格规定。夭亡者不能停灵，尸体置屋外，什么时候死什么时候埋，不用棺木仅用木板钉一个木匣装尸。吊颈、跳水、难产而死或被刀枪杀死者其柩不能放在屋内，现今已不讲究这些旧俗了。但是有些旧俗沿袭至今，如：丧者为未婚者，尸不能停放在家；在 50 岁内未有子女者，尸置家内不超过 3 天。

落气 某家老人患重病难以治愈或老人临终之际，按照“男卒中堂，女死闺房”习俗，男性在中堂东侧结草当铺卧于其上，女性安置在正房外侧床上，若子女在身边，要让老者咽气在儿子或女儿怀中，床上纱帐全部撤除，避免老者卒于天罗地网之内。临终前，服侍者通知所有子女到床前，能说话的老人交代后事，不能说话的老人子女在床前呼唤老者，直至咽气，称为“送终”。老者死亡之时，子女跪地烧三斤六两（1.8 千克）落气纸钱，且鸣炮为四邻报信，焚其生前旧物。若客死异处，请红衣老司御术“赶尸”或“背尸”运回家乡安葬。

报丧 老者落气死亡后，寨中叔侄集聚，年长者或村中有威望者主事，委派人向不在老人身边的女儿女婿、舅家至亲报丧。报丧忌报“死”字，只能说“老了”“走了”或“过身了”。至亲闻讯，执香纸、携寿被，戴孝而至，曰之“奔丧”。

停柳床 老人死亡后，以白纸或竹筛将中堂神龛罩上，免得亡者踏神龛升天。用黄纸或白纸书写“当大事”条幅贴中堂门前正上方。内摆两张木马凳，上置门板，铺白布于其上，称之“柳床”。将亡者头外脚里摆放在柳床上，身上盖寿被，头压“盖面纸钱”，柳床下前后各点一盏清油（茶油）灯。而后，子女为老人“含口银”（口含银器），以桃叶热水洗浴，给老者穿戴好衣裤、帽子（或头帕）、鞋袜，穿戴时，子女且喊且穿。

入殓 当事人请叔侄将棺木抬到堂屋，放在两张木马凳或枕木之上。然后棺底撒“百家”灰，铺垫单。将亡者从柳床上安放在棺木中，四侧塞上其生前旧衣物，取盖面纸，众亲瞻仰遗容。在选定的时辰盖上棺盖，上面铺上寿被。撤除柳床，在棺材下前后各点一盏清油（茶油）灯。棺木前，置八仙桌一张，上摆供品，点清油灯，老司写好亡者灵牌，制引魂旗。用米升盒做香炉，中插亡者灵位。入棺时，老司在场进行指导。

开路 亡者入棺后，老司做开路法事，亡者儿女及至亲随老司进行法事，开路意为为亡者开通升天之路。法事毕，为亡魂烧纸钱，鸣炮。从是晚起，除儿子守孝外，每晚寨里长辈相邀守灵，通宵达旦唱孝歌，表示对亡者敬重之情。

扎灵堂 一切安排妥当之后，次日，聘艺匠在中堂搭架子扎灵屋（牌楼），绘诸神贴于灵屋。老司根据亡者生辰八字推算丧期，少则三五天，多则七九天，均为单日子。然后发斗书，用黄纸书写亡者生卒，推测吉日良辰等，将丧葬事宜安排。按照男左女右规则，斜贴于中堂中柱和檐柱之间壁板上，称为“斗书”。

踩地 踩地即为亡者选择所安葬之坟地。如亡者儿女多，一般由长子与老司上山踩地。选好坟地后，按照“坟打尖山，屋打软坳”习俗，老司端罗盘定吉向，在坟地四周按照东西南北中“五方五位”打五处木桩，各处焚烧香纸、奠酒。

道场 守丧期间，每天均有小法事，时间很短。大法事分为小葬夜和大葬夜，小葬夜在亡者安葬前两天晚上进行，大葬夜在亡者安葬前一天晚上进行。大葬夜法事最长，往往要进行到出柩。要打绕棺，男者打“莲花绕”“十王绕”；女者打“血盆绕”。进行道场法事时，掌坛老司身着法服，手执法器，于灵柩旁击唱。孝男孝女披麻戴孝执香跟随。法事以念唱为主，有“开道”“招亡”“请水”“请佛”“血盆挑灯”“灵狱”“十三盏灯”“叹亡”“散花”“辞灵送神”等科目，融道、佛、巫于一体。锣鼓铙钹伴奏道场法事，气氛悲怆热烈。大葬之日，众亲用猪头祭奠。对于娘舅格外讲究礼仪，迎接娘舅时，孝子腰捆草索披麻戴孝，跪于堂前迎娘舅家亲戚祭奠。

打井 打井即为亡者开挖墓坑。按照踩地所定之向开挖墓坑。第一锄土称为母土，开挖时要放在一边保存，以待下葬垒土时由长子放于灵柩之首。墓坑一般长 2 ~ 2.3 米，宽 1 米左右，按照“深埋老子浅埋娘”的规则确定墓坑深度。打井有热井和冷井之分，热井即在埋葬之时才开挖墓坑，冷井为大葬夜之前所开挖的墓坑。

出柩 出柩一般选择卯时（5:00—7:00）中，老司在密集锣鼓声中，进行驱鬼、扫堂等法事，众人在老司吆喝声中出柩。将棺木抬到寨外，然后上龙架，绑杠。辰时（7:00—9:00）初，随着“哦嗬嗬”一声声吆喝，抬丧上路。

抬丧 长子手执“引魂旗”前行，鸣锣为之开道，撒下买路钱，亲友送葬，前拥后啼，十分悲怆。若为喜丧（子孙多、80 岁以上自然亡故），寨里叔侄且抬且喝酒，众人围护棺柩，时进时退，嬉笑闹腾，称为“闹丧”，闹丧忌棺柩半途接地。

下祀 下祀又称为下葬。棺柩抬到墓坑后，孝男孝女卸下孝衣孝帕铺于地下，上面停放棺柩。老司于井中焚纸成灰，用大米绘制八卦图，撒上朱砂雄黄，斩杀雄鸡祭祀。墓坑垫上纸钱，众人合力将棺柩安放在墓坑中。老司用罗盘校正棺柩之向，孝子环跪井边，老司吟唱并配上祝福语，且抛罗盘米放入孝子衣兜，俗称“衣禄米”，让孝子放家里保存三年再煮食，米不发霉生蛀虫者为大吉之象。

垒土 长子取“母土”放于棺之首，继而单腿跪于棺柩之上，向棺柩内刨土三次，边刨土边呼喊爹（娘）。然后大家齐心协力将土推进墓坑，垒成坟墓。引魂旗插坟头，哭丧棒插坟脚，燃香纸，鸣炮。孝子带柴而归，边走边呼唤爹（娘）回家。坟墓垒好回家，老司进行安灵法事。在神龛下一侧，设置亡者灵位。傍晚，孝子须至坟前送饭点灯烧纸，续送三晚。第三日晨，子女及至亲上山到坟墓前为坟加土，称为“伞三朝”。

回煞 即亡者灵魂回归家中。以亡者死亡日天干地支推算“回煞日”。回煞夜，孝男备齐祭品，点上油灯，召集兄弟姐妹及晚辈在堂屋守候，如房屋出现响声或油灯火出现被风吹的现象，表示亡者灵魂已回归家中，众人燃香烧纸、奠酒敬上。

接亡 丧葬之后，每年逢农历六月二十日连续3年要为亡者进行接亡礼仪。接亡日，摆上供桌祭品，将纸钱用白纸包装，称为“包封”，意为为亡者和已故先祖送钱。根据平年或闰年，亡者“包封”至少奉上12～13封，其他祖先每人至少一封。亡灵接回后，在屋边或寨外焚化，称为“烧包封”。

闹灵 当年除夕，孝子须到坟前送饭。并呼唤“爹（娘）回家过年了”。翌年正月初一日，亡者儿女至亲带上香纸礼品，聚集在一起鸣炮祭奠亡者，称为“闹灵”。这一天仅孝家“闹灵”，忌省亲走眷，亡者女儿女婿“闹灵”完毕后即行归家，不得留宿。

建房

旧时，木质房屋的建设程序比较复杂，建房程序有选择屋场、备料、解料、制作、穿接立起、立柱上梁、盖瓦、装修等程序。四合院内部木房建筑较普通木房建筑工艺复杂，选料讲究，柱头、嵌方粗大，多用杉木、楠木。木房结构与院墙有机结合，屋内画栋雕梁，窗棂龙游凤翔。木房建筑与四合院建筑建房程序基本一致。

选择屋场 房主利用空坪隙地请来老司堪舆后，选好吉日吉时动土开挖成屋场。房屋坐向多是坐北朝南，或坐西北朝东南，取“前朱雀、后玄武、左青龙、右白虎”吉地之象。

伐木备料 木房用料多用杉树、松树。所有木料都是杉木，俗称“一口杉”。杉木房屋比松木房屋经久耐住，是木房建筑首选。伐木备料是请掌墨木匠师傅上山选择木料，第一根木料从东方（左侧）中柱开始，依次选料。先砍伐做东方中柱的树木。砍树时由木匠师傅进行祭祀山神、树神程序，木匠师傅砍三斧后主家方能动手砍伐，木料在山上加工成粗料后运至屋场备用。

架马发墨 木料备齐后，木匠做三脚木马和放柱子的四脚长横木架，动工制作房屋构件。事前，主家摆上香米利市（封赏、红包）请掌墨师傅发墨，又叫“起水”。发墨主要在已经砍好刨光的东方中柱上进行，发墨时主人拉墨线于柱脚，掌墨师傅牵墨线于杜头，庄重地将墨线弹于柱上，然后掌墨师傅在中柱上用墨斗竹签写上“鲁班”，以发出的墨线粗直、墨汁浓、线条均匀为大吉利。发墨时用一只雄鸡，用斧头割鸡颈将血滴洒于中柱墨线上并粘上鸡毛，以祭中柱。然后将中柱抬到一边放好，禁止对中柱骑坐和踩踏。发墨仪式结束，全体工匠削、刨、锯、锉分工协作，先将柱子、枋子、檩子造好。掌墨师傅在每根木料上都写上鲁班字，以区分各个构件，便于排扇顺利。整个建房的图纸画在一根长长的竹片（称丈篙）上，房子建好后，这根竹片就放在房子的主梁下面，相当于建房的图纸档案，现在浦市人们起房没有以前那么繁缛。

穿接立起　房屋构件备齐后，木匠师傅把房屋每排构件就地安装好，然后众男人齐心协力把木排从一边竖起，掌墨师傅在内侧用木板木棒抵住中柱脚，其他每根柱子都有人抵脚，便于安装排柱的人用力。外侧由众人用梯子与羊角叉用力去推，内侧一边的人用绳子拉。大家吆喝着手抱肩扛羊角叉顶板子推，齐心协力将整排的房柱立上去，架到

建构木房屋（2019 年）　　刘云　摄

地脚枋上。将第一排立正，钉上铁抓钉，两边再用叉子抵稳，然后立第二排，中间用檩条嵌牢，用木销固定牢实。竖好排柱，用木槌槌紧木排与房梁的榫头，木房就地立起。

立柱上梁 梁木分主梁和子梁，一般选择同根分两杈的树做梁木，多用杉木或椿木。梁木要"偷砍"（地方风俗，"偷"别人的树做梁木象征"发"），凡"偷砍"的梁木均事先物色选定。参加砍梁柱的人员是仔细筛选的，砍梁柱的礼仪与砍中柱基本相同。中梁抬回时中部捆腰带或红布，放在新立房架的正中间，工匠们再对中梁修整。修整好后由师傅对中梁发墨。发墨礼仪也与中柱发墨相同，只是中梁发墨后，画梁师傅直接画墨制作，中梁的正中画太极图，东头在红圈或黑圈内写上"乾"字，西头写"坤"，太极图两端空处各写"长发其祥""荣华富贵"等祝福语。子梁写祝福语不画梁。中梁制好后即上梁。主人择好"立柱上梁"日子请客收礼贺梁、抛梁粑，木匠师傅履行立柱敬鲁班程序，定好向位。

盖瓦收水 立柱上梁后，锯匠将木头锯成椽皮，木匠在房顶架上桁条，按屋瓦距离钉好椽皮，盖上青瓦，建房程序全部完结。这时，木匠要进行"收水"，也用雄鸡祭祀，表明房屋建筑全部完成，鲁班等祖师归位。为利用土地，房主多在主房右边（东头）搭一侧房，堆放杂物。周围种植树木，房前修一块平地，用于晒谷纳凉。木房建筑为全木结构，木柱、木梁、木壁、木窗、木门、木地板，榫头处不用铁钉，用硬木钻眼槌紧。飞檐悬出正屋，挑梁呈弯曲状，房屋架在岩石柱基上，通风防潮。

房屋装修 木房四周用木板装修为壁。堂屋装修要走"起水""收水"程序。堂屋装修从神龛位置开始，然后向两侧装修。房屋装修完后，木板与柱子刷桐油防虫腐。堂屋正中由木匠先安装一个神龛架子，然后请老司做"安神龛"小法事。神龛正中贴一整张大红纸，中心直书"天地君亲师位"或"天地国亲师之位"字样。左右则书"九天司命神位"和"五姓都头之位"。左右外延对称贴的是两张相似的绿纸白花纹龙凤图，其两侧对称贴得是一副祈祷对联："愿国四时调玉烛，祈家千载绍书香"或"珊瑚琥珀珍珠现，福禄祯祥祀祖神"等。其上下还有一些祝福的词联。上写"佑吾后人"或"长发其祥"或"笃庆锡光"四字，中心一个"福"字，下写"天地阴阳一年四季大吉大利"横贴，神龛架上面并排放置三个插香用的香炉碗。

如今浦市人建房习俗简化许多，没有旧时那么繁缛了。

造船

备料 过去浦市地区人们造船同房屋建筑一样，先要备好材料，再择吉日良辰"起墨”（动工）和“关头”（下水）。造船多选用栎、椿、楠、梓、杉、黄栗、板栗等质硬而耐腐木材。除木料外，还要备足石灰、麻瓤（葛渣）、桐油、铁钉和“五帝钱”（清朝顺治、康熙、雍正、乾隆、嘉庆五朝铜钱）等。

起墨 即掌墨木匠根据所造船只大小，选用整株对锯开的两块底板木，固定于预先架好的木架上，量好分舱尺寸，划好墨线，再用公鸡一只，口念咒语，咬破鸡冠扯鸡项毛沾血贴于墨线处。一则驱邪，二则标记。随后众木匠按掌墨师傅所示一齐开斧动工，经旬月至“关头”。

关头 即造船完工下水。此时掌墨师傅敬鲁班，在船头悬五色丝线，罩一把红纸伞，点清油（茶油）灯，烧香纸放鞭炮绕船三匝，亲朋挚友到贺，送彩礼赠红旗（至亲送礼名“提茶”）。船主将亲友赠的旗帜按辈分亲疏分插于船头、船尾和悬挂于桅杆绳上，船头的叫“摆箭旗”，其他名“扇子旗”。浦市历史上所造船只多为船身长 40 余米，桅杆高 20 余米，载重 120 吨的大篷船。船舱有艄舱、收缆、关舱（3 ~ 4 个）、腰舱（3 ~ 4 个）、桅舱、火舱、二印、一印、踩舱等 15 ~ 17 个之多。船形呈“鸡公头、鲤鱼尾”，亦即与沅陵、辰溪、麻阳、安江等地船只相区别的标志。20 世纪 60 年代后，钢铁船、水泥船、机械动力船逐步取代木帆船。

装货起航 装货必先从腰（中）舱开始往两头装，寓意发达，实为平衡。起航前船主筛锣大宴船工，名“办开头”。动筷必先夹肥肉，次以豆腐，以示在途中不会碰硬遇险。夹菜各人只能夹当面的，不能“过江”夹别人面前的或满盘挑选菜肴，只可从自己当面往中间夹，以示船工船主团结到底。鸡头要先劝给拦头工吃，以示明眼观航道。鸡爪劝给船主（老板）吃，寓意老板得“抓钱爪”。盛饭要先让拦头工“开顺风口”，名曰“顺风相送”。船往北（下水）要开南风口，盛饭先从南方开始。船往南（上水）要开北风口，盛饭先从北方开始。船行至途中要办“腰肝”（中餐），达目的地要办“到眼（岸）”饭菜。平日一日三餐，荤素不论，航程中的“开头、腰杆、到眼”三次酒宴均需让船工尽兴，否则船主被视为小气，船工不予尽力。船下行借水势和人力划桨、摇橹，船行上水则借风力和拉纤、撑篙。20 世纪 50 年代中期前，大船主多聘一二名“月子号”（长年雇的船工）为帮手。船过滩或潭时，船工摇橹喊“齐力号子”。行船一般上水要让下水船，超船要看彼此速度和航道宽窄，若船速慢或彼此相当，航道又窄时，不可贸然赶超，让对方先过，自船放流。若自船速度快，航道宽，超船时必先喊齐力号子，一则加快速度，二则告知对方。

社交

接待客人 浦市民风淳朴，待客热情，有客人到家，主人即停手中活，将客请至堂屋或火塘边就座，递上烟筒和烟叶，泡上热茶解渴，并唤回妻女为客做饭菜，将家里好吃的东西拿出来待客。女子一般不与客人同桌吃饭喝酒，饭后即叫儿女为客人端来热水洗脸洗脚，并整理好房间和床铺给客人住宿。

敬老爱幼 古时，浦市汇集外来客民较多，人们皆互相尊重，和谐相处，这一美好传统流传至今。幼辈见了长辈无论熟识还是初次相见，都必须说话诚恳，行为恭敬，笑脸相迎，要用尊敬词语相称。幼辈正在行走，见了老人或长辈，必须站立；若是幼辈正在坐着，长辈来了应该立即起立让座，眼睛要平视，双手要放下。如遇到自己不相识的长辈，对方年龄比自己大一二十岁的，男的称呼伯或叔，女的称呼伯母、婶婶或阿姨。年龄大一些的称呼“老人家”或者爷爷奶奶等。称呼完毕后，幼辈才能坐下或相辞别去。老师至家，则比一般客人更加热情，更加敬重。平辈相见必须点头招呼。若是相识的要用固定称谓相呼；如果不相识，男的可称之为大哥或兄弟，女的可称之为大姐或妹妹。长辈见幼辈一般都要行点头礼。老人或长者与青年或幼辈一起走路时，青年人或幼辈须让老人或长辈走在前头。老幼同桌吃饭时老人坐上首，年纪小的坐下位，两边座位一般人都可就坐。老幼同在屋内火塘边烤火叙谈时，靠近中柱一方让客人、长辈或老人坐。

社交谚语 如“跟好人学好人，跟狐狸变妖精”，意为社会交际时要慎重选择朋友，否则会害了自己。“一个篱笆三个桩，一个好汉三个帮”，意为一个人毕竟能力小，需要众人帮助，事业才能成功。“为人之道，情义为本”，意为做人要重情义，才能交上好朋友。“进一步悬岩陡坎，退一步海阔天空”，意在无论自己有理无理，退让一步，是交朋结友的最好办法。“不掀老牛下坎，莫踩他人痛脚”，意为在社会交往中不要恶意暴露他人不足。“有钱钱交代，无钱话交代”，意为如果欠了别人人情或金钱，就必须及时还给别人，倘若实在还不起，应该给别人说一声。

道德谚语 如“路直有人走，人直有人从”，意为一个人要正直本分，人们才会尊重你。“求人不如求己”意为尽可能依靠自己的力量解决自己的问题。“小人肚里装饭，君子肚里装人”，意为做人心胸要宽广，不能小肚鸡肠。“人图名，树图荫”，意为人活在世上，应尽可能发挥自己的能力干出一番事业来。

民间医疗

土法诊病 旧时，浦市民间医疗具有简便、速效的特点。每个村寨都有会治几种病的人，他们亦农亦医，有的身怀绝技，有的年长后专门从医，称为“药郎”。他们医德高尚，接治病人尽心尽力，有钱无钱都治疗，病人愈后以肉酒答谢。民间药郎历来都是以做好事为主，生活清苦，他们以慈善为乐。诊断病情分“看、问、诊、切、摸”5种方法，看诊就是看神色、看眼神、看鼻子、看嘴唇、看舌头、看耳筋、看皮肤、看毛发、看指甲、看背腹、看大小便等；问诊就是问饮食、问起居、问二便、问七窍、问腰腿、问骨节、问背腹等；听诊即听语言、听肠鸣等；切诊有切诊和脉诊。脉分骨脉、开脉、芳脉、命脉、虎脉等11种脉象。摸诊也称触诊，有摸肚子、摸骨断、摸冷热、摸疱疮等，以此方法判断病症。

土法治病 病情确诊后，治法因病而异，因人而异。治法又分药物治疗和非药物治疗两种。药物治疗多系内外疾病内治方法，其方法有汗、泻、补、温、清、赶、止等法。非药物治疗多系外科疾病的外治方法，其方法有拔火罐、挑背筋、放瓦针、烫灯火、刮痧、提背翻筋等10多种。

拔火罐。又名扯火罐，是民间常见的一种外治方法。适应范围：跌打扭伤、瘀肿、疔疮、蛇伤、寒湿头痛等。使用方法：用直径5厘米左右的竹子锯成10厘米长的竹筒，一端留竹节，削去外壳刮光滑即成竹罐，也有用陶罐、空心瓷瓶或小酒杯作用具。把竹罐放于盛水的锅或鼎罐内煮沸几分钟后，取出甩几下迅速吸附于患处，用手指在罐底扣几下让其吸紧。若用陶罐就不必煮沸，用碎纸（民间用钱纸）点燃放入罐中燃烧几分钟，待火熄之前速吸附于患处。吸附时间为几分钟到半小时左右。拔罐前用瓦针在患处瘀血部或脓肿部闪刺数下，让其通气、通血，便于将瘀血、毒气吸出。此法有赶风散寒、消肿、散血、赶气作用。

放瓦针。亦名扎瓦针。适应急腹症、跌打扭伤、疔疱疮、虫蛇咬伤等。工具是锐利的碎瓷片，现今已由三棱针、银针、瓜子针代替。使用方法是，若系急腹症（急性胃肠炎），用针刺穿舌根部和脚弯部静脉，让其流血。乌血流出后肚痛停止或缓解，上吐下泻也停止或缓解。

刮痧。俗名刮天麻、刮斑麻，是民间常见的一种外治方法。适应范围主要是伤风感冒等。方法是用古铜钱或瓷调羹，蘸地水或盐水在患者背部刮擦。刮擦时从脊柱边始，分别顺肋骨间，往两边刮；从上至下，每隔两根肋骨一道，一直刮到小腰处止，最后沿脊柱两边，从上往下刮两道，均以刮红为宜。重症加刮手弯和脚弯等处。若对症，刮完便觉轻松，若病反复可多次刮痧，也可伴以药物治疗。

生产习俗

农耕习俗

古镇农村有许多农耕习俗，有些流传至今。这里，只载主要的几种农耕习俗。

敬五谷神与土地神 土地神司人间五谷丰登、六畜兴旺、鸟兽虫灾等，是农耕生产保护神。各村寨都设有土地堂或土地庙，庙依其神职分建于山脚、田垄、寨中。逢年过节或杀猪宰羊都须敬奉土地神。尤其是农历二月初二，相传为土地神诞日，祭祀更为隆重，每户都要在土地庙前或田地边祭祀，祈求农业丰收。

五谷神即炎帝神农氏。古代先民认为是五谷神带来了谷种，并教会人们开垦田地以及五谷种植。每年“吃新节”要祭祀五谷神，第一批稻谷进仓时，要用新粮向五谷神献祭，对天遥祭，祈求五谷神佑福来年风调雨顺，五谷丰登。

开犁破土 旧时农民在正月里第一次耕田地时，准备煮熟的一节肥猪肉（俗称“刀头”）和酒摆在田地边，点香蜡，烧纸钱，向地叩拜。祈祷一年耕作顺利，庄稼丰收。然后才扶犁破耕，开始新一年的农事活动。

打理土地 古镇村民崇尚精耕细作，整饬土地有铲田坎、犁地、耙地整地等程序。犁地使板结土地变松软，利于耕种。犁地借牛力，后来出现了耕地机。铲田坎一般在立春后进行，有砍烧田坎杂草、铲掉田坎老土、烧土灰等程序，然后进入备耕季节。稻田通过引水或下雨后，方可犁田。扶犁掌耙要“好把式”，犁田是技术活，犁要稳，犁铧入土要深浅适宜，无重沟或地梁。犁得浅了，日后庄稼根系扎不深，犁得深了，翻出生土对庄稼不利。犁地又是体力活，一会儿压犁，一会儿提犁，随时调整，要求力量大且稳。犁完田后要耙田，耙长 1.5 米左右，横木上凿一排孔，孔内装上铁制耙齿，由耕牛牵引。耙田时，人扶耙，吆喝着耕牛拉耙前进。耙得好，泥土细碎平实，利于苗的生长，耙不好或没有耙，播种后作物的根与土不能相互依附，不耐旱。

耕田（2019年） 陈长海 摄

送春牛 送春牛是立春节气一个特有的习俗，俗称送春。明清时期至20世纪50年代初期，每年立春前，沅陵县石岗界一带农民，手持竹篮，内置一个木制耕牛，在古镇各个村寨挨家挨户送春牛图。其图是把二开红纸或黄纸印上全年农历节气和农夫耕田图样，名曰“春牛图”。送春牛者都是些民间善言唱者，主要说些春耕和吉祥话语。每到一家更是即景生情，见啥说啥，说得主人乐得给钱为止。言词虽随口而出，却句句有韵动听。俗称“唱春”，说春人便叫“春官”。送春时必唱《二十四节气歌》，“正月立春雨水天，备耕运肥莫迟延，一年之计在于春……腊月小寒大寒天，家家收拾过新年，杀猪宰羊辞旧岁，人人欢乐笑开颜。二十四节已说清，各位听到要记心，栽种管收莫误时，农业丰收喜盈盈。”

积肥 “庄稼一枝花，全靠肥当家。”积肥是古镇农家常年从事的农活之一。积肥有厩肥、猪圈肥、土杂肥、绿肥等多种。厩肥是积肥的主要方式，每月数次清除牛栏粪便，堆积起来备用。猪粪是积攒农家肥的另一种方式。旧时农民通常在自家院子前或后盖一座猪圈，猪圈下部为粪池。备耕时节，农民早晨起来将牛粪叉起，丢进粪筐，挑到自家田地里撒开。做秧田时，把猪圈的粪肥舀出来置于粪桶里，挑到秧田里做底肥。土杂肥是肥料的另一种来源。20世纪70年代，每年春季生产队集中劳动力在房前屋后黑土多的地方，将黑土挖出来筛选，去除小石子后挑到田里。绿肥是春季积造的补充性肥料，有兰花草籽、油菜、萝卜等。秋冬播种开春犁田时，将绿肥犁入水田使其发热沤烂

播种（2017 年） 张金宽 摄

作为基肥。20 世纪 60 年代后，引进紫云英等产量高、肥力足的绿肥，提高稻田肥力。阳春三月，山区农家在山里打草沤田，将树木嫩叶用镰刀割下背到水田里撒开，用脚踩入泥水里，3 天后犁一遍，称为沤草。用树木叶肥田，产出的稻谷米质好。

开秧门 旧时水稻种植带有神秘色彩，开秧门就是一种传统农业耕作仪式。开秧门是在栽秧前夕敬奉秧神，好栽秧插田，并祈求风调雨顺，五谷丰登。开秧门仪式一般在稻种下秧田后的第四个卯日、辰日或午日进行，由当家主事人来敬奉。

保青苗 旧时古镇农村春耕春播后，要请巫师画符驱虫。每年农历四月初八日要"嫁毛虫"。农家用各色纸张写上"佛生四月八，毛虫今日杀，杀出青山外，永不入我家"，然后贴于墙上，以祈免病虫危害庄稼。同时为预防禾苗病虫灾害，村民组织小孩在田头地脚舞草龙祭祀。播种后谷物成熟时，在田间地头扎草人，草人身穿烂衣服，头戴烂斗笠，手执挑着笋壳的禽皮或竹竿，或执着假枪，以驱赶啄食粮食的鸟雀。为吓唬野猪、野兔等不在晚上损坏庄稼，用石灰涂在地里石头和树干上，或制木牌涂以白灰插地里。

渔事习俗

浦市民间的渔事习俗，除扳罾在沅水溪流进行外，其他的在浦溪、岩门溪等溪流中进行。

扳罾 浦市水源丰富，人们有扳罾捕鱼的习惯。涨洪水时，板罾的人在一处水流不急，又有回流的地方安好罾架，将罾沉入水中，每隔三五分钟，将罾扳出水面，看罾中

沅江渔舟（2016 年） 姚传山 摄

有无收获。因为正值涨水，河中之鱼抢活水，到浮水（流速慢水域）歇息再往上游，钻进罾里，收获较大。

装篆 装篆是浦市人利用闲暇时在溪河里砌拦水坝，如是顺水装篆，拦水坝就逆水砌成V形，篆装在V形的底部。如装倒篆，拦水坝应顺水砌成V形，篆装在V形的底部。一般而言，一年四季都可装篆捕鱼，渔民白天上滩时就装倒篆，就会有鱼沿着水坝钻入篆中。晚上时，鱼儿回潭或在深水中休息，就装顺水篆。

装厢 装厢是将竹帘安放在砌成V形的水坝底部，水坝水面和底部要有一定的流水落差。装厢在溪、河均可，大河装厢可选择浅水且水流较急的河段，而小溪则可拦断整个溪水。大河装厢一般在涨水期，有专人守。小溪装厢，涨水时需要人看守，不涨水时可不守，但厢主一定会在厢上罩一些树枝遮盖，以免上厢之鱼被鹭鸶叼走。

打网 溪河涨水时，打网之人挎上一匹渔网沿河岸、溪边巡逻，选水流不急且有回流的地方撒网，一网下去总不会落空。涨水时打网，叫打混水网，不涨水时打网，叫打清水网。还有种打网叫“打糟”，就是将炒香的芝麻枯粉、小麦等鱼饵拌上不稀不干的泥巴捏成粒状，选几处水流不急又不深的地方，天黑前将鱼饵撒入水中，待晚上九点左右，估计鱼儿出来“上食”了，再撒网，收获较大。

捞虾与放沤 农民早晚喜欢到河汊、溪河中捞虾。桃花盛开之时，虾个大、鲜活、肥嫩，谓之捞桃花虾。溪河涨水时，虾怕被水冲走，一般藏进岸边水草之中，虾还有抢活水习性，捞虾之人于活水处一把兜下去，便可得一大把，有时还可得小鱼、螃蟹、泥鳅之类。熟悉鱼虾习性的人们此时去捞浑水虾，只需站在岸上变换地方用捞兜捞即可。

网鱼（2016 年）　姚传山　摄

浦市地区人们称每年八月中秋捞虾的习俗叫捞沤，所谓捞沤，就是人们把秋收过后的稻草、荞秆扎成把，俗称“沤”，然后丢到溪沟的浅水之中泡着，三五天后，稻草、荞秆的糖粉被泡出来了，虾会出来躲在稻草、荞秆把中进食，这时放“沤”之人就可去捞“沤”，收获不会少于捞桃花虾和捞浑水虾。

方言俗语

方言　浦市镇方言有浦市方言、武溪方言、苗族瓦乡话 3 种。浦市、武溪方言属湘语辰溆片方言。武溪方言流行于李家田、岩头山一带，浦市方言以浦市镇为中心延伸至与武溪镇、达岚镇交界的部分村寨。苗族瓦乡话流行于麻溪口村一带。

浦市话的特点，一是一些量词用“条”称呼，植物以“呆”称呼。如一个人则说成“一条人”，一只狗会说成“一条狗”等，一棵树会说成“一呆树”。二是把“死”字挂在嘴边。动辄则说“烦死了”“累死了”“走死了”。三是“买卖”不分，统称为“马”。民间有“斗叫待，狗叫改，跑叫债，婆娘叫堂凯”的戏谑。浦市方言脱胎十古老辰州话，属于古西南官话，汉藏语系的一种。明清时期，全国各地官员、商贾、文人、移民等绵延不绝来往汇聚于浦市，形成浦市独特的方言俗语。

浦市方言与普通话比较情况表

表 2

字词	普通话（汉语拼音）	浦市话（汉语拼音及汉字记音）
没	méi	mào（冇）
啥	shá	mǒ（么）
大	dà	duò（舵）
小	xiǎo	niāng（身小）
狗	gǒu	gài（盖）
解	jiě	gǎi（改）
逗	dòu	dāi（呆）
斋	zhāi	zhā（渣）
绿	lǜ	lóu（楼）
陆	lù	lóu（楼）
楼	lóu	lái（来）
跑	pǎo	zài（载）
行	xíng	héng（衡）

词汇

浦市方言词汇丰富多彩，词汇用标准汉字表达出来让人忍俊不禁，把上厕所称改手，把孩子听话叫在航，把一种健忘叫忘你忘魂，称一种听不明白话又爱问的人为“得天张”，讽刺爱打扮叫“秋里秋气”，骂爱打扮又不诚实叫“秋台怪脑”……还有许多无法准确用汉字替代音的方言，只要在浦市生活一段时间，就会发现浦市方言特别新奇有味，就会忍不住去学，去模仿。

动词 吃——缺、玩——嗨、讲——港、读——透、拧—救、倒——内、走——衡、站——技、咬——嗷、夹——郭、买（卖）——马、扯——矬、找——诺、偷——胎、钻——贡、扛——航（四声音）、落——罗、掉下——板罗、丢失——打罗、下雨——罗雨、烤火——接火、起来——条起、睡觉——困岸闭、摔跤——簸腰子、买（卖）布——矬布、卖掉——马脱、卖完——马月、流汗——出焕、纠缠——桥斤、撞鬼——错鬼、滚开——郭乱、回去——围气、勾头——该台、摔跤——板高、不理睬——冒齿、闪电——扯火舌（戳雷公）、纠纷——戳皮、凑近细看——步、好玩——猖、要去——嗨去、发颤——打胖、倒下——内摊子、潜水——钻秘孔、下功夫——豁蛮、伸起头——痴起脑阔、打耳光——簸耳死、打一拳——簸一坨子、欲发脾气——火星子来了等。

名词 路——漏、车——猜、船一雪、家——欧、菜——擦、禾——握、鸭子——蜗、鞋——哈、沙——梭、煤——迷、木——谋、亲——称、贼——踩、狗——改、脖子——酱根、红薯——勺、厕所——茅斯、河里——河台、早上——早台、晚上——哟果、大家——大什、柑子——官子、柚子——陈子、青蛙——福墨、前面——台里、后面——害递、面前——当门、上面——高台、下面——底晦（脚底）、明天——门儿、稻穗——捉泻、哪里——巷肠、棺材——谋台、醋——凑、瘸子——巴子、瞎子——和子、哑子——握子、开水——播暑、胸前——胸搞前、乞丐——告花子、狮子——司子、有钱——有匡、内里——里庵、外面——凯乾、取笑别人——嘘毛、做事啰唆——辣弄、显气派——透阔、不行了——老膏了、灵活——踩跳、办事拖拉——皮长、头发——台毛、膝盖——克先台、黄昏——麻案等。

形容词 大——舵、小——孃、厚——害、怕——破、白——派、绿——楼、咸——寒、快——跨、辣——罗、不——没（冒）、漂亮——瓜、骄傲——起翘（翘尾巴）、调皮——歹厌、敏捷——聊撇、受惊——戳骇、糟糕——拐场（拐火）、仔细——蔽细、小气——尖刚、敲竹杠——扩油伙、不对头——桥了、晚年生个孩子——冻鸡儿、一点点——阔阔儿、好极了——好伤了、精打细算——咪毛、不容人——赖锅、不正经——斗簸等。

数量词 一、二、三、四、五、六、七、八、九、十，分别称为由、中、人、上、大、王、主、井、羊、非。又有另一种称谓：一——大无人儿；二——天无人儿；三——王无竖儿；四——罗无维儿；五——吾无口儿；六——交无叉儿；七——皂无白儿；八——父无叉儿；九——旭无日儿等。

称呼词 杨姓称为老咩的，姚姓称为老瓦的，田姓称为老方的，唐姓称为老甜的，李姓称为老子的等。

俗语

经典方言 “剁墨台骂大蒜，胎根胎根的。”意为大码头买大蒜，大根大根的。其中“大”有剁、大、胎（四声）三种发音。“冇瘸骡子冇有味，瘸了骡子骡死人”。意为不吃辣椒没有味，吃了辣椒辣死人。此两句是浦市著名的经典方言。

诙谐用语 浦市话中，有诸多有趣的谐语，如：有种赞扬叫如法；有种神态叫老麻；有种状态叫烂摊子；有种不年轻叫老呆子；有种热水叫巴树；有种烫叫播；有种乌鸦叫老哦；有种理解叫懂坨；有种调侃叫嘘毛；有种胡扯叫港鬼话；有种智商低叫粉乱；有种态度叫帮乱摁的；有种模样叫丘头怪脑；有种聚餐叫打平伙；有种威胁叫你莫打单；有种唠叨叫落里巴素；有种憨厚叫猪脑壳；有种不明白叫冒有哈数；有种没出息叫冒有乱用；有种使坏叫齿烂药；有种感叹叫碰你娘条鬼哦；有种开始叫架势；有种结束叫打改散场等等。

农产用语 浦市地区流行的谚语主要在气象、节令、技术等方面，气象谚语又分为观云、风、雷电预测天气等。因谚语很多，这里只记述流行较广的谚语。

观云测天谚语：天上河带云，有雨在今明；早上起霞，等水开茶，晚上起霞，干死蛤蟆；早起浮云走，中午晒死狗；早怕南云漫，晚怕北云翻；云从东南涨，有雨不过晌；日出红云升，劝君莫远行，日落红云升，则日是天晴；乌云接日高，有雨在明朝，乌云接日低，有雨在夜里；乌龙打坝，不阴就雨；云在东，雨不凶，云在南，洪水来；天上钩钩云，地上雨淋淋，天上扫帚云，三天雨降淋，早晨棉絮云，午后必雨淋，天上宝塔云，地下雷雨淋；西北黄云现，冰雹到眼前；鱼鳞天，不雨也风癫；早上乌云盖，无雨也风来；云往东，刮阵风，云往西，披蓑衣等。

观风测天谚语：五月南风涨大水，六月南风干到底；春起东风雨绵绵，夏起东风并断泉，秋起东风不相提，冬起东风雪半天；早刮东风不下雨，涝刮西风不会晴；五月南风下大雨，六月南风井底干；东风湿，西风干，北风寒，南风暖；久晴西风雨，久雨西风晴；雨后东风大，来日雨还下；春天刮风多，秋天下雨多。

雷电测天谚语：早雷下大雨，下雨不过晌；响雷雨不凶，闷雷下满坑；春雷十日阴，冬雷十日寒；东闪空，西闪雨，南闪火门开，北闪连夜来；东南方向闪电晴，西北方向闪电雨；彩虹拦东，大雨不空；彩虹拦西，干断小溪等。

物象测天谚语：久雨闻鸟鸣，不久即转晴；喜鹊枝头叫，出门晴天报；蚊子咬得怪，天气要变坏；蜻蜓千百绕，不日雨来到；腰酸疮疤痒，有雨在半晌；晴天不见山，下雨三五天；燕子低飞雨天到，高飞晴天报；螃蟹爬上坎，必有大水涨；知了鸣，天放晴；六月三日阴，遍地出黄金；十月无霜，碓场无糠；雪珠子打底，准备柴和米等。

数九谚语。冬至节后进入数九寒天时节，民间开始数九：一九二九，怀中抄手；三九二十七，行路冷兮兮；四九三十六，屋檐吊蜡烛；五九四十五，牙齿冷打鼓；六九五十四，烂泥生硬刺；七九六十三，行路脱衣裳；八九七十二，蛤蟆田中嗝；九九八十一，蓑衣配斗笠。

节令谚语：立春雨水到，早起晚睡觉；雷打惊蛰前，放下生意快种田；惊蛰热，秧起节，惊蛰冷，秧打滚；清明不明，蚊子咬死人；谷雨种高粱，穗子扁担长；清明秧子靠得着，立夏苞谷（玉米）像牛角；清明豆，谷雨瓜；小满不满，芒种不管；立夏不下，犁耙高挂；夏至不栽田，芒种不种棉；头伏日头二伏雨，三伏日头晒死鬼；三伏不热，五谷不结；霜降不收禾，一夜丢一箩；寒露不勾头，割光喂老牛等等。

农业技术谚语：秧好半年禾；春下一粒种，秋收万石粮；田间管理像绣花，一针一线不能差；冬天犁一犁，抵得百担肥；春耕加一寸，如上一回粪；一犁一耙，有秧难插，两犁两耙，难糊嘴巴，三犁三耙，才算农家；栽田犹如赶考，收割犹如抢宝；麦怕连夜雨，禾怕午时风；麦奔小满禾奔秋，桐球茶子奔寒露；穷人莫听富人哄，桐树开花要下种；人哄地皮，地哄肚皮；远田不富，远亲不顾等。

民间俗语 “瞎子讲送聋子听”意为有意隐瞒实情，不讲真话。“豆腐多了是水”意为贪多而忘了求精，得不到有价值的东西。“吃饭不离老屋场”意为做人不能忘本。“有钱不买腊月货”意为腊月货物比平时要贵。“金窝银窝，不如自己的稻草窝”意为再好的地方也没有自己家好。“穷莫烧山，富莫惹官”意为穷人烧山没地种会更穷，富人惹官司也会穷。“各人门前三尺硬土”意为人都有自己的强项，不能忽视。“猫儿不在家，老鼠打翻叉”意为没有管束力，秩序就大乱。“阴沟里的岩头，也有翻身之日”意为世事无常，希望就在前头。“火怕捞，人怕刁”意为柴火挑拨多了会熄，人挑拨多心会无主。“生时人吃土，死后土吃人”意为生时依靠种地种粮而生存，死后用土掩埋亡人，喻事物相互转化。“三百斤野猪得张嘴”意为只善空谈，不会动手。“做不得牛，就不要误春”意为选择了什么，就尽力做好什么。“马屎皮面光，肚里一包糠”意为做事投机取巧，只图外表华丽，里面都是假货。“不养儿不晓得养儿苦，不当家不晓得柴米贵”意为没经历过的事情体会不到其艰辛。“养儿不读书，不如养个猪”意为鼓励家长要让儿女读书识字。“牛打生，马打熟，婆娘打了不归屋”意为夫妻和睦才是好，家和万事兴。

称谓用语 祖母（婆、娘娘、奶奶）、祖父（公公、老爷、老哟）、外祖父（锅公）、外祖母（锅婆）、父亲（爹、爸、爷、哟、老货、老头儿）、母亲（娘、妈、阿娘、莽）、伯父（伯伯、伯老、大爹）、伯母（伯娘、伯母、大娘）、叔父（叔、满满）、叔母（叔娘、满娘）、岳父（丈人老、亲哟）、岳母（丈母娘、亲娘）、姑姑（姑、达达）、姑父（姑哟）、姨父（姨哟）、丈夫（老板、男人、老头儿、老蔸子、我屋的、伢儿爹）、妻子（堂客、屋里人、老娘子、老板娘、伢儿娘）、儿子（伢儿、老弟、害生郭）、儿媳妇（媳妇或直呼其名），称中医生、教书老师为先生，称工匠为师傅，称大家为大什。

俗规民约

旧时，民间俗规在民间纠纷调处上以“款头”或族长、寨主主持息讼调解为主，当事人舅家可以全权代理纠纷调处。遇到难以决断的“疑难案件”，往往是启动神明决断，双方在主持人的参加下，面对神灵赌咒发誓，使亏心者受到精神上的“无期徒刑”，以此作为息讼条件。现今与国家法律相抵触、与社会发展不适应的俗规已被摒弃。

家族俗规 浦市境内大部分村寨同姓并由同一祖先繁衍形成，宗族活动较多。祠堂是处理宗族日常事务、举行族会和祀奉祖先的场所。有的宗族村寨有成文族规。旧时，许多宗族戒规对违反族规者的惩罚办法有掌板、杖责、罚款、逐出、更姓、黑办等，其中，最残酷的黑办方式是沉河闷死。凡是给宗族“扫了脸”、“败坏”了村寨名声的都可能被黑办，如女子私奔、乱伦，在外为匪抢劫杀人等。宗族俗规还直接或间接地调整宗族成员婚姻关系，规定同姓且同宗的男女不能结婚，如若违反必遭全族人群起而攻之。有的村寨规定，同一姓的村寨不能有外姓人居住，对于没有儿子的家庭允许过继一名同姓氏儿子，后来采取招婿上门办法。现今以法律为准绳。

村寨民约 浦市有的村寨为维护本村寨利益和秩序，议定了村寨民约，如封山育林公约、保护秋收公约、收捡桐茶公约、井水饮用公约、维护治安公约等，由全村寨人共同制定和遵守，全村寨不分男女都须遵守执行。制定某项俗规时，由村寨头人先提出制定的内容、目的、条款及执行办法，请大家商议，在取得一致意见的基础上，归纳出若干条款宣布通过，然后率领大家焚香、磕头、敬神。主持人在神桌上将雄鸡割血，分别滴在每个人的酒碗里，大家一饮而尽，表示坚决执行，有的村寨杀一头猪，全体村民饱餐共誓。封山育林公约，封禁期限有永久性的也有为期十年、八年的，鸣锣示众后，任何人不得违禁。对违反者惩罚均按条款执行，有罚款、罚粮等，村内外一视同仁，被罚收入用于植树造林，由村里头人经管决算并当众公布。

家庭俗规

分家析产 分家一般由父母主持，兄弟商议，如果有争议须请有威望族人和村寨首领主持公道，有的还请舅舅帮助分家，将财物搭配合理，有的立字据。分家由家长公开家产，按份分配，对分配意见不统一时，则将分配名目写成纸条，拈阄分配。最后将各人所分股份包括父母的养老股写成字据，当事人签字画押，族人及首领签名，字据方能生效。各人分得的田地、房产、牲口等如要出售首先要卖给族人，本族无人购买，方可卖给外姓人。

家产继承 旧时，家产的继承原则是儿子有继承权，女儿没有继承权。如田产继承份额普遍是按“口份田”分配，未出嫁的女儿或未成婚幼子一般与父母同居，要适当多分一些好田土，俗称“姑娘田”，以供食用和备办嫁妆。父母所分的田土也要好些，俗称“养老田”。人们重视家庭财产的继承，有内容丰富的财产继承方面的习惯做法，对财产继承人、继承原则、继承顺序等作了具体规定。若父母去世，田土由承担父母丧事者继承。女子出嫁后，田地归父母所有，无父母者归同居的兄嫂所有。没有子女的人家可以过继子女，一般是过继兄弟的后裔或同族兄弟的后裔，须当着族人举办过继拜祖仪式，然后按字辈取名表示血亲，有权继承家业。无过继子女者，去世时由家族人主持丧仪，议决家产处理，继承者要负责逝者丧葬和祭祀。如今的家产继承通常按照现行法律法规进行。

家规祖训

浦市各个姓氏在历代修谱中，制定了许多积极意义的训规。各个姓氏的训规内容多有相同之处，限于篇幅，仅收录几个主要姓氏的训规。

廖氏训诫

1924 年 9 月，廖名缙在京师黑塔寺住宅修谱时，为廖氏家族定下八训和八诫。

八训 事亲当如戎州洪公龙门琚公之孝，事主当如顺昌澄公将乐居素公之忠，处兄当如顺昌迟过遂遽四公之友，为儒当如衡阳谦公衡山偁公之正，读书当如桂阳冲公连州颙公之博，临民当如钜鹿觊公晋江正叔公之仁，为将当如蜀化公巢永安永忠公之勇，学艺当如平兴扶公云都瑀公之精。

八诫 戒崇邪说败彝伦，戒弃正业习游惰，戒好货财轻信义，戒听妇言疏手足，戒远正人亲邪辟，戒急私利害公德，戒逞巧诈好争讼，戒恃血气习斗狠。

李氏祖训 李氏家族在清代修谱时，制定了族人必须遵守的祖训。内容为：读书为重，次即农桑；取之有道，工贾何妨；克勤克俭，毋怠毋荒；孝友睦姻，六行皆臧；礼义廉耻，四维毕张；处于家也，可表可坊；仕于朝也，为忠为良；神则佑汝，汝福绵长；倘背祖训，暴弃疏狂；轻违礼法，乖舛伦常；贻羞宗祖，得罪彼苍；神则殃汝，汝必不昌；最可憎者，分类相戕；不念同忾，偏伦异乡；手足干戈，我民忧伤；愿我族姓，怡怡雁行；通以血脉，泯厥界疆；汝归和睦，神亦安康；引而亲之，岁岁登堂；同底于善，勉哉勿忘。

李氏家规

敬祖宗 物本乎天，人本乎祖。子孙之身，祖宗之所遗也。犹木有根无根则枯，如水有源无源则涸。子孙永世得享，承国乐利之泽，祖宗积庆之所致也。不敬祖宗则忘本，忘本则枝叶不昌。故岁时祭祀，晨昏香火，毕恭毕敬，无厥无慢。

敦孝悌 父母之恩，天高地厚，恩情罔极人伦。十月怀胎，三朝乳哺，推干就湿，保抱抚摩，忧疾病，闻饥饱，调寒暑，父母受尽万苦千辛，方得子女成人长大。为子女者即幸遇父母有寿，急急孝养，难报天恩。

睦宗族 宗族者，同宗共祖之人也。虽有亲疏贵贱之别，其始同出于一人之身，故尧典曰亲睦九族，周室则大封同姓宗亲之谊，由来重矣。今世俗薄淡间，有挟富贵，而厌贫贱，恃强众，而凌寡弱者，独不思富贵强众，皆祖宗身后之身耶?

端伦常 忤长上乃乱天伦也。须坐则让席，行则让路，口勿乱喧，事不乱专。谦恭逊顺，绝去骄傲放肆之态，方是为伦常之理。子弟者不肯安分循理，任情倨傲。行不让路，坐不让席，揖不低头，言不逊顺，曾不思尔将来也。

友昆仲 兄弟姊妹，同气连枝。父母左提右携，前襟后裾，飨食传衣，亲爱无间，且一本所生，同胞共乳，除却兄弟姊妹，更有谁亲？且从父母分形而来，子女之身来自父母，若兄弟姊妹相戕，是戕父母矣。

和夫妇 夫妇为人伦之始。夫和其妇，妇敬其夫。夫以修身齐家事为本，妇以人伦道德情操为重，同事耕耘理家创业，夫妇协同，修身、齐家、治国、平天下，休戚与共，百年好合，白头偕老，同建和谐家庭，万事兴矣。

教子孙 家之盛衰，不在田地多寡、帛金有无，且看子孙何如耳。子孙果不肖也，眼前富贵不足恃；子孙果贤也，眼前贫贱不必忧。为父母者，切不可不教子孙。禁其骄奢，戒其淫逸，出外亲正人，闻正言，振家声，光大门楣。

尚勤俭 俭可助贫，勤能补拙。勤俭者，起家之本，传家之宝，立业之基，人生当务也。勤而不俭，则财流于奢，俭而不勤，则财终于困。人世间，见名门世族，以祖考勤俭为成立之本，盖俭则富贵长保，节俭者治家之要义也。

恤孤寡 鳏寡孤独，天下最苦，无告之人也。无家产者，朝不能保暮，饥不能谋食，寒不能谋衣。有家产者，鳏寡不能自行，孤儿幼弱不能自主，凡百家事，皆听于人。凡有此种种苦愁，阖族尊长俱宜加意怜悯，竭力扶持。

戒唆讼 人之好讼，虽其人之无良，总起于无赖者之教唆。然无赖之徒，专以人之告状为酒肉之窟，为张威趁钱之门，故或人本无甚怨，装出剖腹之情，而构成大嫌。渔讼者之财，破讼者之家。若而人者，国法之所不容。

安生理 士农工商者，然视其天赋择业，士者实去读书，农者实去耕耨，工者实去造作，商者实去经营。只要勤心體力，安分守己，此中稳稳当当，便有无限受用。至若妇女，亦要勤纺绩，务针指，操井臼，协同丈夫，共成家业，方是贤妇。

勿非为 非为者，殃及子孙，甚而危及性命。或摊场赌博，或倾败家业，或掇拐掏摸，或抢夺吓骗，或争斗撒泼，或毁廓侵坟，或占人田土，或伪造货币，或横行乡里，或挟制政府，受祸不浅。

忌毒染 世人蠢蠢，吸嗜烟毒，日久难收，体魄渐削，形若骷髅，力莫能举，处不能事，名声泯灭。终朝烟雾缭绕，男女混杂，晨错夕颠。典当家财，帛金耗尽，绝嗣戕年。全无利益，自取尤愆。

慎嫁娶 男婚女嫁者，人伦之始，男大当婚，女大当嫁，古之常情。执德为首，嫁女择佳婿，娶媳求贤女，嫁女勿计厚奁，勿取重聘，勿贻误族女。时下婚嫁，为争门面，则败家产而为。娶妇事翁姑，经事理，执妇道。

勉诵读 宗师道，习圣贤之书，人不读书，子弟颖悟者少，迟钝者多。为人子弟者，勿恃聪明，勿安愚昧，勿沽名而钓誉，勿勤始而怠终，耳提面命敬而听之，自有融会贯通处。延贤师，访益友，涵育熏陶，终归有成。

重交游 志同者为友，道合者为朋。交游以信为先，信者相通，守望相助。既诺勿欺，订交勿苟。择善而握。直谅多闻。

谨丧祭 丧祭者，慎终追远之大事也。丧尽其礼，祭尽其诚。父母在生之时，尽力供养，逝后要从俭治丧，无须无财大操办。丧事也不能俭而不顺民情。

远酗酒 酒浆之酿就，非以为祸，冠香丧祭，礼用清酌，洗爵尊戽，献酬交错。唯彼贪夫，不知节治，终日醉乡，癫狂失措，耗所损精，形骸脱落。贪杯误事者，不胜数。

远异教 邪教惑众蔑国，触逆国法律条，邪说诬民，法所不允。更有甚者无赖之徒，往往假凶祥祸福之事，实则诱取资财，阳窃向善之名，阴怀不轨之计。凡族人应远其异教，以正家风。

省自身 遵圣训，洁身自律，日当三省，常思己过，莫论他人是非，切不得自甘自戕，辱没家族声望，修身、齐家、治国，平天下，乃人生要意。则家风正耶。享用斯人，永利后世。

康氏训规

家训 子当孝，孝无圣凡性相同，大舜耕田杨侧陋，王祥卧冰感天公。敬父母，敬祖宗，家道自兴隆。此为孝训。弟当悌，弟乃一家之福风。伯夷让国称大老，孔融让梨尚童蒙。宣有忍，宣相容，怡更融融。此为弟训。人要忠，忠心一点总无欺。为国敬忠身宁蹇，为民输赋莫迟。遵宪纪，尊设施，人民当如斯。此为忠训。友当信，信统言行切莫逾。仲氏推心不宿语，曾子省身是良图。己不狂，人有子，交道两相宜。此为信训。人重礼，礼即详明动不迷。一团谦光辞与让，十分恭容尊碑福。贤父兄，早提撕，万事又谁诋。此为礼训。人重义，义以方外万事伸。是非勿为私心泥，可否总依至理成。毋急，毋巡，斟酌好问津。此为义训。人重廉，廉洁慷慨有芳名。千驷系来休人目，万钟绿至莫动情。毫无苟，丝必明，众进浊宁独请。此为廉训。人重耻，耻乃人情之本心。不食周粟古今仰，采薇叩马有芳名。熟于心，见于面，反本自然荣。此为耻训。

家规十二则

（1）忠君孝亲。人伦有五，忠孝为先。在朝事君，心膂股肱。文经武纬，功业灿然。在家事亲，竭力勉能。倘有忤逆，从加笞鞭。精忠纯孝，感动地天。

（2）敬兄事长。家庭里闾，兄长宜敬。让梨吹篪，手足情亲。休争财产，操戈起衅。伯叔祖辈，名分甚尊。恭逊顺从，犯上必警。乡党论齿，不独同姓。

（3）为夫正内。男室女家，夫纲先整。夫和而义，妻柔而正。男历外事，妇工织衽。男应立正，枕言勿听。妇戒长舌，家务整营。闺门严肃，家道兴盛。

（4）尊师信友。教尚名师，束脩勿究。时雨春风，密旨传授。隆师训子，德业可就。丽泽磋磨，交宜益友。兰臭同心，敬信宜久。文会往来，益彰不谬。

（5）专心习业。士农工商，习业宜专。苦读成名，荣耀家邦。勤耕广种，充实粮箱。百工技艺，熟则精良。商贾经营，捆载归藏。懒惰游戏，朽木粪墙。

（6）安分守法。万事人为，休生忌妒。贫贱困若干，悔奋安素。物非己有，不可贪顾。寡廉鲜耻，从情所恶。私宰财博，坏事莫赌。奸淫邪道，国法严究。

（7）惜身节用。发肤身体，保护可嘉。酒色财气，切莫恋它。轻生任气，倾伤兴蹉。处世居室，不比侈奢。衣服器皿，不可繁华。冠婚丧葬，节用为佳。

（8）祀祖保墓。水源木本，一脉当知。祷祀蒸尝，祭祖以时。祖山四至，立界莫迟。冢穴坟墓，先灵所妻。内宜立券，外宜竖碑。护以树木，保守勿迷。

（9）安家固业。光祖坟茔，焚戒昭明。上下左右，不可犯掠。钻侵尖茔，延祸非经。余同秀穴，开取声鸣。寿基空位，父立子承。外姓异族，勿卖免争。

（10）睦祖和邻。比屋处聚，比屋处聚，有族与邻。万年宗族，大小分明。纲常勿坏，敦睦情深。邻居附近，胜于远亲。出入守望，协力同心。救灾焦急，互帮友平。

（11）审娶择配。选妻婚娶，才貌莫歆。德生淑慎，乃是空珍。以吕易嬴，尤防乱真。办女选婿，莫急许缨。访知得实，相称结姻。妆资酌量，不必丰盈。

（12）矜寡崇节。闺中弱质，年幼失夫。寒霜冷雨，孤枕凄然。茹荼饮蘖，冰心操坚。或守孤儿，茂龄熬煎。两家互助，百计恤怜。钦崇劲节，代请旌悬。

吉氏家规 遵祖训忠孝传家，重书香以求上进；入仕途严禁贪腐，讲法规以保平安；重农商以足衣食，尚节俭以惜财用；讲仁礼与人和谐，训子弟以儆顽劣，戒赌博以保家业，禁富豪以轻财势。

信仰禁忌

信仰习俗

安家先 安家先又称安神龛。旧时，当地人们只要有自己的堂屋，都会在堂屋正中安装“天地国亲师位”的神龛牌位，也是家中最神圣的地方。安神龛是很严肃的事，俗话说“神龛高过堂屋门，子孙发在自家门。神龛低于大门口，荣华富贵往外走”，所以堂屋神龛都高于大门框架。过去安装神龛一般要请老司做“安神龛”小法事。神龛正中书“天地君亲师位”或“天地国亲师之位”，左右书“九天司命太乙府君”“是吾宗支普同供奉”，两侧贴祈祷对联，如“愿国四时调玉烛，祈家千载绍书香”“孝祖宗必定富贵，敬天地自然荣华”“祖德永垂家道盛，神光普照子孙贤”等。整个家先横联书“长发其祥”或“笃庆锡光”等，下写有“天地阴阳某年某月某日某时百无禁忌”横贴，神龛架上面并排放 3 个香炉碗。这是大神龛，还有祭祀主人家本宗氏堂上的小神龛，是挨着大神龛左下齐的位置。神龛上所写之字一般由老司掌笔，若老司不写，要由文化人代劳。“天地国亲师位”几个字很有讲究，老司授以秘诀：天不盖地，地不离坼，国不破疆，亲不闭目，师不带刀，位不离人。天不盖地，是“天”字的横撇捺不能宽过地字。地不离坼，即“土”和“也”笔画要连起来不能离开。国不破疆，即口字框要四周相连不能开口子。亲不闭目，指“亲”字的繁体字上半部“目”字写法不能封口。师不带刀，指繁体师字起笔一撇如刀如匕得省去不写。位不离人即“人”字旁和“立”下部笔画相连。

祭树神 树神是巫信仰的参拜物，其宿主多为一些参天老树。认为树神是一方神灵，敬拜则获吉，因此，浦市民间普遍存在祭祀树神祈福求吉的习俗，寨里爱得小毛病的小孩，常拜祭树神保佑平安易养。各村寨旁均有一棵古树称“寨神树”，逢年过节或三月初三，人们祭祀树神时在树下摆上供品，供奉香火，经过此树的路人，也会顺手摘下一棵青苗或茅草打一个结插在人树下，或点上一根香烟供奉。

泼水饭　泼水饭是给逝者、孤魂、野鬼的供奉，为民间一种祭祀习俗。泼水饭都是晚上去荒郊野外或十字路口，泼了水饭，碗要倒扣在原地马上走开，不得回头看望。

祭土神　自古以来，古镇人们以土地为神，尊土地为社神，民间称土地公，认为其执掌一方土地平安。农历二月初二，人们备好牲醴、酒馔、果品等供筵，焚香虔诚致祭于土地堂（坊）的土地公神位，以求赐五谷丰登、六畜兴旺、招财进宝、合家平安。

船上祭礼　旧时浦市靠水路兴旺发达，20多座码头船来船往，久之形成了一些行船习俗，在船只穿潭过滩逢寺庙和危崖险水时必要行施祭礼，方法是下水船船主在船头点酒放鞭炮，上水船只要靠岸，就进寺庙烧纸。泸溪境内要祭马咀岩、箱子岩、白龙岩、辛女岩、盘瓠神，从沅陵至常德要祭“庙角菩萨——金老鸦”，过洞庭湖时要祭“六角庙的洞庭神”（三王爷）。船下行至洞庭溪就筛锣、点酒、放炮敬老鸦神（即庙角菩萨）。船经高椅洞至翁子洞90千米路途中有成群乌鸦飞过或停在船篷上，船主将米饭捏成团抛向空中，乌鸦接去就预示吉利，可安全通过15千米的清浪险滩，若无乌鸦搜船讨饭就疑有风险，即令停船靠岸来日再行。船到洞庭湖则不允许船工手搭“凉篷”眺视前方，因为“六角庙内的三王爷”是一手遮天、一手托地、翻云覆雨的神灵，手举向前额搭起凉棚远眺就是耻笑他，他就会兴波逐浪将船掀翻。

巫傩活动

巫傩文化为祭祀文化，包括傩仪、傩俗、傩歌、傩舞、傩戏、傩技等。通过各种仪式活动表达除灾呈祥、阴阳调和、风调雨顺、五谷丰登、人寿年丰的祈愿。

放河灯　放河灯也称为“放荷灯”，古镇人们用以悼念逝去亲人，对活着的人表示祝福的方式。放河灯是用木板做底，灯体为防水纸，底座上放灯盏或蜡烛，有的还在灯上写上亡人名讳。夜幕降临，人们将一盏盏河灯点亮置放河中，顺水漂流，以此祭奠先人。

朝庙会　明清时期古镇寺庙宫庵、土地堂（坊）遍布城内外，有“湖南庙乡”之誉，烧香拜佛赶庙会是融入浦市人生活中的一件事。二月初二是土地公生日，各坊的人都要给土地公燃烛祝寿，三月初六抬黑龙菩萨，四月初八牛王菩萨生日，庙里要举行牛王法会。月月有庙会，季季有朝拜，市面上一年四季能看到各种盛大的佛、道祭祀活动。祭祀活动中，独特的清醮、黄醮、放焰口、盂兰法会、龙华盛会等民俗活动把庙会装扮得精彩纷呈。每逢祭祀之日，无论多忙，人们带着香纸蜡烛、提着篮子去寺庙祭拜，已经形成独具地方特色的文化风景。

放河灯（2016 年） 姚传山 摄

封忌和开祭 过去每年农历小暑节前后，浦市要举行一次“封忌”活动。封忌是庄严肃穆的一件大事，人们自觉遵守，不敢吃荤。屠夫停止宰杀，渔民停止捕捞，人们不得杀生。新鲜蛋品、盐蛋、皮蛋都不能吃，蔬菜中的红苋菜、圆茄子、红长豆荚以及腌的酸菜均被列入禁忌之列。据说圆茄子象征天王的马铃，红色长豆荚象征天王的马鞭。坛罐内的酸菜既不能吃，也不许翻，因为天王是饮坛内酒被毒死的。人们不敢“犯忌”，恐天王降罪。“封忌”开始日期为每年的小暑前辰日，小暑后巳日结束，故又叫作“龙蛇大会”。“封忌”前一天，庙役提一面大锣各处敲打，有时数人分头鸣锣告示。13 天忌期过后，举行隆重的开忌仪式，杀猪宰羊抬到天王行宫去祭祀，开忌可以吃荤腥，称为“六月年”。中等人家端“猪头三牲”（猪头一个，雄鸡一只，鲤鱼一条）去庙中。一般人家煮一斤（0.5 千克）肉、一个蛋、一碗米饭、一壶酒去祭祀。浦市民间，天王行宫好似民间诉讼的“最高法庭”，天王受命“日管阳间事，夜管阴间事”，有阴阳两管之神权。旧时，民间发生纠纷，特别是有冤无处申、有理无处诉的时候，百姓唯一的希望就是“向神鸣冤，求神判断”。遭受不白之冤的人到天王行宫哭诉，并将神位边的黄旗借来，肩扛神旗，手提大锣，喊冤敲锣。冤情深重者将天王爷背到对方家里，求神做主申冤，叫作“背菩萨”。这种形式，不管灵否，能使民众精神上得到些许安慰，给有权无理之人以精神上的震慑。

还傩愿 又叫“玩傩愿”，是浦市一种酬神活动。旧时，人们凡遇家人不安、五谷不丰、六畜不旺、财运不佳、口角纷争等，请老司测算要酬什么神，还什么愿，经老司卜问后，先许下酬傩祭典愿，灾难过后选日择时举行仪式偿还。这叫“春祈秋报”。傩仪神坛上供奉傩公和傩母（伏羲、女娲）。傩愿种类有多种：事先叩许，祈求保佑，事后酬谢，称为“愿傩”；新婚之喜，请老司做还傩愿法事，祈求夫妻和睦、早生贵子称为“喜傩”；老人七十以上大寿祝福老人健康长寿，还傩愿法事叫“寿傩”；老司传法于弟子，徒弟出师谢师，特殊情形下感谢养育之恩，修桥补路，救人于冤狱以及其他感恩戴德的情形还傩愿法事称为“恩傩”；久婚不育，祈求傩神后获子，请做还傩愿法事称为求子愿，还有消灾愿、太平愿、求福愿等。

杠仙 杠仙是巫术的一种，通过请仙娘杠仙问神进行。仙娘（女巫）皆是能言善辩的妇人，其先发“狂病”后成女巫，行巫无人传授。旧时，仙娘并非泛泛之辈，大都懂医术，在医病救人方面有一技之长，她们通过杠仙方术获得酬劳维持生活。后来形成既做好事也为钱财的一种行业。杠仙传到后来，主要是仙娘在与主人和周围人的交流中洞察人性，用自己独特的想象讲述人间的另外一番景象，起到安慰的作用。

叉七姑娘 “七姑娘”即传说中的天仙七姐，请七姑娘又叫叉七姑娘，是旧时古镇广为流行的一种巫傩法术。传说到了七月初一，逝去亲人会回到家里，与亲人相伴半个月时间，七月十五晚上回去，在这半个月时间里，可通过请七姑娘的方式让灵魂去“西天”看死去亲人的情况，冬闲时节，乡村青少年为了逗趣好玩，常至冬腊月夜间烧香纸请天上七姐下凡，其中一人装成七姑娘下凡附体，述说人间灾祸福气和天上安闲逸致的生活。有的向七姑娘问其婚姻良缘，惹得哄堂捧腹大笑。请七姑娘还有少儿在火塘边做的一种，即将香篾棍子做成七姑娘的两条长脚，对吊在一横香篾上，再用三张烧纸打折在火上烤热后，置七姑娘的“脚尖”附近，并说“七姑娘，单脚来”或说“七姑娘，双脚来”，七姑娘的“脚尖”随喊声伸向纸上。

筲箕姑娘 就是扶乩。旧时，民间常于农历正月十五夜迎紫姑扶乩，在扶乩中须有人扮演被“神灵附身”的角色，这种人被称为乩身，“神灵”会“附身”在其身上，写出一些字迹，以传达“神灵”的想法，信徒通过这种方式与“神灵”沟通，以揣摩理会“神灵”的意思。因为法术的工具为筲箕，故称为“筲箕姑娘”。

诀语 诀语分为手决和口诀。手诀与符箓、咒语、步罡共同构成道巫法事的基本形体动作。在法事活动中，老司所施法术按照“一诀二罡三符四咒”方法进行，手诀的重要性远超过咒语及符箓。手诀的基本成分是诀文，诀文是指掌指上某一固定部位象征诸天星斗、天干地支、九宫八卦、五行方位、二十八宿等。

咒语 祭祀仪式中，咒语是老司必不可少的法术。老司有出声的念，有不出声的默念（称为心咒、密咒），念咒时，配合手诀进行。法事中运用咒语多达36种。

符箓 又称辰州符，是辰州地区巫师们首创。辰州符又称灵符、神符、桃符、符箓，其主要作用是保护和镇守。旧时，符的用途极广，巫傩法事各个场面几乎都离不开符。民间平常使用亦很多，如在家畜饲养场地贴符，俗信可保六畜兴旺。在水稻秧田和蔬菜苗地贴符，俗信可保出苗粗壮，虫鸟不侵，五谷丰登。兴修桥梁贴符，俗信可保过往行人安全。狩猎场地贴符，俗信可保野兽不乱跑，满载而归。生产工地贴符，俗信可保妖魔鬼怪不作乱，生产安全等等。符的表现形式多种多样，有用香或燃烧的纸钱画在空中、水中、碗中的“符”，有用筷子或利剑画在酒杯里或鸡血碗中的“符”，有画在地上、刻在木板上、雕在岩石上的“符”等。

日常禁忌

生活禁忌 忌踩三脚架。火坑里的铸铁三脚架专用于架锅、鼎、罐煮饭炒菜，任何人不能用脚踩踏。传说三脚架是三个护火的祖先变化而成，踩三脚架是对祖先不恭。

忌坐火坑右边。火坑右边的中柱脚是祖先神位，青年和妇女禁坐这一方烤火，孩童不能在这方嬉戏打闹。

忌用脚踩掉在地上的饭。认为脚踩是不爱惜粮食的行为，会触怒雷神遭“天打雷劈”。

忌男女单独同行。不是夫妻或兄妹关系的男女不得单独同行，避免闲话猜忌和误会。

忌吃饭时用筷子敲击饭碗，祖人认为敲饭碗会敲去衣禄受穷。

盛好饭菜，插上筷子放桌上约一分钟再吃饭，视为对祖先忠孝。

忌吃饭时对着别人的后背，认为这样会吃掉人家的魂魄。

忌饮酒举杯就喝，须先点几滴酒落地以示纪念双方祖先。

忌称物品“3斤6两”（1.8千克），因3斤6两是为死人买落气纸所用的数，不吉利。

忌戴孝帕去别人家，因为戴孝帕是为死去的亲人而戴的，别人会很忌讳。

忌男人从晾晒的女人衣服下面钻过，特别是裤子，认为这样在社会上会混得差。

忌红喜事当天有人在主人家里吵架，认为这样会给喜事家庭带来不吉利。

忌用母鸡敬神，在道场法事、敬神都必须用公鸡，要用鸡冠的血来忌神，趋吉避凶。

忌房前建牛栏、屋后建仓库，因为有“前怕留难后怕疮”之谐音忌讳。

忌人踩木匠木马，忌人跨岩匠岩杠，认为会玷污了匠人祖师。

忌看过死尸的人看未满月婴儿。

忌在家中和晚上吹口哨。认为吹口哨会招来阴风，引来鬼怪缠身。

忌经过村寨打吆喝，认为会惊动地脉龙神，遭到村里人责骂。

生产禁忌 忌接触死者尸体的人撒播种子，认为种子不会发芽和成长。杀牛时忌将刀递给屠户，民间有“不怨杀人者，只怨递刀人”说法。

婚姻禁忌 忌同宗男女恋爱结婚，认为有辱祖宗，乱了纲常，轻者逐出村寨，重者会被家族沉潭“黑办”。

忌在族人面前谈情说爱，会被责骂。

忌订婚时遇伤亡事件，忌宴席上打烂碗盏，认为这类现象是日后夫妻关系破裂的预兆。

忌新娘出嫁或回门途中与抬丧相遇，遇上必须绕道。

节日禁忌 忌腊月三十晚上断火种，被认为是不祥之兆；忌正月初一用火筒吹燃火，认为会吹去一年的财运。

忌正月初一至十五讨债，传说这期间是大吉之时，人皆享受节日快乐，“叫花子都有三十夜”。债主只能在三十夜之前讨债。

忌除夕之夜和大年初一说不吉利话，农村有“腊月忌尾，正月忌头”的俗语。

生育禁忌 忌家有孕妇时在房屋周围动土、移重物、钉铁钉，认为会震动胎神流产或生出残缺婴儿。

忌妇女生小孩未满月之前从中堂走过或走进别人家里。

丧葬禁忌 非正常死亡的人，如投河、自缢、难产、枪毙等属于“丑鬼”，忌埋葬祖坟山。

因病或事故死在外面的，忌把死者的尸体抬进村，必须在村外打棚子停放。

老人死后忌狗猫进入灵堂。

忌丧葬过了时间再补人情礼。

船上禁忌 船上禁忌较多，譬如妇女不能坐船头“一字梁”上，亦不能在船头下岸踩“公鸡头”。早餐前所有船工要忌“四破口供”，不许讲带有“沉、打、鬼、菩萨”等字眼的话语。

目连戏——抬灵官（2015 年）　　邓和生　摄

名人与名镇

浦市古老的历史，孕育了无数名人贤达。谭子兴镇关立市，廖名缙等痴心教育，姚鉴雪、程涛、卢冬生等为革命抛洒热血，李奇亨铁血抗日，康寿祖、姚云程救死扶伤等。无数血性儿女，汇成浦市历史的人文精神，激励着浦市人励精图治，初心不忘。

在历史长河中，浦市以其独特的魅力，吸引了一大批文人、政客，屈原、王昌龄、沐英、吴三桂、石达开、贺龙、沈从文等，或路过，或涉足浦市，历史上或多或少留下了他们与浦市的岁月痕迹和动人故事。

浦市 PuShi

人物传略

谭子兴（生卒年不详） 岳飞部将，南宋绍兴五年（1135），随岳飞镇压杨幺起义，被宋高宗加封为千户将军，食邑千户，准十代袭职，移镇浦口立市，后定居浦市西生宝（今新堡）。管辖范围上至沅州竹寨（今新晃县新寨），下至辰州大路口（今桃源县八字路）。子孙“袭职繁昌，为邑巨族”。子永坚、永贤和孙必仁等十代世代袭职。新堡北靠高山，其子兴建真武殿于山巅，名大朝山，后改称代朝山。地方史志、文史典籍和西南各地谭氏族谱中对此均有记载。谭子兴驻军并开发浦市，为古镇后来繁荣昌盛，一度成为“西南商贸一都会”奠定了基础。

张经世（生卒年不详） 字营楣，清道光十七年（1837）拔贡。以诗文闻名，品德端正，授八旗官学汉文教习，年老辞官归乡。清同治五年（1866），浦市知名人士印次桢重建观澜书院，张经世任山长兼主讲，历时21年。其子昆翼亦为拔贡，卸职后，继承父志任观澜书院山长，教授子弟众多，凡到浦市为官者，必先拜望其家，浦市人亦敬爱之。

廖名缙（1867—1927） 字笏棠，幼孤贫而聪慧，就读两湖书院，早年中秀才。清光绪二十三年（1897）拔贡，曾任湖南浏阳县（今浏阳市）学训导、福建龙标书院山长。后以清朝留日学生，入东京振武堂及弘文学院师范科就读。由于纪念甲午战败邀集留日同学举行反日爱国集会，与日警发生冲突，愤而归国。归国后，任江西常备中军兼续备左军统领和湖南威字新军协统，主张君主立宪。清宣统三年（1911）七月上旬，参加由谭延闿主持成立的宪友会湖南支部和同时成立的辛亥俱乐部湖南支部，任候补评议员，随后被委任为湖南新军巡防营左路统领，不及赴任，辛亥革命爆发，湖南即反正，后为谭延闿幕僚。民国初，曾一度为国会众议院议员，担任过熊希龄的助手，后被委任为湖南武陵道和四川永宁道道尹。卸任回乡后，投身教育事业，先后担任湖南法政学

廖名缙作为湖南省的三个代表之一参加选举孙中山当选民国临时大总统

廖名缙幼女廖盛慈　提供

堂、甲种农业学校、明德学堂、兑泽中学、工业专门学校（湖南大学前身）校长、监督及总教习职务。晚年定居北京，笃信佛教，曾任当时流寓北京的第九世班禅额尔德尼秘书长。1921年后，任北京香山慈幼院副院长。廖名缙好学博览，精诗文，工辞章，善绘画，世人誉其为“湖南唐伯虎”“光宣知兵词人”。主要著作有《百槲溪堂文集》《百槲溪堂诗集》《西山枕石集》，并有《湖南邵辰族谱》编撰及日文军事译作数种。1927年3月，卒于北京地安门外法通寺街本宅。

王上仁（1873—1937）　祖籍江西高安县，先辈到浦市经商。清光绪年间（1875—1908），考中泸溪最后一届秀才。此后，废科举，兴学校，王遂留意新学，关心时政，广泛阅读各种报刊，追求新的知识，对民主共和尤为研究。辛亥革命后，参与地方各项政治活动，品德庄重，为地方人士所敬佩。湖南省议会成立后，王上仁当选为省议员。赵恒惕主湘时，倡导“联省自治”，王撰文支持。因文笔犀利，且善言辞，故为赵所赏识。1922年，王再次当选省议员，被选为省议会副议长。赵恒惕下野后，王解职赋闲在家。1937年2月1日，病逝浦市。

陈大诰（？—1941）　浦市人，字小雅，清贡生。学行端正，于《五经》最熟，连注字也能背诵如流。能诗善文，其文清峻典雅，备受推崇，时人赞为文章高手。任教于私塾，兼任商会等团体组织师爷，地方凡呈文撰稿，常由他执笔。清光绪二十九年（1903），改观澜书院为官立高等小学堂，为堂长，兼国文、修身教师。勤勉奉职，治教有方，教育学生，以道德学问并重。其学生成名的很多；所编讲义，深得学使嘉奖，湘西巡抚防军统领陈渠珍慕其名，聘为秘书官，撰写《湘西陈氏族谱》，并著有《双桧堂诗文集》。1941 年，陈大诰逝于浦市。时任县长主持葬礼，出殡时，市人夹道吊唁，长达数里。

刘秀（1876—1947） 又名水秀，浦市镇人，生于清光绪二年（1876），雕塑家。从事雕塑 50 余年，雕塑艺术取得了较大成就。刘秀能塑造各种不同形态的神佛、各类动态不一的飞禽走兽、花卉虫鱼，且能精细描塑人物形态容貌。掌握能在袖筒里捏出人像的绝技，操作时一边与人说话，一边在袖筒内动作，话完人像成功。民国时期，浦市地区各寺庙神佛塑像均出自其手，如九母殿、人云山、凤凰山的三尊灵官等。其雕塑作品工艺精致，层次分明，纹路清晰流畅，形象惟妙惟肖。20 世纪 30 年代“刘雕匠”誉满浦市，名扬周边邻县，雕塑工艺品亦流入诸邻县。1947 年 10 月，病逝于浦市。

吴少林（1880—1964） 高山坪村人。14 岁随浦市人黄大佬赴南京学医，8 年后学成回乡，行医为业，人皆呼为“南京佬”。吴少林好学爱医，曾向麻阳县荣溪老草医郑某求教。郑感其至诚，授以秘方，并将所藏医书两箧尽付于吴。自此，吴更勤奋钻研，医术大进。对儿科、妇科、内科疾病有独到之处。远近乡邻求医者众，数十年间，被其医好治愈者，难以数计。1953 年，吴参加浦市中医联合诊所，被评为县卫生系统先进工作者，深受患者好评。1964 年病逝。

姚少安（1887—1957） 又名本俊，浦市人。其父以生产经营鞭炮业起家，购置大量田产，兼营粮行米店。姚少安 16 岁结婚后，其父将家产经营管理交付于他。清光绪三十二年（1906），姚从单一鞭炮业发展到桐油经营等多种行业，挂牌成立姚恒森油行。数年间，姚恒森号在辰溪、沅陵、洪江、常德、汉口等地均设有分店或坐庄，常年雇用店员 18 人。其卧室床头置电话机一部，与外界随时保持联系。姚经营范围广泛，注意市场变化，有计划收购市场廉价货物，如谷米、柴炭等。因客户多、生意旺，资金周转快，成为名震沅水流域的浦市商界巨富。抗日战争胜利后，浦市私立兴华中学停办，姚毅然以私财接办该校，改名志仁中学。中华人民共和国成立后，二区人民政府接管志仁中学，改名群力中学，后又改名泸溪县第二中学。土地改革时，人民政府没收姚的出租田产，保留其所经营的工商业。姚奉公守法，按期如数缴纳工商税收，认购公债一万元（新币）支援国家经济建设。1956 年，姚接受社会主义改造，除店铺房屋外，投资约 2 万元参加公私合营，将设在外地的分支店庄财产就地参加公私合营，姚担任浦市红旗商店私方经理，被选为湘西苗族自治区人民代表、泸溪县人民委员会委员。1957 年 9 月，病逝于浦市。

康寿祖（1887—1969） 字石甫，生于浦市中医世家。排行老八，人称“康八佬”。康少时就读于浦市官立高等小学堂。成年后，从父学医，刻苦钻研，医术超群。尤擅长小儿科和妇科，对小儿麻疹、妇科经学、胎产等疑难杂症有独到见解。康治病不分贫富贵贱，以救治为首，登门求医者甚多，医德医术深受世人称赞。中华人民共和国成立后，继续行医为业。1953 年，在浦市中医联合诊所当值。1957 年，调入县中医联合诊所，后在康乐中医院任主治医生。康寿祖一生注重中医传承发扬，培养了很多知名弟子。康行医之余酷爱金石书画。1952 年，为湘西苗族自治区人民政府书写“湘西苗族自治区人民政府”匾牌。1969 年，因病去世。

廖世一（1888—1958） 又名显上，浦市下湾人，著名厨师。其父以捕鱼、种菜为业，家道贫寒。清末时期，周烹调技术高超，为浦市首屈一指。廖世一 15 岁时，入周根五粉馆当学徒，5 年满师后，烹调技术谙练。浦市地方每逢婚丧喜庆宴请宾客时，必重金聘请他治办筵席。宾客品尝佳肴后，皆盛赞厨师技艺超群。廖制作的高级宴席十分精美，别具风味，深受食者赞誉，成为浦市名噪一时的厨师，人皆谓“青出于蓝而胜于蓝”。民国初期，跟随他学习烹调之艺的人很多，他都尽心传授，真诚指教。抗日战争期间，浦市酒楼饭馆达 50 家之多，其中操刀掌勺的都是他的学生。中华人民共和国成立后，廖年逾花甲，不再下厨。1958 年，因病去世。

张甫田（1890—1971） 字仲山，擅长诗、书、画、棋。22 岁从教，先后执教于浦市豫章小学、第二小学、辰郡中学、兴华中学、泸溪县第二中学、州民族中学。张甫田幼时父母早逝，依靠叔父养育，其天资聪慧，才华过人。在浦市高等小学堂就读时，国文、数学成绩为全校之冠，但囿于家境困窘，生计维艰，几欲辍学，堂长陈大诰惜才，解囊资助，方得继续学业。小学毕业后就读辰州府立中学（设在沅陵），毕业后归乡从教。张甫田教学风格严谨，讲课言简意赅，提纲挈领，重点突出，批改作业字迹工整，一丝不苟。根据历年教学笔记，自编《代数题解》《几何题解》《容易混淆的字词》等教案集，作为教材补充。1946 年，受县长倪渭清之托，承担编修《浦市志》任务。1948 年完成初稿。部分章节在《泸溪民报・武水之波》刊载，因时局动乱书稿被毁。1960 年，根据县人民政府安排，将民国时期《泸溪续志》译成白话文体《泸溪译志》。至州民族中学执教期间，潜心研究魏晋南北朝文学，写下了大量心得笔记，收存于未出版的文集中。1971 年 2 月，病逝于家中，享年 81 岁。

程涛（1891—1927） 原名长清，学名兆庚，中共党员，浦市镇人。其父程梧岗，清末由江西迁到浦市，经营绸缎，为浦市首届商会会长，其母为浦溪农家妇女。程涛兄妹六人，其排行第二，兄妹均以经商为业，唯程涛饱读诗书。1912 年，程涛读完私塾即考入北平民国大学工科。在校期间受新思潮影响，积极参加进步学生组织，接受革命思想教育。毕业后，在京郊某铁矿工作，后晋升为工程师。1925 年，回湖南长沙兑泽中学任教。1926 年，以工运特派员身份到沅陵开展工农革命运动，任国民党沅陵县党部组织部长、沅陵县成衣工会负责人，同年加入中国共产党。正当湖南各地工农运动蓬勃兴起时，沅陵县长梁云铨（浦市人）顽固抵制工农运动。程与工农运动特派员姚鉴雪邀集浦市工农运动积极分子 40 余人赶赴沅陵县，参加批斗反动县长梁云铨的活动，取得了胜利。其常来泸溪县城和浦市指导工农运动，泸溪、沅陵两县的工农运动开展得轰轰烈烈，先后成立了县工人协会和农民协会筹备处。1927 年 5 月 21 日，长沙发生“马日事变”。5 月 22 日，国民党陆军独立十九师陈斗南团接到密令，进驻沅陵。5 月 25 日，陈斗南镇压工农运动，程涛不幸被捕，审讯中正气凛然，宁死不屈，5 月 26 日，被反动军队杀害在沅陵，年仅 36 岁。程涛牺牲后，群众收殓了其遗体，将他安葬在沅陵县龙船山顶。

钟干卿（1894—1930） 浦市人。1910 年在浦市小学就读，后相继到常德、武汉等地求学。1922 年，与卢冬生等 20 余名青年在浦市参加贺龙任支队长的湘西巡防军第二支队。1926 年，随贺龙参加北伐战争。1927 年 5 月，加入中国共产党。后在武汉从事地下党工作，为中共武汉市委委员。1930 年 8 月，在河南省开封从事地下工作时被国民党特务抓获后杀害。中华人民共和国成立后，被追认为革命烈士。

印良田（1897—1957） 浦阳老坪冲人，柑橘专家。自幼随父栽培柑橘，耳濡目染，尽得栽培之技艺。其家所植两株老橘树，经精心培育，盛果不衰，每株年产千斤（500 千克）以上。他以此老树为母株，逐年繁殖，累计达 178 株。新株三五年后，均硕果累累。印良田对柑橘树虫害天牛幼虫精心研究，掌握天牛生活习性及危害规律，能准确判断树干内明虫、暗虫的类型，蛀入树干的深度以及在不同季节活动于树内的线路。摸索出“天牛幼虫每月上旬朝上吃走，中旬横向吃走，下旬朝下吃走，夏秋走直线，冬季走曲线”的习性，独创“细钢丝钩虫法”。浦市一带果农和县园艺场浦市镇果园大队登门求教者甚众。1957 年，印良田病故于家。

李奇愚（1901—1945） 字如龙，浦市镇人。父亲李子玉是清末秀才，对子弟管教甚严。李奇愚在五兄弟中为长，自幼受其父勤奋好学、治学谨严熏陶。1920年，李奇愚考入北京大学理工科，因家庭经济拮据，半工半读，费时7年方修完五年制课程。先后在芷江、溆浦、辰溪等地中学任数学、物理、化学教员。1934年，受家乡士绅聘请任县立第二小学校长。李生性孤傲，只知教书，不揣度官吏意愿，更厌恶阿谀奉承。1937年，当地官员欲以亲信取代他的校长职务，李愤然辞职，遂闭门不出，潜心自修。1938年，李奇愚受聘于湖南省立第九师范学校教员。1944年暑假回浦市省亲，辰郡中学校长王悠然久慕其才，聘请其到学校任教。李见王校长情真意切，答应再次回乡任教。本欲返回乾城与湖南省立第九师范学校校长辞别，取回书籍及生活用具。王悠然怕李奇愚被湖南省立第九师范学校挽留不放，要其不辞而别，辰郡中学如数补偿其书籍及生活用具损失。是年秋，李奇愚担任辰郡中学教员，消息传开，辰溪、溆浦等地一些学生纷纷转到该校读书学习。以往，辰郡中学仅以国文成绩著名，李奇愚到学校教数学、理化课程后，教学质量提高，数理高才辈出，辰郡中学声名由此大振。李奇愚书法在湘西首屈一指，墨迹散布很广。抗战时期，重庆邮政总局几名官员到浦市视察工作，他们对李奇愚为浦市邮局书写的“邮局”二字大为赞赏，即命人拓下带回重庆，复制后制成匾额悬挂于总局大门。在李奇愚为友人书写的众多镜屏、条幅中，常书“鞠躬尽瘁，死而后已”8个大字。1945年6月的一天上午，李奇愚因患白血病昏倒在课堂上。经战时医院诊治无效病逝，卒年44岁。

姚鉴雪（1902—1927） 女，原名姚敏，中共党员，浦市镇人。父亲姚宣屏曾任四川川边助理政务，宣化县知事等职，后弃官还乡经商为业。1915年，姚鉴雪考入湖南省立第二女子师范学校，1916年，学校战乱停课。一年后，姚鉴雪重返学校读书，1920年毕业。先后执教于湖南省立第二女子师范学校附属小学、沅陵县立女子高等小学。1926年春，加入中国共产主义青年团。同年冬，协助国民党特派员郭达在沅陵开展党务工作。1927年元月，国民党沅陵县党部正式成立，姚鉴雪任县党部秘书，姐姐姚端任二科科长。经郭达介绍，姚鉴雪加入中国共产党，与省妇运特派员李瑞远组建沅陵县妇女协会，担任副会长兼青年干事。姚鉴雪白天教书，晚上串联活动，对广大妇女进行思想教育，经她介绍先后参加妇女协会的有近百人。她还在妇女协会下设贫女院，收留童养媳等苦难妇女33人，聘请两名教师分别教国文和针线，提高妇女谋生能力。4月，姚鉴雪、程涛、修先觉等组织农民、工人、店员、学生等6000多人进示威游行，时任沅陵县县长梁云铨、征收局局长周保定、盐仓向收支等三人都成为批判对象。姚鉴雪在群众大会上慷慨陈词，怒斥梁云铨罪行，推选进步人士邱兆鲲为代理县长。代表沅陵封建势力的唐凤麟、蔡仲书等人，纠集帮凶持刀威胁省特派员唐采芹，姚鉴雪挺身而出，同反动势力进行斗争。她与郭达等 9 人组成沅陵县工农群众特别法庭，并被推选为法庭审判员，将民愤极大的劣绅向光福父子、陈克俭判处死刑，没收 3 家官绅富豪财物。查收太古洋行、亚细亚洋行、正大洋行的白糖、洋油（煤油）等物资，给当地封建势力以沉重打击。长沙“马日事变”前，驻防沅陵的国民党二十旅熊震部奉命调离沅陵开赴常德，以反共著称的国民党陆军独立十九师陈斗南团进驻沅陵县城，形势陡变。面对险恶局面，姚鉴雪毫不畏惧，坚持工作。1927 年 5 月 25 日，姚鉴雪通知一些单位负责同志下午 7 时在县党部开会。当她和一些主要负责人提前到达县党部时，被陈斗南反动武装包围在县党部，姚鉴雪等十余人同时被捕，当晚被捕者达 200 余人。姚鉴雪被捕后，大义凛然，坚贞不屈。1927 年 5 月 26 日，姚鉴雪和程涛等 8 人被残忍杀害于沅陵县东关河滩坪，年仅 25 岁。中华人民共和国成立后，追认其为革命烈士。

姚云程（1904—1973） 又名洪生，浦市镇人。姚父专治跌打损伤，医术精湛。姚云程从父学医，尽得其真传，深得骨科疾患之精髓。中华人民共和国成立后，以行医为业，使不少伤筋断骨者恢复健康。1953 年，浦市成立中医联合诊所，担任该医院主任，是浦市中医院创始人之一。1957 年 8 月，被选为湘西土家族苗族自治州人民代表大会首届人大代表。因骨科专长，声名远播，求医者络绎不绝，浦市中医院一时成为伤科专业医院，十余年间，治愈者上千人。1973 年，因病去世。

宋哲（1905—1938） 字子明，浦市人。1926 年，参加浦市农民协会任农民夜校教员，后任陈渠珍部中校副团长。1937 年，在民国中央军校受训，结识国民革命军第四炮兵团团长宋仲明。受训结束后，在李奇亨 494 团任中校参谋主任。1938 年 10 月，部队驻山西灵石县，与日军激战，遭炮击牺牲，为阵亡烈士，家属领抚恤金到 1948 年。

罗瑞森（1906—1979） 字正杰，号瑞森，浦市毛家坡村人。其父罗英麟善武，在湘西一带很结人缘。罗瑞森少年时在姑父胡远金开设的胡森泰丝线坊学艺，忠厚好学，深得姑父的喜爱，将制丝染色过程毫不保留地教授于他。1922 年，贺龙率军离开浦市前，罗瑞森正在姑父处做学徒，曾亲自接待贺龙到作坊为心爱的手枪挑选丝穗。1929 年罗瑞森结婚后，用所学技艺创业，取商号为“罗瑞森”。罗瑞森丝线粗细分明、匀称，颜色光泽亮丽，深受当地百姓喜欢，上门拜师学艺者很多。除罗正清、姚大宝等几个家族外，还有来自凤凰、花垣、麻阳、溆浦等周边县镇的学徒。他除大量收购农户生丝加工外，亲自引导儿女熟悉喂蚕、吐丝、煮茧、叉丝、约丝、去脂、晾晒、分丝、配色、染色等 20 多道工序全过程。罗瑞森与四邻相处和睦，经商规矩守信，被推举为街长。1951 年 3 月，泸溪县在浦市召开各行业代表会议，组建泸溪县工商业联合筹备委员会，罗瑞森为筹备委员。1953 年 6 月，成立泸溪县工商联合会浦市分会，罗瑞森为 12 家丝线同业工会主任。1956 年在公私合营中，罗瑞森参加浦市湘绣厂创建，任丝线工艺染师，厂址设在史家弄聂家大院。1979 年，罗瑞森因病去世。

田昌家（1930—2000） 曾用名田来才，苗族，洗溪镇人。1946—1950 年，在中国人民解放军第二野战军独立一师一团一营六连任战士、通讯员班长。1950 年 3 月，从湖北宜昌转业南下分到泸溪县第五区任公安助理。1952—1953 年，任二区区委副书记。1954—1956 年，任浦阳区委书记。1956 年、1959 年先后被选为第一、二届中共泸溪县委委员。1956 年至 1961 年 9 月，任县工业交通政治部部长。1964 年至 1968 年 3 月，任泸溪县人民委员会农林水办公室主任。其间于 1964—1966 年担任县洞底电站工程指挥部指挥长。1969—1976 年，被选为第三届中共泸溪县委委员。1969—1973 年，任县革命委员会生产指挥组副组长。1973 年 7 月，接任浦市磷矿党委书记兼矿长。1976—1983 年，任县委副书记。1983 年至 1989 年 12 月，任县委常委。

1982 年 1 月，浦市磷矿更名为泸溪县浦市化工总厂，田昌家兼任总厂厂长、党委书记至 1989 年 12 月。在主持县浦市化工总厂期间，带领全厂干部职工，自力更生，艰苦奋斗，开拓出以采矿为主业，综合利用磷矿石，开发磷化工系列产品的新路子。至“七五”时期末，泸溪县浦市化工总厂成为拥有固定资产 4300 万元，干部职工 1800 多名的中型企业。1980 年，化工部矿山局在该矿召开全国矿山岩巷快速掘进现场会。1985 年，田昌家被化工部和湖南省化工厅授予劳动模范称号。1986 年 4 月，化工部矿山局又在泸溪县浦市化工总厂召开全国化工矿山“一业为主、多种经营综合利用”现场会，推广泸溪县浦市化工总厂经验。1987 年，被化工部授予“行业标兵”荣誉称号。1988 年，选为湖南省企业家协会理事。

康伯温（1933—2006） 汉族，浦市镇人，中共党员。1952 年 4 月参加工作。先后在解放岩学区、小章学区、浦市第二中学、浦市第二小学任教师、教导主任、校长等职务。在任浦市第二小学校长期间，浦市第二小学迅速崛起，建成了一所富有民族特色的花园式小学。康伯温先后被评为州、县优秀教师，优秀共产党员，优秀政协委员，获记功、记大功、工资浮动升级等奖励。1993年9月，被评为全国优秀教师。1995年4月退休。2006年11月，病逝于家中。

罗海凤（1975—1985） 女，浦市镇人。1982年秋进入浦市镇完全小学读书。在老师和家长教育下，雷锋、戴碧蓉和罗盛教等英雄模范人物事迹在她幼小心灵里留下了深深烙印。加入少先队后，她经常自觉地做好人好事，受到学校和老师多次表扬。1985年7月13日下午，罗海凤和堂妹罗西珍在沅江红桥码头洗澡上岸时，看到同校二年级学生刘青珍在河边玩水时失脚踩空，滑入江中，挣扎着沉入深水。10岁的罗海凤扑入水中，经过与江水激浪几番搏斗，终于把刘青珍推向岸边。刘青珍得救了，而罗海凤被江水卷走，没有力气再次游向岸边，不幸牺牲。7月21日，共青团泸溪县委、县教育局和浦市镇人民政府为罗海凤举行追悼会。团县委、县教育局联合发出通知，授予罗海凤优秀少先队员称号，号召全县青少年学习她舍己救人的精神，州《团结报》在头版头条刊载罗海凤英雄事迹，并加发短评。共青团湖南省委、省少工委、省教委授予罗海凤“学英雄小标兵”称号。学校为其塑像。

书香门第

浦市古镇人杰地灵，优越的地理条件，造就了历史上许多商业精英和大户，这些精英大户们在取得商业成就时，无一不重视对家族后代的教育付出，由此古镇历史上各行业名人辈出，可谓书香门第遍布街巷。

世彩腾辉廖家 廖家以“世彩腾辉”为门额字号，位于李家巷旁。据1924年廖名缙撰修的《楚南邵辰廖氏宗谱》载：“明永乐二年，太高祖世容公携子友经兄弟四人由江西洪州府丰城县拖船坡过湖南辰州府，友经徙居浦市第一图娥眉中湾。”廖氏在浦市以儒商传家。仅清道光至光绪年间（1821—1908），浦嵩二支约三百壮丁中列学官作博士弟子者几乎达半。每次由浦嵩廖氏下赴辰郡应考生非数巨船不能载，每次案试揭晓都有多人上榜，故而赢得“无廖不开点”之说。截至清光绪年间（1875—1908），仅浦市廖氏考取学名有名姓的国学生员有16人、府学生员6人、县学生员46人。廖名缙高叔祖友尚公为清朝步职方司掌印，曾祖、祖父、父亲三代被清朝赠为荣禄大夫。廖名缙幼年时，家道中落，在母亲教育下勤苦好学。清光绪二十三年（1897）乡试考取拔贡。初任湖南浏阳县训导、福建龙标书院山长。后以官费留学日本，就学于日本振武堂与弘文学院，修炼文武双才。学成归国，历任国会议员等多职。晚年卸职后，应挚交熊希龄之约任香山慈幼院副院长。晚年礼佛，曾任九世班禅（洛桑土登·曲吉尼玛）的秘书长。

明经世第康家 “明经世第”是康家字号，位于康家弄。康家曾是名震湘西人才辈出的书香名门。人们耳熟能详的康家人物有精通诗词书画的康渠仙，其子康维舟于北京美术专科学校毕业后回家乡执教，是湘西较有名气的书画家，1948年，随任台湾基隆要塞司令的姐夫姚祖隆去了台湾。其孙康伯温，1980年在泸溪县第二中学教书。1989年任浦市第二小学校长，1993年被评为“全国优秀教师”。

名医康石甫擅金石书画，1952年为湘西自治区政府大门书写“湘西苗族自治区人民政府”的匾牌。其子康定国不仅医德高尚，也是湘西知名的书画家。其孙康伯永，曾任湘西州博物馆馆长，也是著名书法家。康伯永秉承家学，自幼酷爱书法，特别是蝇头小楷。作品多次参加国内外展出并获奖，不少作品被湖南省博物馆等机构收藏。小楷书法作品《桃花源记》由湖南美术出版社出版。2004年起，康伯永提笔书写《边城》全文，历经两年，终于把《边城》书写完毕，装订成册。字体秀美的蝇头小楷引起了湘西书法界的轰动。在州委宣传部与州文化局支持下，2011年7月12日，《康伯永欧玉珍伉俪书法剪纸作品展》在湘西州老干部活动中心举行。当天下午，康伯永逝世，享年80岁。康伯永两个儿子自幼习练书画，毕业于高等院校艺术专业，后在湘西州文化部门工作。其孙子深造于北京艺术院校，书法美术也多次参展获奖。

秀衍香山吉家 吉家以“秀衍香山”为字号。据吉氏族谱载，吉氏六十三世祖吉皎（758—847）为唐代诗人。晚年以御尉卿之职致仕（退休），致仕后居洛阳。唐会昌五年（845）三月，与白居易、胡杲、郑据、刘真、卢贞、张浑、李元爽、僧如满为“九老会”，一同宴游洛阳香山。时人慕之，绘为“九老图”，后人称之为“香山九老”。故而浦市吉家大院大门上刻有“香山溢庆”“秀衍香山”。八十八世祖吉成贰举家由沅陵迁居浦市。为浦市吉氏的开基人。吉氏定居后艰苦创业，商读传家，出了不少能人贤士。明代有：吉永璋，出仕，明成化五年（1469）任广西梧州道道台；吉仕在，出仕，授江南六令县令；吉士甲，出仕，任常州通判。清代有：吉家商院的开基祖吉大绪，太学生，经商，创造吉家商院、吉家三重院，主建吉家宗祠；吉景成，举人出身；吉运从，举人出身，加捐候补知府经历，钦加五品衔；吉明寿，出仕，授九品衔；吉景员，监生，加捐布政使司；吉景武，监生。吉氏太学生有吉文枢、吉文旭、吉明鹤、吉明禄、吉明高、吉景星、吉运藏（监生）、吉运芳、吉运循、吉运徽、吉运衡、吉复赓。中华人民共和国成立后，浦市吉氏子孙有“全国优秀教师”吉中兰等，县处级以上干部十余人。

青莲世第李家 据浦市《李氏族谱》载：明永乐二年三月，先祖李世华随正身公奉旨拔军湖南辰州府，“因寇作乱征伐”平服后，居住岩槽溪、浦市。从浦市又迁居岩矶头，后又从岩矶头迁居小岸坪，再移下湾，家族以坑冶发家，雄踞浦市，于是建造宗祠，教育族人修身齐家，读书报国。李氏家族人才辈出，历史上有过“一门五县令”荣耀。李氏后裔李应苾为清咸丰年间（1851—1861）工部主事。清道光帝赐封李奎廷“记名提督”，赏匾“李氏家庙”，列牌位供族人祭祀。李璧鹤商号“李炳记”，为浦市清末民国初期十二大商家之一。抗日名将李奇亨，黄埔军校四期毕业，任国民党军 83 师师长，治军严明，有“铁头将军”之誉。李子玉是清末秀才，对子弟管教甚严。李子玉之子李奇愚，1927 年毕业于北京大学，先后在芷江、溆浦、辰溪等地中学任数学、物理、化学教员。李奇愚书法在湘西首屈一指，墨迹散布很广。李奇愚之子李隽谋曾为泸溪县第二中学副校长，三子曾为浦市中医院著名骨科医师，擅草书。李氏至李荣茂一代，其婿王公伟擅长国画山水花鸟，尤以水墨小鸡著名。李家人才辈出，子孙后代遍布海内外。

踵事增华周家 “踵事增华”是周家门额题字，据周氏家谱载：周氏族祖先周红椿，于 1766 年从江西省丰城县汝南堂乌沙梗（现名“江口”）土地堡迁居浦市。依靠从汉口贩进旧衣，在印家巷经营衣摊生意。至第四代创建周荣顺布庄、久大斋作坊，经营南杂、烟草等行业。清同治年间（1862—1874），在浦市大正街余家巷修建了周家大院。周家后人继承了老辈人的衣钵，沿用祖辈“荣顺”商号，在商界有一定建树。周家第 14 代孙周乐毅与夫人李家英终身献身教育事业，李家英于 1984 年被评为“全国优秀班主任”。其女儿周晓勤享受国务院特殊津贴。

傍石斋唐家 傍石斋位于浦市高山坪学校旁，据清光绪年间（1875—1908）高山坪村《唐氏族谱》载：清嘉庆年间，九世祖唐自健因崇文尚武，后以文出仕，官至从六品卫千总。至清宣统年间（1909—1911），家族先后考取庠生、各级生员多达 21 人。第 24 代唐正鹏，曾供职于湘西州团结报社，任主任编辑（副教授一级），为湖南省作家协会会员、湖南省诗词协会会员、湖南省廉政文化研究协同中心特邀研究员、吉首大学客座教授、吉首大学文学与新闻学院硕士研究生导师。平生以藏书、读书和写作为乐。数十年来节衣缩食，耗资人民币 42 万余元藏书 10055 册，其中，古典书籍 5065 册。致力于古典文学、历史以及新闻采编理论的研读与创作，公开发表文学、新闻和理论等多种体裁文章 4970 多篇 150 万字。出版个人著作《傍石集》《傍石话节气》《读悟经典》3 部，校注清末地方志《永绥厅志》1 部,《敦煌神韵》一文被《生命本身就是一次绝美的舞蹈·艺术启蒙卷》丛书收录。

痴梅居李家 痴梅居是一栋两层庭园式院落，系浦市镇参加过抗日远征军的李汉杰第三子李发钊营建的书香楼。据李氏浦市晒头支系族谱载：明朝李顺公身荣德彰，在朝为协戎。明正统七年（1442），从北京顺天府宛平县南迁五房，其中，第三房迁到浦市。至今已 22 代，人才辈出。李发钊一生勤俭，崇尚梅花精神，唯以购书、读书和藏书为乐，存各类图书 3 万余册。2015 年，被湖南省新闻出版广电局和湖南省妇女联合会授予“书香之家”称号。李发钊之女李菁，艺术硕士，自幼勤奋好学，深得家传，以读书、购书、藏书、著书为乐，现为湖南省作家协会会员，已出版发行《见素》《当茉遇见莉》《你的人生终将闪耀》《向美而生》《守住：活出最好的自己》。

翠云庐罗家 翠云庐位于古镇最长的巷弄唐家巷 15 号，原是唐家巷宋府的一栋宅院，被罗瑞森四孙刘云所购，打造成书画奇石艺术寓所。罗瑞森始祖天璟公于明朝末期自江西南昌府避难于泸溪，隐于解放岩，后移居兴隆场五里坪，至清嘉庆二十四年（1819），先祖隆祥携三子扎根于浦市罗家村，长子明煌受聘于下湾李氏旺族管事，落户

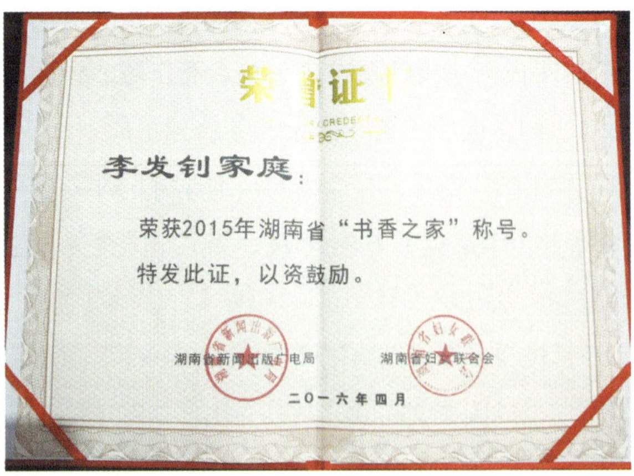

李发钊家庭荣获湖南省“书香之家”称号（2016 年）

李发钊 供影

楚石题写“翠云庐”(2019年) 刘云 摄

毛家坡村繁衍生息。罗家历代重视家族教育，英才辈出，至罗瑞森时，其长子罗家彬在20世纪50年代中期为泸溪县委秘书，主编《泸溪报》。工作驻队小章乡川峒村时，挖掘女村支书杨玉翠的优秀事迹，1958年12月，杨玉翠作为湖南省的代表出席了全国妇女社会主义建设积极分子代表大会，被评为全国三八红旗手，并且成为周恩来总理邀请到家做客的8位少数民族妇女代表之一。罗家彬四个儿子国、强、民、富的名字皆为其父罗瑞森所取，取国、强时，民、富尚未出世，当富出生时正逢下放，全家被划为地主成分下放农村，先后辽移了4个乡镇的5个村寨，罗家彬感慨幼了的降生，家庭像朵飘无定所的云，于是给幼子更名刘云（随母姓）。据罗瑞森长孙罗通国说，下放辗转几个乡村的时候，全家唯一带着的财富就是四麻袋的书籍，伴随了漫漫长夜。返城后，罗瑞森四个孙子凭着勤苦好学，先后走上工作岗位。家族中有研究生4名，省级作家协会会员2人，省级诗词协会会员3人，期刊主编1人，记者1人。其中，刘云为文旅部中国社会艺术协会、中国诗歌学会、湖南省作家协会、湖南省书法家协会会员及湘西州诗联学会常务理事、湘西州书法家协会理事，泸溪县诗联学会副会长。2019年9月，被授予“湖南对联文化传承人”称号，著有诗文集《情深》《阳光之恋》《神秘古镇浦市》，主编《浦市诗韵》。

富商大贾

浦市矿产资源丰富，特别是铁矿的发现，为浦市带来了财富机遇。至明末清初，浦市出现了以瞿、唐、康、杨为代表的四大家族。四家靠冶铁业起家，他们开办冶铁厂，经营生铁和方柱形毛铁，兼营当地的土特产品，从下游运来浦市所需的日常生活用品，生意做大后，自己建造载重 20 ~ 60 吨，甚至 100 吨的木船运输货物。四大家族衰落之后，在清乾隆末期又兴起了吉家和李家为代表的南北两大家族，民国初期出现十二大商户，抗日战争时期涌现姚少安和陈耀华两大巨商，他们在历史的不同时期，共同撑起了浦市商业的鼎盛。

瞿、唐、康、杨四大家

瞿家 浦市瞿家产业以瞿孔彰为代表。瞿孔彰名思表，字孔彰，号溢亭，受封清乾隆时期（1736—1795）朝议大夫，后弃官从商，以冶铁发家，其长子自明任清乾隆时期工部屯田司主政，次子自选任甘肃平凉盐茶同知，三子自培为清嘉庆时期（1796—1820）候补兵马司副厅。至清朝康雍乾兴盛世期，浦市冶铁业已经空前发达，瞿家父子凭借在官场上的一些特殊关系，利用当地农民从浦市近郊灰洞坳和五斤坡一带露天开采出的铁矿石，在浦市下湾沅水河岸建铁厂，筑起一座座冶炼炉，去除铁矿石中的杂质，炼成毛铁或生铁制品，在下湾沿河码头用大船装运到长江中下游和珠江流域，成为东南各省的特需物资，大船还运去浦市当地的一些特产，返回时再带回当地的布料、杂货、淮盐、瓷器等地方特产，使得瞿家迅速成为浦市一地的商业大户，并带动了整个浦市的商业经济繁盛。

唐家 浦市唐家先祖曾是元末明初一位五品文官，因不满朝廷大兴文字狱以及权臣弄权，愤而弃官，变卖家产，举家从安徽搬至辰州府居住。明末，唐姓后人携 5 个儿子迁到浦市，在湾里造唐家大院，其中，有 3 个儿子分居于唐家巷造院安居。长房初隐于

高山坪，后来探测出高山坪至灰洞坳和五斤坡一带山上有铁矿石，遂带动唐家兄弟以冶矿炼铁发家。唐家发家后兼营当地土特产及加工制造，实力强势，譬如，唐家做的灯笼就非常有名，浦市整条街上，常常挂满唐家灯笼。

康家 浦市康姓家族子孙曾做过山东营州知州。康姓原籍江西南昌府，清乾隆年间（1736—1795）迁移到浦市对河大湾村，康氏宗祠亦建于该村。大房志隆后代分居于浦市、麻溪口、当江洲，二房志虎后代居达凤岩门村和兴隆场一带。因大房志隆部分后代居住在当江洲，人们就习惯把当江洲称为“康家洲”。后来，康家从当家洲迁移到浦市居住。康家迁出当江洲后，浦市康家一脉，子孙繁盛，后人多出能者，去外地从政者居多，本地经商冶矿者也有，故而家境富裕。

杨家 浦市杨家财力逊于前面介绍的三家。主要垄断浦市多家货运码头，以贩卖铁器、土货产品、跑运输为主。

吉、李两大家族

鸦片战争后，帝国主义武装入侵，坚船利炮轰开国门，几千年的海禁大开，洋铁、洋钢及其他洋货充斥中国市场。浦市的原始冶铁业受到打击，加之后人经营不善，浦市“四大商家”相继衰败，而“李炳记”“吉元记”两家则迅速崛起。

吉家 吉家三重院一字排列在浦市街口吉家头。明末清初，吉家开始经营木材生意，到吉大绪时，主要经营木材和食盐，还经营桐油，兼做煤油、蓝靛生意，字号“吉元记”，木材生意几乎垄断沅江流域。吉家至清中期在门前与附近郊区置有大量田地，浦市当地人曾这样描述吉家“田连大院三座半，门望一千八百担”。吉家在附近的田边修有吉氏宗祠。

李家 浦市李家以下湾一支为代表，盛起于清代中期，李家主要集中在浦市自李家弄附近直到湾里李氏大宗祠一片。明末，李世华受朝廷委派，携子弟由江西南昌府沙溪口李家庄迁徙到辰州府岩机头，管理公务。清乾隆年间（1736—1795），部分李家人从辰州府迁往浦市下湾丹桂巷。迁到浦市街区后，李姓发展较快，购买了衰落的唐姓家产。李氏家族最兴盛时期系从李世华第十代孙李昌政开始，其生三子，名文灿、文辉、文煌。长子文灿又生下五子，名光前、光后、光盛、光斗、光伟。据李氏族谱引证，李氏大宗祠是李昌政第二子李文辉从事冶铁业兴家致富后修造的，至今李家码头以下至红桥沿岸，仍有遍地铁渣，由此可见昔日冶钛规模之大。鸦片战争后，李家冶铁业逐步走向衰落，李家后人李璧鹤在浦市开设“李炳记”商行（今爱乡楼处，

1997年修大堤时毁），主要经营油米生意。每到桐油上市期，集中外运的桐油，每年都在数万担以上（每担60千克）。除销往东南沿海诸省外，还远销东南亚各国。李家还根据桐油的不同用途，在浦市下湾等地开设了几座桐油加工作坊，将桐油制成秀油、洪油销往外地。

十二大户 清末民国初期，李家人士多数从政，吉家传统生意逐渐衰落，浦市新出现12家商业大户。其分别是："杨益兴"，经营典当绸布盐庄，拥有太平街店等铺面，业主杨福龄；"聂福兴"，经营瓷庄，有河街的两座大院，业主聂锡三；"龚恒兴"，经营药材、圆糕食品，地址在十字街，业主龚伯森；"邓怡兴"，经营绸布庄，开设于中正街，业主邓天宝；"姚泰兴"，经营绸布盐庄，在司门（今浦市医院处）前，业主姚绍鳌；"程万兴"，经营鞭炮业，在后街印家弄，业主程科学；"福履成"，经营绸布盐庄，在太平街开设，业主程梧刚；"杨源厚"，经营绸布庄，业主杨寿龄；"苏仁和"，经营京广百货，在中正街开设百货店，业主苏星垣；"李泰顺"，经营丝烟庄，在烟坊街开设，业主李成渊；"潘天源"，经营南北杂货，地址在十字街，业主潘昌安；"李炳记"，经营桐茶油、粮食作物，地址河街，业主李壁鹤。"十二大商户"中，程万兴的鞭炮行最为出名，垄断浦市出口市场，本地鞭炮制作原料均从他家批发。程家生产的鞭炮有72道工序，缺一不可。鞭炮火药是自己熬制的土硝，加硫黄、杉木炭粉混合制成，安全可靠，无自爆之危害。每挂数量足，响声脆，气味芳香，经久不散，成为浦市一大特产。曾远销云贵川、东南诸省各大城市及东南亚各国。由于需求量大，浦市一度成为鞭炮制作城。十二

商贾集中地上正街（2015年） 刘云 摄

大商家虽然家财万贯，然而时逢乱局，盗贼四起，官匪敲诈。其间，湘西革屯军团长龚亚率部驻扎浦市，该部在抄写的摊派捐款名单上，十二大户每次名列榜首，被戏称“浦市十二大家”，不久相继没落。

两大商户

姚恒森 继十二大户之后，姚、陈两家崛起。清光绪初年，浦市人姚祖荣（号志仁）在街上开了一个小商店，以生产和经营鞭炮为主，商号“姚恒森”。后又开设米店，规模略有扩大。清光绪二十八年（1902），姚家16岁大儿姚少安继承父业，管理店铺。他为人厚道，讲信誉，善经营，除鞭炮外，以桐油生意为主兼营南杂、布匹、桐油、木材、水果、柴炭等。姚家每年往汉口销售桐油3次以上，每次装船10余艘，每只船装载桐油40～100吨。后姚家扩大经营项目，有油、盐、豆、米、瓷器，铁器等，在辰溪、洪江、常德、汉口等地设货栈或转运站，经销于常德一些大商号。姚家商业货物销路广，资金周转快，很快跃居浦市第一大商家。

陈耀华 除姚少安外，还有在抗日战争时期崛起的陈耀华。1933年，陈耀华父母先后去世，陈耀华继承父业，将经营的旧衣店改成土布店。1935年，土匪抢劫店铺，火焚浦市，陈耀华的土布店深受其害。为恢复经营，他从别家暂赊货物销售，改商号为“陈协顺煌记”。1937年抗日战争爆发后，大批难民流亡浦市，陈又将商号改为“伟康绸布号”，批零兼营，逐渐赢得了顾客，很快发展成为辰溪、泸溪两县有名的商界巨头，拥有资金100多万银圆。陈耀华经商方式灵活、守诚、薄利、抓信息、勇开拓。1940年秋，湖南省银行泸溪办事处主任钱去非到浦市开设湖南省银行浦市办事处，陈耀华很快取得其信任，采取“夏押冬贷，冬押夏贷”的办法从银行贷款，加速资金流通。1946年春，中央银行湖南分行兑换铜圆。陈耀华便与银行达成代收协议，立即广收铜圆，获利十万银圆。陈获巨额利润之后，便将经营目标转向交通便利的辰溪县，改商号为“志强绸布庄”。抗日战争胜利后，武汉煤炭的价格被人称为“一两黄金一吨煤”，辰溪惠民、合组两大煤矿出产的煤和志强绸庄的煤船，垄断了浦市、辰溪一半市场，将辰溪的煤炭销往汉口、上海等地。其间，陈耀华得知上海天主堂由上海中央银行汇10万银圆修复辰溪县天主堂，该款由中央银行辰溪支行兑换金圆券。陈即与辰溪支行联系，达成负责兑换这笔巨款的协议。他用此款从上海购进大量的绸布、细纱运回辰溪，挂出“让利批售，七八折酬宾”的巨大横幅，购货者云集，不到两月又获利近10万银圆，陈氏一跃成为富商巨贾。1990年，陈耀华病故于贵阳，终年79岁。

名人与浦市

屈原遭流放途经浦市 楚顷襄王十三年（前 286），时年 58 岁的屈原再度被流放，浪迹江湖，行吟泽畔。楚顷襄王二十二年（前 277）秋天，屈原经洞庭湖进入湖南境内，在长达 9 年时间里，先后由岳阳、常德往返滞留于沅陵、辰溪、泸溪、溆浦等沅水中游地区，最后自沉于汨罗江。屈原溯沅江而上，船过枉渚（屈望村），泊舟盘桓数日后，继续溯沅江而上，中午途经浦市，稍作休息后继续赶往辰阳镇。《涉江》有“朝发枉渚兮夕宿辰阳”“入溆浦余儃佪兮，迷不知吾所如”便是记载这段行程。屈望（枉渚）至浦市 20 千米，至辰溪（辰阳）10 千米，共 30 千米正好是当时船行一天路程。由辰溪再入溆浦，这一带地方当时属五溪深处，人迹罕至，“深林杳以冥冥兮，乃猿狖之所居”，屈原只得返回，再泊舟于巫阳（浦市），停留一段时日。在浦市停留的日子里，屈原或与村民躬耕于田野，或与老叟打鱼于江边，或与儿童戏于橙黄橘绿之下，目睹当地秋社举行祀山神活动。人民的苦难，奇异的风情，粗犷的原始歌舞以及自己热爱国家的信念，激发了诗人的创作激情，诗人写下了《涉江》《九歌》《山鬼》《橘颂》等千古不朽的著名诗篇。

王昌龄贬龙标尉经过浦市 王昌龄是唐代著名诗人，晚年贬龙标尉。王昌龄从常德乘船溯沅水而上，或从龙标乘船顺流而下，泸溪和浦市是必经之路，他在《卢溪别人》诗中写道：“武陵溪口驻扁舟，溪水随君向北流，行到荆门上三峡，莫将孤月对猿愁。”

徐达占据浦市追剿陈友谅残部 元至正二十年（1360），陈友谅自立为汉王。明洪武四年（1371），陈被朱元璋打败，派徐达率精锐进攻辰州，占领沅陵、辰溪、卢溪、浦市等地。后陈友谅残部以及元朝在湘西的官吏，有的投降，有的藏匿深山。

沐英驻军浦溪 沐英（1344—1392），字文英，明朝功勋卓著的开国名将。明洪武十年（1377），沐英充征西副将军，讨吐蕃，封西平侯。洪武十四年（1381），任右副将军，与征南将军傅友德、左副将军蓝玉率兵 30 万攻讨云南。大军溯沅水而上，驻军浦溪休整。沐英命士兵从高山坪采集石块，拓展城后古驿道，铺设青石路面，开辟通向西南之路。沐英治军严厉，对浦市百姓秋毫不犯，深得民心。云南平定后，沐英留滇镇守，屯田兴农，劝课农桑，礼贤兴学，传播中原文化，对西南稳定和发展做出杰出贡献。明洪武二十五年（1392）六月，沐英病卒于云南，时年 48 岁。为纪念沐英，浦市民众修建了黔王庙或黔王宫。每年农历三月初六日，举行一次抬黑儿菩萨（黔国公沐英）盛大游行活动，600 多年从不间断，成为当地一道独特风俗。

吴三桂大魁洞求雨　清康熙十二年（1673），吴三桂举兵反清。次年，吴率领部将夏国相、黄正卿经浦市古驿道至沅水，循沅水代朝山下新堡村温洞而下攻占辰州（今沅陵）。至浦市时，吴与工部尚书黄瓒明赶至生宝（今新堡），欲请谭千户后人明朝老臣谭文渊出山相助。此时，适逢浦市地区久旱不雨，为树立亲民形象，吴亲自登醮坛拈香祈祷，以潜龙天子身份拜祭上天，跟随道士到生宝大魁洞（今温洞），向洞神焚香跪拜求雨，并作诗一首。

吴八月攻占浦市　吴八月（1729—1796），乾城（今吉首）平陇人，清乾隆、嘉庆年间（1736—1820）苗民起义领袖。清乾隆六十年（1795）正月十六日，湘黔边疆爆发以吴八月、石三保等为首的苗民起义。半月间战火烧遍整个苗疆，围攻泸溪县城不克，二月一日，吴率苗民义军攻克浦市，官兵败逃，古镇在战火之下残破不堪，一片狼藉。占领浦市后，吴由此分兵攻打桐山（今辰溪县属地）、麻阳和镇筸（今凤凰县地）。

傅鼐修宝塔建书院　傅鼐（1758—1811），字重庵。曾任清凤凰厅同知，后升任辰沅永靖兵备道道尹。清嘉庆五年（1800），均泸溪 5000 多亩田为“均田”，建总屯仓于浦市堤上大定门内，用以屯勇防边。清嘉庆八年（1803），傅鼐增筑浦市土堡，从均田屯勇费用中拨款增修“浦阳书院”，书院于清嘉庆十二年（1807）建成。傅鼐还在沅水下游距离浦市 4 千米的球盆，修建了一座七级砖石宝塔，称为“镇邪塔”，塔旁另修一庵，名为“镇邪庵”。

严如熤协助辰州通判重建城墙　严如熤（1759—1826），字炳文，号乐园，湖南溆浦县人。清乾隆五十四年（1789）贡生。清乾隆六十年（1795），湘黔川苗民起义时，严如熤为湖广总督毕沅与湖南巡抚姜晟幕僚。受毕沅、姜晟委托，只身来到浦市，三年时间完成四件大事。一是招募说服泸溪大小章仡佬加入清兵队伍。清乾隆六十年（1795）十一月，仡佬头领带领 100 余大小头目到浦市接受严如熤军事训练，借万寿宫为行馆，天王行宫为军营，在清水坪进行军事训练。此后，这支拥有5000余士兵的仡佬部队为朝廷镇压苗疆起义立下功劳。二是协助辰州通判周士拔对浦市重建工作，协助周士拔组织难民，为浦市修建临时城墙。三是为高层官员设计战争善后政策。在浦市期间，与当地士绅研究发明抽厘实验和苗疆屯政两项重要制度，湘军后来采用这一制度设置厘金局。四是编撰《苗防备览》《三省边防备览》《洋务辑要》《乐园文抄》《防浦纪略》（合著）等著作。

石达开率部驻留浦市 石达开（1831—1863），广西贵县人。清咸丰元年（1851），参加洪秀全太平军，封为翼王、五千岁。清咸丰七年（1857），被迫从天京（南京）出发，率十万精兵转战于湖南、贵州、四川等八省。清咸丰十一年（1861）十二月中旬，石达开率部经辰溪细篾垅（今属怀化市）绕道王安坪、潭湾等地，从背后抄袭浦市。驻扎辰（溪）浦（市）参将陈树勋和浦市通判潘清等闻风丧胆，夺路而逃。石部遂于十二月十七日占领浦市，驻扎在下湾的中庵。驻留5天，其间，吴姓妃子病逝，部将们提出要隆重安葬，石达开想起吴妃“为了将士们有一条活路可走，好好带兵打仗吧”的临终嘱托，便对将领们说：“老百姓正处在水深火热之中，而今兵荒马乱，岂能兴师动众？”遂安排部下买了口棺木，抬到浦市近郊姚家湾的和尚坪，将妃子安葬。石达开在悲痛欲绝中登上中庵水星阁，面对滔滔流逝沅江之水，想到太平军分裂、失败，沿途所见灾民遍野，加上吴妃病逝，部队孤军西征前途未卜，百感交集，乃挥笔在阁壁上题诗一首。后又在泸城驻留三天，遗弃大小钢炮几十尊，并在张排寨埋藏金银。轻装后攻克乾州、高岩、吉卫、永顺等地，向贵州、四川进军。

贺龙率部驻防浦市 1921—1936年，贺龙多次活动于浦市，与当地人民建立了深厚的感情。1921年湘西大旱，农历九月初，时任湘西巡防军第二支队支队长的贺龙率600余人由常德桃源驻防浦市。因连年灾荒，饿殍载道。贺龙同情灾民疾苦，指定当地12家大户出钱出粮在街头煮粥施舍饥民，亲自煮粥分发灾民。贺龙还与浦市开明绅士虢宾实、大商户姚恒森、大掌柜姚少安等人商议，在忠义宫创办饥儿收容所，收留流离失所的饥民儿童。其间，受聘于浦市女子中学的名誉校长，为学生改名。到贺家寨祭祖，为当地人打井、栽树。1922年4月，贺龙受命入川，从浦市带走鄢幼乔、钟干卿、卢冬生、王必爱、王必寿、王必全、朱先云、李春林、蒋桃子、蒋泽义、杨大坤、万老九、吴宝华、贺成炳、贺方刚、贺方栋、贺方成、鄢音生等20余人投军。1934年11月，红二方面军从铜仁、麻阳直下芷江、沅陵，经过泸溪、白羊溪、小章、浦市等地，势如破竹，迅即占领桃源，围困常德，“围魏救赵”掩护红一方面军突出重围。

卢冬生从浦市走上革命 卢冬生（1906—1945）男，学名卢家富，又名卢炳洪，曾用名宋明，中共党员。1906年出生于湖南湘潭县一个矿工家庭，为谋生计，从小随父投奔浦市唐家巷亲戚家，以卖烧饼为生。为减轻家庭负担，卢冬生常利用课余时间提篮卖蔡花。1921年，贺龙率湘西巡防军驻浦市半年之久。部队开拔后，卢冬生等20余人跟随贺龙入川。1927年，卢冬生随贺龙参加“八一”南昌起义，同年12月加入中国共产党。1929年，随贺龙到湘鄂西建立革命根据地，是湘鄂西苏区和红二方面军创始人之一。在革命战争中，历任排长、连长、营长、团长、独立师师长等职，后又任红三军第十一师师长兼政委、第七师师长、红二军团第四师师长等职。卢冬生身经百战，多次负伤，在二万五千里长征途中，拖着伤腿，坚持战斗。抗日战争初期，卢出任八路军一二〇师三五八旅旅长。1937年，组织选送到中国人民抗日军政大学学习。1939年，又被送到苏联养伤和学习。在苏联期间，曾任苏联红军远东军区独立特别八十八旅政治部组织科科长。1945年，随周保中乘苏军飞机由苏联抵达长春，任务是与苏联红军一起担负各城市卫戍工作，并与东北抗日联军一起参加对日本帝国主义最后作战，在长春市期间负责中共长春市委组织工作。1945年11月底，卢随军撤离长春到哈尔滨市，任松江军区副司令员和哈尔滨市卫戍司令。卢当时住哈尔滨市南岗大直街26号，身为司令员的冬东生仍穿苏联红军军装，佩戴尉官肩章。陈云来哈尔滨后，住南岗花园街。为联系工作方便，陈云让卢冬生和他搬到一块住。1945年12月14日晚，卢冬生一个人回去搬东西，走到半路，碰到两个苏军士兵，见卢冬生扛个箱子认为是金银财宝，他们便行抢并将卢冬生枪杀，箱子打开后全是书籍。身经百战红军将领无辜死在苏军士兵枪口下，时年39岁。

金庸在浦市采撷楚辞俚曲 金庸（1924—2018），本名查良镛，生于浙江省海宁市。1940年春，中国农民银行沅陵支行经理王侃（又名王金一，岳阳人）为访亲友，从泸溪县城徒步到浦市，见沅水两岸山清水秀，荒地较多，于是选址在浦市铁柱潭的青水溶（山名“黄土溶”）创办湖光农场。王侃指定余兆文（地下党员）任主任，查良镛（浙江人）为副主任，彭海清为会计。雇请20多名青壮年开荒、种田、办养殖。抗日战争胜利后，余兆文的地下党身份被暴露，被迫逃离，查良镛接任农场主任不久也离开浦市湖光农场。金庸在浦市农场长达近6年时间，与当地人们大碗喝酒，大块吃肉，冬天围坐在枯树蔸架起的熊熊篝火旁，篝火里堆满了油茶壳和油渣枯饼，满屋子弥漫着油茶渣饼的清香。其间，热爱音乐的金庸陶醉在楚辞俚曲中，他将这些歌一首首地记录下来，装订成厚厚三大册，共1000多首，为后来撰写武侠小说积累了素材。他《射雕英雄传》中专门描写了泸溪“铁掌山”秘境，即为铁柱潭附近沅水畔陡立如手掌的五指峰。

烈士英名录

浦市籍革命烈士一览表

表3

姓名	性别	出生	住址	参加革命时间	牺牲时所在单位及职务	牺牲时间地点及原因	安葬地点	备注
钟干卿	男	1894	浦市	1926	中共武汉市委成员	1927年在武汉市被害	武汉市	—
姚鉴雪	女	1902	浦市	1926	沅陵县妇联负责人	1927年5月，被害于沅陵	沅陵县	《沅陵县志》有传
杨光汉	男	1915	浦市	1949	中国人民志愿军四十七军一三九师排长	1950年在朝鲜军隅里作战牺牲	朝鲜	—
李兴顺	男	1922	浦市	1949	十七军四十九师一四五团战士	1952年在贵州盘县剿匪中牺牲	贵州省盘县	—
徐学斌	男	1926	浦市	1948	中国人民志愿军四十七军一三九师四一六团副班长	1951年在朝鲜作战牺牲	朝鲜	立二等功一次
徐志德	男	1926	浦市	1949	中国人民志愿军三十八军一一三师炮兵团战士	1952年在朝鲜江原道铁原郡作战牺牲	朝鲜	—
李开芝	男	1927	李家田	1949	中国人民志愿军铁道工程兵十一师三十二团班长	1954年在朝鲜执行兴建任务时牺牲	朝鲜	—
唐　虎	男	1927	浦市	1950	中国人民志愿军四十七军一三九师四一六团战士	1953年在朝鲜临津江西岸作战牺牲	朝鲜	朝鲜
周天高	男	1927	长坪	1950	中国人民志愿军四十七军一三九师四一六团战士	1951年在朝鲜秋季攻势中作战牺牲	朝鲜	—
王显均	男	1927	浦市	1951	中国人民志愿军四十七军一三九师四一六团战士	1951年在朝鲜江原道作战牺牲	朝鲜	—
徐朝旺	男	1928	浦市	1950	中国人民志愿军四十七军一三九师四一六团战士	1951年在朝鲜江原道铁原郡作战牺牲	朝鲜	—

续表 3

姓名	性别	出生	住址	参加革命时间	牺牲时所在单位及职务	牺牲时间地点及原因	安葬地点	备注
石浩然	男	1928	长坪	1950	中国人民志愿军四十七军一三九师四一六团战士	1951 年在朝鲜秋季攻势中作战牺牲	朝鲜	—
郑世鉴	男	1928	李家田	1951	中国人民志愿军四十七军一三九师四一五团战士	1951 年在朝鲜临江东岸作战中牺牲	朝鲜	—
石元仙	男	1930	浦市	1949	中国人民解放军四十军一一八师三五二团战士			1949 年在广东失踪
向　彪	男	1930	浦市	1949	湖北省阳新县大队副班长	—	—	1952 年在湖北失踪
李万良	男	1930	长坪	1950	中国人民志愿军四十七军一三九师四一六团战士	—	—	1951 年 11 月在朝鲜失踪，追认为烈士
向六金	男	1931	浦市	1950	中国人民志愿军四十七军火一三九师四一六团战士	1952 年在朝鲜江原道铁原郡作战牺牲	朝鲜	—
李泽恩	男	1931	长坪	1950	中国人民志愿军四十七军一三九师四一六团战士	1951 年在朝鲜秋季攻势中作战牺牲	朝鲜	—
向明富	男	1931	浦市	1951	中国人民志愿军四十七军一三九师四一六团战士	1951 年在朝鲜江原道作战牺牲	朝鲜	—
毛端智	男	1932	浦市	1949	中国人民志愿军四十七军一三九师政治部工作队队员	1951 年在朝鲜江原道金川郡作战牺牲	朝鲜	—
陈秀文	男	1942	浦市	1960	中国人民解放军一六二三部队汽车教导连学员	1960 年在广东省东莞县因事故牺牲	东莞鸡岗	—

辰河高腔剧照（2015 年）　　王岳林　摄

艺文杂记

浦市从历史长河中走来，留下了诸多逸闻趣事、奇闻杂记以及文人墨客的低吟浅唱，它们是浦市的宝贵文化遗产，见证了浦市一路的艰辛和荣耀。

浦市 PuShi

古诗采撷

古诗咏浦

《九章・涉江》(摘录)[1]

〔春秋〕屈原

……乘舲船余上沅兮，齐吴榜以击汰。船容与而不进兮，淹回水而凝滞。朝发枉渚[2]兮，夕宿辰阳[3]。苟余心之端直兮，虽僻远之何伤。入溆浦余儃徊兮，迷不知吾所如。深林杳以冥冥兮，乃猿狖之所居。山峻高以蔽日兮，下幽晦以多雨。霰雪纷其无垠兮，云霏霏而承宇。哀吾生之无乐兮，幽独处乎山中。吾不能变心而从俗兮，固将愁苦而终穷……

闻王昌龄左迁龙标遥有此寄

〔唐〕李白

杨花落尽子规啼，闻道龙标过五溪。我寄愁心与明月，随风直到夜郎西。

崇善庵

〔明〕王京

日落江空暮雨收，双旌东泛此同游。山堂梵语禅心定，石壁云封鹤路留。
赤子扶筇将藿食，青衿舞袖翼兰舟。补天无力暂为牧，极目疮痍意未休。

---

① 屈原被贬溯沅江而上，到辰溪、溆浦往返途经浦市。

② 枉渚：今泸溪县白沙县城屈望村。

③ 辰阳：今辰溪县城辰阳镇。

崇善庵

〔明〕李栋[①]

万木青葱满院花，道人迎客煮春芽。茶炉翻白便千劫，酒盏冲黄自一家。
阳气早回云送雁，草池先暖水鸣蛙。清明未了酬君意，待学东陵晚种瓜。

浦市山庵忆

〔明〕牛凤

曾向灵庵坐岁寒，夜深灯火照江干。八年踪迹布袍隐，万丈清虚禅榻安。
面壁只余斋亿佬，茶毗不见旧僧官。交游落落更星散，满目云山依旧看。

鹿泉歌

〔明〕李乐

石洞冥冥传有仙，太康之后几许年。兰香芷馥浮晴川，夹岸桃花势欲燃。
洞中平旷堪草玄，欲向沙边借榻眠。水崖玉篠看轻妍，聊傍春丛一系船。
悬泉泻出碧漪涟，野芳啼鸟情更牵。青碧翠嶂瑞雾连，猿声鹤唳情可怜。
愧无新词石上镌，举头拍手望青天。云妆作歌殊可传，何异青庙圭璋悬。
更如漠外飞云烟，鸾翔凤舞何翩翩。王乔叔度皆世贤，从此穷民不复迁。
居者桑麻安堵垣，百年郁滞籍已宣。逃屋渐渐归农田，不妨乘暇穷源泉。
金碧灵文遗古仙，供君得意忘蹄筌。

重泊白龙岩

〔清〕洪其哲[②]

片帆高挂五溪头，过尽危滩爱碧流。石影白龙潭底现，江涵绿树槛前浮。
霞光烂漫山当晚，诗兴飞扬酒泛瓯。月上更怜鸥鹭好，惯来栖宿伴孤舟。

---

① 李栋，卢溪人，进士。

② 洪其哲，玉屏人，字东村，翰林，虎溪书院山长。

寓浦市

〔清〕祝伊龄[①]

选胜来萧寺，同人眺浦溪。心随秋水阔，目送野云驰。
达识推先觉，群英羡在兹。中行何日远，千载寄遐思。

登水星阁

〔清〕石达开

西来飞阁此停骖，烽火冲霄破晓岚。旅居苗瑶倚仡佬，地临黔蜀势岈谽。
深怜万姓家何托，转战频年乱未戡。只为浮云遍蔽日，那堪回首望江南。

浦市

〔清〕戴元柟[②]

浦市十数里，远望却无际。斜屋承水形，曲巷取山势。
列市黄柑香，临江朱栏丽。环翠清流暗，落日明霞继。
长天双雁飞，孤月浮云蔽。夜静北风高，冷热拂衣袂。

楠木洞

〔清〕周文焞

古洞玲珑别有天，晴开云牖日西穿。双池清胜华巅井，一掌平如谷口田。
棋局草荒春蚓乱，石床风冷夜猴眠。武陵毕竟非仙境，放出桃花引钓船。

游浦峰寺

〔清〕张佳晟[③]

结伴云山古寺来，亦唐亦宋话余灰。到门风洒千竿竹，绕栏人分一径苔。
春色荧荧停客履，茶烟女弱出晴埃。道林已去无相识，留取画图句里回。

---

① 祝伊龄，清黄冈人，泸溪县训导。
② 戴元柟，字迳野，德清人。
③ 张佳晟，广济人，沅陵教谕。

凤凰山古松

〔清〕康仲德[①]

刹外亭亭松数株，何年仙客种山区。虬枝只许栖元鹤，纶羽曾经拜大夫。
风雨犹来涛叠叠，烟霞欲去影瘦瘦。几时乞得王摩诘，写作凌霜傲雪图。

望代朝山

〔清〕康健[②]

排空青嶂势岧峣，数遍群峰见代朝。楼阁都从云里结，松杉半似画中描。
晴岚万点开村市，崖壑千重隐牧樵。石磴迂回天路寺，钟声夜夜出层霄。

晴望代朝山

〔清〕周大昱

壁立孤峰秀，盘回到市廛。层峦如锦簇，叠嶂似珠联。
紫雾横腰锁，青云抱顶旋。风披烟霭卷，霞映景光鲜。
吐秀芝生谷，含辉玉韫田。琳宫频换彩，嘉树益幽妍。
影落沅江水，岚分酉室烟。高山堪仰止，撑住五溪天。

大朝山

〔清〕洪其哲

岌岌遥峰扦半空，天然原镇孰争雄。春浓绿绕碧腰草，秋老红涂鹤顶枫。
罩历增云笼邃谷，绵联谷雾湿琳宫。清明指点风光好，不尽恣寻窈窕中。

大朝峰

〔清〕李源逢[③]

层层叠叠势凌空，俯视群峰独自雄。雾重即来山脚雨，岚深常隐岭头风。

---

① 康仲德，清末民国初期泸溪县浦市人，贡生。凤凰山在浦市镇北，山形如凤凰展翅，山上有古庵。

② 康健，浦市人，庠生。

③ 李源逢，泸溪人，清朝，庠生。

溟濛烟锁蓬莱岛，缥缈光生兜率宫。我欲乘风登绝顶，一声长啸白云中。

浦溪

〔清〕李源逢

春水融融涨后溪，小船荡桨画桥西。新开竹叶浮幽涧，旧点苔痕满石蹊。桃坞丛中飞紫燕，柳潭深处叫黄鹂。鉴湖胜概堪图画，一片烟云望转迷。

浦市观铁厂

〔清〕唐效尧[①]

人山不厌深，林壑惬清瞩。何当遇恢奇，振动骇心目。
斧斤勇千夫，丁丁摧群木。遥闻邪许呼，积薪路相属。
开辟莽五丁，但见四山秃。茫茫太古云，徘徊失栖宿。
伐镩危石底，逶迤百折曲。健者缒而下，把炬穷蹐跼。
长镵剧黄泉，裂砾撼坤轴。似闻蛟龙怒，若有鬼神哭。
倘怀覆压惧，何如守犁犊。自言田亩薄，每苦饥冻酷。
犯死岂得已，谋生实不足。远铺若丘陵，洪炉煽山麓。
碧空愁燔灼，炉声彻林谷。火光波涛翻，烁烁走珠玉。
铁片才成堆，泉布售已速。吁嗟造化功，穷民有绝续。
所虑地脉伤，穿凿非尔福。安得保浑沌，嗟吁澹无欲。
三九长赢馀，宝藏终蕴蓄。

宿鹿儿洞

廖名缙

行舟入沅水，寸步皆滩险。朝发舒溪头，暮宿白岩间。
系舟向绝壁，藤萝苍然晚。爱此石隙中，窅窱深且远。
微风激潭水，琴筑声清婉。夜深渔火来，岩际江殷显。
照见鹿儿穴，双孔何宛宛。胡公昔蠖屈，抱膝此吟遣。

① 唐效尧，字衢，清辰溪县人，进士。

想当抱琴时，万古尘襟浣。寂寞三百年，荒江屡兵燹。
风物自清修，洞口黄云掩。来此一霄中，怀古增辗转。

游楠木洞

姚景崇[①]

手披鸿蒙云，言寻禹王穴。拔剑劈天开，奇气乃一泄。
头因岸脚低，腰向山灵折。浸来非海水，消尽昆仑热。
卧地类龙蟠，凌空似蜃结。四面石玲珑，一泓水清澈。
斜窥尽金沙，其光半明灭。蹲踞苍虎同，突兀屏障列。
怪石当其前，途径似乎绝。上有一线通，弗与诸天隔。
仙女貌如花，疑关相应接。争似世情浓，相见轻作别。
恐染洞云深，沧桑易成劫。

义诗留壁 抗日战争期间，国民党陆军监狱迁至浦市吉氏宗祠。监狱“犯人”多为进步人士、反蒋军官、共产党人。他们在监狱的墙壁上写下许多悲壮诗篇，墙壁历经风雨，至今斑驳可见。

留壁（二首）

（一）

大江南北少年游，二十从戎夏复秋。劳碌风尘星戴月，无功有过咎何由？

（二）

从军原不为封侯，教战哪能作楚囚？脱却军衣空对月，徒增白发吊荒头。

和文天祥三绝

（一）

万里飘零何处家，长征八载度年华。聊吟新韵慨忧郁，故旧几时同赏花。

① 姚景崇，字存之，民国初期泸溪县人。

（二）

江南景色迥不同，昔日院庭陷一空。遥听青山泣白骨，杜鹃零落任清风。

（三）

奔走征程十数寒，精忠报国寸心丹。秦中一别风兼雨，谁料今年仰壁看。

偶成

满天烽火忾同仇，赤血男儿为国忧。露宿风餐长久卧，横戈马革满荒丘。

疏星暗月半无有，荒院轻风兰芷幽。一夜蛙声不停唱，仿佛为予呼自由。

叹零丁

生死遭逢患难经，干戈落落残月星。肩荷枪弹艰危甚，身世漂浮如雨萍。

铁窗含冤望铁窗，零丁抱屈叹零丁。英雄自古谁无死，独恨丹心不垂青。

春夜感怀

春宵夜静月明天，院外蛙声动寂眠。羁旅只身囚异地，铁窗孤影有谁怜。

英雄屈陷莫须有，战士伤心泪万千。欲诉终生惆怅恨，冤魂留在浦江边。

碑记楹联

碑记

修建浦市大码头碑记

李官

泸有浦江，水陆津要之地也。舟楫蚁拥，鬻贩鳞集。上街下河，往来络绎不绝。当春夏之交一遇泛涨，波涛汹涌，土崩路圮，行者苦之。

兹有廉门姚氏、媳陈氏，姑媳孀居，相与语曰："俗言'不竟其禄，子孙之福。'吾家有余资，两世孤孀，意者善行未修，天故示之罚乎！今幸有藐孤，何日行利济事，周急恤困，通有无，皆裕如。"适目观码头倾圮，慨捐千金拓大之。市人襄资以助，购石鸠工，缺者补之，卑者增高之，倾者筑之、甃之。石级宽厚，层次井井，不数月告竣。往来称便。固垂之千百世不朽，可以历阶而升，不至倾跌者也。嗟乎！广田宅，聚货财，习于鄙吝且多行不义，不转盼而为空烟，逝波消归乌有者不知凡几？求好行其德以邀福报，虽高明绩学之士鲜能之，巾帼中如廉门姑媳之好善谁乐施不少见概也！于是乎，记之传曰：人之欲善，谁不如我，后之览者其亦有感于斯记乎！"天启七年（1627）丁卯仲夏月立。

重修大码头记

廉杰

浦市一镇，上接滇、黔，下通吴越，烟火万家。四方商贾所辏集，往来舟楫所停泊，楚南一大都会也。自开市以来，各处胡同俱有码头。惟正街直达江干码头狭隘，且岁久倾颓，不减井陉险道，行者率却步。先明天启年间，吾叔祖廉梓芳室人陈氏捐资千金鸠工命匠修砌。楼十层石磴于平地而鼎新之。高大、坚质，俗呼为"大码头"。奈年渍月浸，遭江流之括括，东倾西圮，致矶石之磷磷。市人苦于道旁之筑，怅然叹息者久矣！吾弟廉节及正养、正美、正国等意欲重修，而谋及于余。余曰："善。但工程浩繁，非余辈所能修复"。因择市中善士为首，敛资共襄。至若经画区处、计日课工，余辈不能辞其也。幸阖市义士齐破悭囊，欣然乐助。不数月而举。向之趑趄难进者，忽然有阶可升矣！余不揣微陋，聊撰俚言以著众善于不朽，而镌诸石。国朝雍正元年记。

复修梓童阁记

张尔楚

凡宫观寺庵之建，有捐资者，人即重在所为，而载之石，至于预期其效果何为者，意其人始，或有不乐于此，后姑勉强，以破一悭，故记之，欲其知所励也；抑真人心或有所私祷，故先欣言之，使俟券于他日云尔。至若吾泸地僻俗厚，明而服官，幽而事神，罔有不虔，况梓童帝君，血食载在祀典，不独主持文运，兼司人间禄命，其敬礼之也素矣！则斯阁之建，乃其心之所乐为，无有觊觎者也，又何记焉。盖阁方颓圮时，楚履其地，而忽焉矢志可以有成也，乃谋之匠，料以二百余金，又爽然若失，忽而亲友李石诸君，毅然为首，乡老高杨等，经之营之，庀材鸠工，俾事就绪，主持之劳力，施材众姓之劳心，拮据皆有可言，功遂告成。夫楚之愚懵，固易视天下事者，诸君则何以如此耶，其有神焉启之乎？忆阁将成，资用告匮，众议敛丁浦市，其夕即有梦帝君，马已备驾，将欲前征者，斯其验矣。则斯记也，虽记人之力也，实记神之灵也，是为记。

重修梓童阁记

魏绍

浦市祀文昌帝久矣，康熙初祀于卧云庵，泸举人李子牛皋、恩贡唐之命等迁于公所，其室偏小不足以妥神灵也。岁丙申，生员刘清、印天玙、谭乔、李文渊等欲式郭丕基，募化改造，同赴郡城请序于郡守迟公煓，公欣然为引，捐俸以倡。有市民谭子芳发心助本众等募化乡市，得百有余金，并付谭处购木石砖瓦。鸠工命匠，除旧更新，殿宇成焉。前粮宪汪献匾，府宪李挂对，继此蒋刘诸席，郝邓诸公，月课赏赉，雅意作人。惟粮宪姚，出罚锾百金有奇，买唐姓田为学田，契存泸库，买姚姓地为学地，契存沅库，延师以充膏火。公议除地租二两为春秋祭费，余银为塾师学俸。其店地十间，除杨姓一间地租与营守者，为奉祀香火之资。至于丁卯春，新任粮宪王公敷贲行香月课，见殿宇卑暗，文风不振。且右侧有余地，可作崇文书院。捐俸六十金，命绍偕首事生吴加锟、李文灏、张绍贤、罗万备等，公议重修正殿，以二殿作讲堂，造就人才。共醵金三百有奇，人心踊跃，阴有神助，不日成之。今当告竣之期，以助银姓名镌石，以垂不朽。

重修河街关夫子庙碑记

王光夔

西人来客于泸溪浦市者，夥矣！西人庙祀关夫子于浦之河街也，又久矣！殿宇层铺，墙垣叠砌，盖胜概也。

康熙庚子夏涨水突来，民舍多付波臣，甚之逼庙址，又甚之犯诸神像。一时四壁环堵，强撑者仅半。嗟呼！雨漏云崩，神不顾享，董庙事者其能勿动于心欤？晋客长赵日昌于水方平即集乡之客斯土者，急议修葺，果俱不吝，捐金有差以助。爰是，百废俱举，自正殿而前后厅，而左右庑，而周为墙墉，而阶墀磴道，咸维新焉。自夫子像而左塑观音大士，右塑如意财神。而若关若周二将，胥加饰焉。

越两年，功乃落成。且（以）所箕剩金得布大街店地二面，每年取其租以（给）主持为薪水。资及俱定，首事者将制文镌石，而（归）予为一方神人主，丐一言以志其事。余窃思，夫（子）之名一世，非炳烺一时者；埒夫子之神在天，下非俎豆万方之比，西人置庙设像以为祀，又匪始自今。

余固不能文，余纵文，反以赘见薄也。昔坡老记灵壁故事（《灵壁张氏园亭记》），雅本其前，作者之志而拳拳然，望其后之兴者，复淳而为语，如戎家人子弟，勿巧计钻私，勿苟且射利，勿以少凌长，勿以富加贫，异地而切同乡之谊，分形而笃一本之爱。伏腊有节，占验有时，祥司致灾，可弭而知郑之蛇斗非蛇、龙战非龙也。然则今日之致望于奉是庙，祀之人又仰冀乎夫子，之所以绥尔奉是庙，祀者又宁易坡老言而别为是文哉！会余退食，叙此以纳诸庙门为记。侯本谥壮缪。宋封为忠惠公，后加封永义武安生，封三界伏魔大帝神武远镇天尊。又传会道家曰：关圣帝君历代尊崇，可谓极矣！但侯始终不忘汉室，仍称汉寿亭侯，从始封也。曰帝，曰王，曰夫子……明由尊侯者称之。我朝典礼加隆，埒于至圣。泸邑僻小，未备仪文，尚有待于增修以仰副敬共之意焉。

重修万寿宫碑文

王上仁

天地有旋转，日月有盈昃，古今有变迁。人生如蜉蝣，寄迹天地日月古今之间。求其所以参天地，贯日月，亘古今而不朽者，唯忠唯孝足以赅之。我同乡旅居浦阳，自先辈创建万寿宫，奉福主许仙真君，无非以大孝大忠，表先贤之典型，冀后人之绍述。岂徒春秋二祀，济济一堂、酒肉醉饱，歌舞宴乐已哉！

乃历年既久，风雨摧残，宫门以外墙倾栋折，昔之金壁，沦为瓦砾。同人募资重修，仁亦参议其间，自洪江逮辰州，上下沅水数百里，诸同乡莫不慷慨输金。而董其役者为张君乙舟，预先垫款数百金，作鸠工庀材之基本。更赖周君锦辉，萧君春林，不惮艰苦，日夕督工，前后阅八载，始终不懈。

今之楼阁崔巍，创者因者，修饰者，藻悦者，雕金缕彩者，如鸟草，如雀飞者，经营缔造，尤推萧君之力为最，后之人旅斯土，登斯堂，当思先辈措建之艰难，所以立忠孝之表率者，非徒供后人宴会之场也。

故虽天地有转旋，日月有盈昃，古今有变迁，而惟此忠孝大经，父戒其子，兄勉其弟，继继承承，参天地，贯日月，亘古今，历千万世而不磨。上接福王之薪传，下树同乡之模范，将见人人皆忠臣，人人皆孝子，福王之灵实式凭之，抑仁听馨香预祝者也，是为序。瑞州后学王上仁敬撰，民国七年冬月。

入云山复修水星阁记

廖名缙

辰之有郡，万山蟠阻，临沅水而廛邑者，率蹬踞于惊涛闭谷之间。唯浦口一市，豁然开朗，山纡徐而水演漾，为数百里所仅见。市中以产铁闻海内，峨舸巨艑，放洞庭，下长江，列夏口，灌输乎东南之大半。有清道、咸以前，海禁未弛，欧铁输入者盖鲜。市之人坑冶起家，带财号数十万者，踵相错也。生事既裕，则出所有以营浮图老氏之宫，祇林绀宇，遍市郭而参差，郡县所治，莫咸与京。而入云一山，矗立江渚，明洪武时建兴隆寺于其上，依山架构，既崇既丽。寺旁水星阁觚棱金爵，上出重霄，下临无地。贾舶去来，咸远望以为近市之标准。咸丰末毁于兵。同治初元，先父鼎五公，偕学博李午亭，谋诸市中耆老，倡募修复。经五十余年，入于民国，阁基下圮，栏槅摧侧，过岁抱危心焉。爰有学友姚君理堂，康君渠仙等，劝募市中，谋作而新之。余方卸湖南左军统领事，客居长沙，以时乱，避居穹山寺，经主持僧照升不远千里赍父老书来咨度。余亟赞许，以道艰不克一返里门，勷兹美举，赖诸父老热忱毅力，未久遂告成功。是役也，经始于民国三年，落成于民国四年二月。董其馋者姚君理堂也。余时又以国会议员，远羁京师，姚君专书索记。窃念余少丁家难，弱冠客游此寺，此阁实儿时追随先父讲学栖迟之地。今两鬓星星，归欤未卜。既感诸父老兴废举坠之功益，慨然于劳生蓬转，未知税驾于何时也，为书其端概以贻之。中华民国九年庚申冬月。

楹联

浦峰寺楹联

木鱼敲落山边月，觉！觉！觉！觉先觉，觉后觉，无非觉觉；

金钟撞破岭上云，空！空！空！空色空，空相空，总是空空。

大江东去，浪淘尽千古英雄，问楼外青山，山外白云，何处是唐宫汉阙；

小苑春回，莺唤醒一庭佳丽，看河边绿树，树边红叶，此中有舜日尧天。

凤凰山下岩娘娘庙亭联

山泉淙淙，坐休凉亭饮玉浆；
钟声袅袅，骑放牧童唱高歌。

下湾孔子庙趣联

关夫子，孔夫子，两个夫子；
读春秋，写春秋，一部春秋。

张飞祠正殿楹联

孟德惊桥头，直使奸雄丧胆；
严颜释帐下，能叫老将归心。

狮子庵后殿观音阁楹联

紫竹林中观自在，白莲座上音如来。

万寿宫外城阁楼的楹联

游子思乡，凭栏寄目云千里；
高人寄兴，把酒抒怀月一楼。

鲁班庙木作会馆楹联

三斧两凿，凿来金柱银梁；
七锯八刨，刨出锦床秀柜。

火神庙戏台楹联

三五步走遍天涯；
六七人百万雄兵。

黑龙庙戏台楹联

要看戏，早些来，精彩事全凭起首；
虽观剧，迟点走，好结局总在后头。

土地字联

兴贤坊联：中兴名将曾左彭胡；圣贤文章诗书易礼。

上镇坊联：上下左右全清洁，镇道督抚都平安。

安宁坊联：安邦定国公公可能，宁人息事婆婆有方。

东河坊联：东锄西种人勤俭；河清海安国太平。

兴宁坊联：兴旺发达一坊好，宁同安里四邻乐。

忠正坊联：忠孝节义一坊敬；正大光明四邻歌。

汪奎怪联　浦市文豪汪奎，原名汪魁，生于清道光年间（1821—1850），为浦市一大怪才。少年时与同乡廖名缙同时考取两湖书院。汪每次考试总是名落孙山，便认为是传说中掌管人间文章的魁星故意与自己作对，而不让自己考取功名，于是一气之下便将魁字改作奎了。有怪联如下：

春联一：将将就就度日；马马虎虎过年。横批：无非敷衍。

春联二：出有门，进有门，赊借无门；年好过，月好过，日时难过。横批：世态炎凉。

春联三：二三四五；六七八九。横批：南北。

上联少“一”，下联少“十”，寓意“缺衣少食”。横联用“南北”，寓意家境贫寒，没有“东西”。

汪奎唾骂贪官的怪联：孝悌忠信礼义廉（无耻）；一二三四五六七（忘“王”八）。

某年浦市官衙新官上任，闻听汪奎才学渊博，特请汪老做“警联”。

其一：从家乡而来，两地疮痍同满目；理民事之后，万家疾苦须关心。

其二：罔违道，罔擀民，真正公平，心斯无诈；不容情，不受贿，招摇撞骗，法所必严。

其三：头上有青天，做事须循天理；眼前皆瘠地，存心不刮地皮。

传说故事

民间传说

谭千户私开“黄河” 宋徽宗时，谭子兴追随岳飞率兵到洞庭湖镇压杨幺起义，驻节武陵（今常德）。楚地平复后，朝廷授谭千户之职，于南宋建炎四年（1130）农历七月二十一日移驻浦口（今浦市对岸八家弄），上管沅州竹寨（今新晃新寨），下至辰州路口（桃源八字路），计三万余户。

按照规定，谭子兴每年需去朝廷朝拜一次，向皇帝请安朝贡地方特产。皇帝见眉毛胡须皆白的谭老将军动了恻隐之心，恩准路途遥远的谭子兴免去一年一次的朝拜，准予老将军择浦口之西最高峰修造“真武殿”，代为朝拜的奏请。由于山顶风大，该殿堂盖的瓦均用当地炼的生铁浇铸而成，每片重达50斤（25千克）。殿内供奉大宋皇帝位牌，每逢农历初一、十五日，谭老将军必率子孙赶往真武殿内叩拜。此山后被称为“代朝山”。

征战一生的谭老将军喜欢热闹，每年端午浦市沅江龙舟赛都由谭老将军坐镇安排红白旗龙舟赛事。一年，谭老将军做完89岁大寿第二天，接连下了7天大雨。至农历五月十二日，正是端午节龙舟赛期间，沅水江面变大多倍，洪波汹涌，无法举行龙舟赛。谭老将军急出病来。大病一场的谭老将军在地方名医的尽心调理下，好不容易身体得愈。经过这次事件，看着与端午龙舟赛结下深情的谭老将军，再也经受不起失去龙舟赛的热闹场面，将军麾下众将与子孙商议，耗资动用民工在老将军村寨旁，开凿一口水深数米、面积百十亩的水塘，防备沅江来年端午涨水影响龙舟赛。

南宋绍兴二十五年（1155）五月初五，代朝山脚下生宝村迎来了历史上最热闹的一天，这一天是谭老将军90大寿，也是一年一度的端午节。起名为“海塘”的龙船塘已完工待用。“海塘”四周，旌旗飘荡，礼炮声、乐鼓声、声声入耳，村庄上下喜气洋溢。前来道贺的达官贵人、亲朋好友，络绎不绝。打扮得金光闪亮的二十来只龙船一线摆开在塘坝待命。谭老将军与几位老友坐镇靠北岸的指挥台上，品茗观赏，极尽欢乐。事后，有嫉恨老将军的政客，在皇帝面前告状说：谭老将军利用自己庆寿之机，收受官员及民间奇珍异宝作寿礼，目无王法，胆大妄为，在真武殿下劳民伤财，私自开凿黄河等，奏请皇上问斩头之罪。皇帝听罢龙颜大怒，派员来浦市查办。

得知密报的谭老将军经不起这般惊骇，未待查办官员赶到，就心急攻心、驾鹤西去。查办官员到来后，谭氏族人对其极尽示好。为了交差，官员与谭氏后人商议，同时摆放 48 口红木棺材。一来谎报皇帝老儿说是株连九族的 48 口人，二来为了防备仇家掘坟，三来为了迷惑世人传言其有许多奇珍异宝陪葬而盗墓。谭千户 48 口红木棺材出葬的故事一直流传至今。生宝村至今仍有“龙船塘”地名。

扒龙船的来历 五月赛龙舟，俗称扒龙船。是浦市民间重大赛事，也是湘西古老习俗。传说，黄帝有曾孙高辛氏，其部落连年遭受敌对部落的侵犯，于是张榜招募能取敌将领首级的英雄。后来有名叫盘瓠的青年猎人，戴着神犬的面具取得了敌将首级。高辛帝将美丽的辛女许配给盘瓠，盘瓠带着辛女住进南方沅水岸畔的山洞里，生六男六女，非常恩爱。后来子孙繁衍为苗、土、瑶、侗、畲、黎六族。某年，沅水来了一条恶龙，兴风作浪，祸害百姓，盘瓠决心除之，与之恶战七天七夜，于农历五月初五日午后，终于斩杀恶龙，自己也耗尽气力，沉尸沅江。六个儿子一边划船一边吆喝着寻找打捞父亲，六个女儿站在“鼓儿岩”上打鼓，驱赶鱼虾啄食父亲。后来，每到盘瓠忌日农历五月初五，盘瓠子孙分别划船在沅江流域各条溪河中为他招魂。涉江沅水的诗人屈原，也在农历五月初五这天投江而死。于是，楚地沅水流域人们将每年的农历五月初五定为端午（阳）节，因此端午节又有重午节之称，从这天开始，直到农历五月十五日，历时十天，举行划龙船活动。

黄鹤楼飞金 清嘉庆年间（1796—1820），瞿三毛所在的瞿氏家族在浦市“瞿唐康杨”四大家中居首。瞿三毛先祖在浦市唐家弄建一栋窨子屋，黄道吉日准备上梁。其先祖对地理先生说，要等三件事到来时才能上梁：其一要有人戴铁帽子，二要有鱼上树，其三有新人到来。近午时，有一农户买一口大锅顶在头上走来，另一个中年人手拿着一串鱼插在树丫上看热闹，还有一个讨饭小孩挤到人多的地方玩耍。其先祖对地理先生说，时候到了。于是，鞭炮齐放，升梁开始。其先祖嘱咐，好好款待小孩，为他换上新衣裳，留小孩为瞿姓子。后来又培养他读书，他天赋聪明，受老师器重，长大后在朝廷做官，利用官场职务之便，又经商办铁矿冶炼加工，快速成为豪商。瞿姓后人经过几代经营理财，购置大量的田土，还在武汉置办店铺，形成瞿家街。

鸦片战争后，海禁大开，洋货充斥中国市场，浦市商业受到冲击。瞿三毛父亲逝去后，瞿三毛从浦市到汉口。转眼间，已经有大半年了，每天有人管吃管住，还有人送钱花。这使得瞿三毛十分好奇，终于弄清祖上在汉口置了360间店铺。此后，他生活放纵，欠下了一屁股债。为了还债，三毛将汉口的部分店铺产权转让给店主。一日，实在觉得无聊的瞿三毛乘船过江，上了蛇山头，登上黄鹤楼，千里风光，尽收眼底。瞿公子站在楼台上好不高兴。这时，不知从哪里飞来几只漂亮的蝴蝶，翩翩飞向楼下。瞿三毛灵机一动，脑海里闪现出父亲书房里挂着的那幅《戏蝶图》。

第二天，瞿三毛将售出铺所得全部打制成金蝴蝶叶片，与一帮纨绔子弟邀请汉口镇青楼佳丽到黄鹤楼下捉金蝴蝶。瞿三毛手捧金叶向黄鹤楼下抛洒，金叶如蝶，翩翩而下，在阳光的映照下更是金光闪烁。瞿三毛在黄鹤楼上又倾倒黄豆，看各种抢姿，高兴得发癫。

黄鹤楼上飞金了！消息不胫而走，一传十，十传百。黄鹤楼下的人越聚越多。瞿三毛乐不收场，越玩越开心，直到把祖上置下的那360间店铺全部玩光。

神话故事

草鞋板打架 传说，浦市某年数月都无雨，稻田干旱，大家决定去请古镇神通广大的毛老司打洞求雨。毛老司扬言自己法力无边，要村民组织锣鼓队去镇后的楠木洞看他与洞神斗法，大家在洞门口打鼓助威。他身披道服，一手持司刀绺旗，一手持牛角，口中念念有词，将牛角吹进洞内。约半个时辰后，洞内忽然飞出十几双草鞋在空中相撞互斗。村民们都看呆而忘记了打鼓敲锣助威，致使洞内斗法的毛老司身陷困境渐处下风，最终手中牛角被洞神打落。牛角随洞水流向下湾，变成一座长10多米的牛角形小沙洲，人们将此州取名“牛角洲”。毛老司则化成一匹发着七彩异光的鹅毛从下湾浮出，人们叫此潭为鹅毛潭。因此潭弯折向北而去，形似娥眉，后演变称为娥眉湾。至今浦市人会用“看草鞋板打架去了”的谚语形容看东西发痴的人。

熊娘嘎婆 浦市流传着熊娘嘎婆的故事。从前，有大妹和小妹两姐妹，住在一片森林附近，她们的外婆住在森林里边，这天，姐妹俩相一起去嘎婆（外婆，下同）家走动。刚走进森林便碰上打扮得像老人的熊娘。熊娘问大妹小妹：“姐妹俩到哪里去呀？”小妹说：“我们去嘎婆家。”熊娘说：“我就是你嘎婆。”大妹说：“你不是我嘎婆，我嘎婆下巴有一颗黑痣。”熊娘连忙从地上捡起一颗羊屎往下巴上一贴，对大妹说：“看！这不是黑痣吗？”大妹说：“我嘎婆手背上没有那么多毛。”熊娘扯下衣袖遮住手背说：“傻孩子，以前嘎婆年轻，手背上是没有毛。现在老了，就是这几天才长的毛。”大妹还是有些疑惑，但是小妹却相信了。于是俩姐妹就把熊娘当作嘎婆，去了熊娘家。

到了晚上睡觉的时候，熊娘问：“哪个和嘎婆睡一头？”小妹说：“我和嘎婆睡一头。”睡到半夜，大妹听到小妹那头有响动，好像有人吃东西嚼得“咯嘣”响，就问：“嘎婆，嘎婆，你在吃什么？”熊娘说：“脚趾台（头）、手指台（头），伢儿吃不得。”大妹往被窝里一摸，发现小妹不见了。知道小妹一定被熊娘吃了，不等天亮就起了床，爬到屋门口一棵大树上坐着。熊娘起床了，大妹就说：“嘎婆，我来帮你梳梳头。”熊娘说：“大妹，你下来啰！”大妹说：“嘎婆，你上来啰！树上好梳些。”熊娘不知是计，爬到树上去让大妹给它梳头。它在心里盘算，等头一梳完就把大妹吃了。大妹说：“嘎婆，你的头发好长啊，我把它绑起来好吗？”熊娘以为大妹要把它的头发绑拢作一坨，就答应了。哪知大妹将熊娘的长头发往树枝丫上绑。并且边绑边念：“梳一梳，绑一绑，绑起嘎婆长发头。”一会儿工夫，大妹把熊娘的头发严严实实地绑在了树丫上。大妹故意把梳子丢下树去，边丢边惊讶地喊：“啊哈，梳子掉下去了，我下树去捡上来。”她不等熊娘回答就跳到树下走开了。熊娘喊：“大妹大妹你莫走，快来拉拉嘎婆手。”它想把大妹抓住，大妹才不上当呢！她说：“熊娘熊娘你好毒，夜里吃了小妹肉。今日把你绑树上，喊人来炸你的油。”大妹飞快跑了。熊娘想下树来追，可是头发被绑在树丫上动也动不得。它一怒之下，用力一挣，脑壳盖被揭脱了。熊娘痛得要命，满地乱跑，找人治伤。它跑呀跑呀，在路上碰到一个卖锅的人。熊娘问：“锅子客，锅子客，你有什么药可以治好我头上的伤口？”锅子客说：“我不会捞药。”熊娘吼道：“你不给我捞药，我把你吃了！”锅子客告诉熊娘：“我送你一口锅子，你用火烧红，戴在头上，过三条湾三条岭，伤就好了。”熊娘按照锅子客的要求，把锅烧红戴在头上。一下子被扯伤的头皮全烧焦了。熊娘大喊大叫，丢下锅，继续往前走找人治伤。走着走着，碰见一一个卖爆竹的人。熊娘又向爆竹客要药治伤。爆竹客说：“我不会捞药。”熊娘说：“你不给我捞药，我把你吃了。”爆竹客对熊娘说：“我送你一捆大炮，在你的鼻子、嘴巴、耳朵、肛门各处插上一个，走三条湾三条岭再一齐把爆竹点燃，炸一下伤就好了。”熊娘按爆竹客的要求，在自己的耳、鼻、嘴、屁股各处插上大炮，过三条湾三条岭一齐点燃，只听“轰隆”一声巨响，熊娘被炸得粉身碎骨，散落在路边的地坪里。不久，熊娘炸死的地方长出几株茂盛的野菜。

一天，大妹上山打猪草，把那几株野菜扯回来作猪草放在锅里煮。煮了半天，怎么也煮不熟，只听锅里在讲话："叽噜咕，叽噜咕，煮你娘白屁股！叽噜咕，叽噜咕，煮你娘白屁股！"大妹知道这猪草是熊娘变的，把它从锅子里捞出来，倒在阳沟里，用桐油烧。只见飞出一股黑烟，熊娘被烧化了，再也不会害人了。

地名故事

浦市地名故事　相传宋朝年间，乾城一庄主因田坪干旱，颗粒无收，许下诺言，谁帮田地求得雨水就把女儿许配给他。一位名叫胡传的年轻人愿意担当求雨人，一则为庄主和百姓解决因旱灾带来的困苦，二则能与庄主女儿结成连理。他在庙里连续三天跪求，烧香敬天敬菩萨，双膝红肿，鲜血直流，终于感动菩萨，为庄主粮田求得一股泉水，附近田地不再受旱，庄主依约把女儿嫁给胡传。胡传婚后生下胡高、胡金、胡银三个儿子。胡家三子长大后，武艺超群，均被朝廷选中，在一次战斗中兄弟三人立了大功，被封为将军。离乡多年，胡家兄弟思母心切，向皇上告假回家探望母亲。皇帝感念其孝心和忠君，赏赐一人一壶御酒，奸臣庞洪在取酒时，暗中将御酒换成毒酒。

农历六月，兄弟三人带着皇上赏赐的御酒，日夜兼程赶回家乡。走到辰州府浦口时，三人因疲劳和饥饿，取出食物，又喝一口御酒解乏，后来浦口得名"捕食"，演变成浦市。

兄弟三人继续朝前走，走到一条溪流时，三人感觉酒后不对劲，浑身疲软，知道被奸臣陷害，在溪边用水洗漱，大骂奸臣，溪流后来得名"骂娘溪"，后来演变成马王溪。约莫半个时辰，又到一条溪流，兄弟们脑袋痛得不停地摇摆，人们将这条溪流取名为"摆头溪"，时间久了演变成白头溪。因思母心切，兄弟三人无精打采地拼命朝前赶，想尽快回家解毒，看望父母。一个时辰后，到了一条较大溪流旁，耷拉着脑袋，摇晃前行，这个地方被取名为"耷拉"，后来演变成达岚。再过一个时辰，到了一个无名小村寨后，兄弟三人再也走不动了，在痛苦呻吟中不停地问道："娘哪，娘哪，回乡的路还有多远啊？"不久倒地身亡，未能与母亲相见。这就是合水镇"问娘"村的来历。

辰河来历　浦市人将沅水泸溪段叫作辰河，源自一个神话故事。相传，晋代时，沅水岸边有一个50多岁的渔翁名叫王老三，家里老婆孩子8口人，全靠这条河捕鱼为生，生活过得清苦。一天，他在辛女溪桥口挂上一排过河排钓，第二天早晨收钓时，突然感到钓沉甸甸的，用力一扯，钓上挂着一串黄澄澄的铜链，于是用力往船上拉。链子越拉越长，船舱装满，船头快沉下水，铜链还没有拉完。王老三随即将船靠岸，人站在坡上，继续拉扯，岸上又拉得一大堆。谁知铜链拉完，陡然从水里冒出来一只毛猴。毛猴身高七尺（约2.33米），体似人形，一身火红长毛，凹着脸面，眼睛闭着未开，蹲在铜链旁边，老翁吓得魂飞魄散，不知所措。

消息传到县衙，县官余大人即刻吩咐备轿，亲临河边察看。见毛猴尚在鼾睡未醒，当即命老翁将铜链丢下河中。铜链摔完，毛猴扑通一声钻入水中。余大人当众宣告："这是一只神猴。当年大禹治水时，发现这只毛猴在水底打洞筑巢，洞穴周围挖空几里，怕它搞塌河床，大禹用三千三百六十六斤九两九钱（约1683千克）黄铜铸成长链锁住，押在辛女桥下，要它永远顶住空穴不垮，保证河道畅通无阻。"县令又宣布："自今以后，辛女桥上下三里，不许任何渔人挂钓、撒网，如有违反，决不饶恕！一定要保护这只神猴！"后来，人们把这条河称为"神猴"。神与辰谐音，猴与河在本地方言中同音，经过了漫长的岁月，加上河流中游有辰州府和辰溪县，逐步演绎为"辰河"。

浦溪传说 浦溪是一条普通小溪，在古镇浦市汇入沅水，因岸边"黑龙庙"和"黑龙王"闻名遐迩。清代，乾隆帝得悉一个秘密。说是清康熙五十年（1711）的一天，皇子胤禛的妾室钮祜禄氏生了个女儿。大臣陈世馆夫人同日也生了个儿子，不久，命人将小儿抱进府内观看。返回家时，儿子变成了女孩。陈世馆知是皇子换包，大骇之下，不敢泄露。那个男孩便是乾隆皇帝。乾隆帝是个孝子，得知生父因避嫌在外学道，便以"游江南"为由寻父。乾隆帝一行乘船巡游至洞庭湖，美景赏心悦目。晚上月升中天，游船停止前进，满湖游船灯火辉煌，有如满天繁星，帝船附近布满随驾侍卫官兵。了解乾隆身世的反皇派派出数百名江湖上收买的武林高手追赶至此，在乾隆一行四周暗中隐伏起来。见天已漆黑，便以迅雷不及掩耳之势挥舞器械杀向侍卫官兵，一时短兵相接，杀声震天。乾隆身边70位武功极高侍卫见事情突变，忙到皇帝身边护驾。追杀者开血路向前纵跃，直扑乾隆，与侍卫激烈交锋。几个回合后，一杀手暗扣三枚毒蒺藜射向乾隆。侍卫挺身拦截，三枚毒蒺藜钉中身体三处要害，当即倒地而死。杀手再起袭击，另一侍卫仗剑来救，准备用剑护住门面，然后挟着皇帝跳向另一只船。危急关头，忽见青光一闪，杀手来势凶猛的剑断成几段跌落于皇帝和侍卫脚边。一位戴着耳环的黑脸大汉身披唐时战袍，手持双刀出现在乾隆帝船艄。霎时，洞庭湖上风平浪静。黑脸将军手挥战刀朝追杀者猛杀过去，所向披靡，追杀者大败而逃。乾隆帝迎问黑脸将军住处，答曰："某乃沐英，浦市码头对码头的地方乃吾栖居地，告辞。"说完飘然而去，不见踪影。乾隆帝为报答救命恩人，不久亲临浦市。在浦溪发现溪水两岸都是码头，心想此处应是

"码头对码头"地方，还在码头上"黑龙庙"里见到了一尊和洞庭湖上一模一样的黑脸将军塑像。感到是神像显灵救了自己，记下了这位"黑脸神"的功勋。后来，乾隆帝返回京城不久，加封浦溪"黑脸神"为"护国黔王"，并下诏扩修庙宇。自此，人们习惯把此庙叫作黑龙庙，把沐英尊为黑龙菩萨、黑龙神等，并以各种形式来纪念这位英雄。每逢农历三月初六日"吃社"节，群众有组织地到黑龙庙把"黑龙神"抬至村中辈分最高、家最宽敞的长者家中，在"黑龙神"神像前设祭。"黑龙神"在此停留 3 天。村人都要向"黑龙神"献祭礼，表达对英雄的尊崇。浦溪村民抬黑龙神像游街的习俗流传至今。

五斤坡传说 传说古时瑶人六兄弟最先来到沅水之滨浦市寻宝。兄弟六人武艺高绝，力大无穷，能挑得动大山。初到时，见各处青山挡道，很是气愤。于是，六兄弟打赌，估算眼前这座山的重量。老大说只有有五斤（2.5 千克）重。兄弟中老三脾气最为暴躁，认为不止五斤，如有五斤重，把名字颠倒过来喊。他找来一根扁担和一杆秤，称这座山，重量五斤。气恼的老三顺手将秤竿一抛，抛到凤凰县境内，变成竿子坪。将秤砣抛到泸溪县武溪镇对面，变成秤砣山。将秤盘抛到潭溪苗区，变成盘古岩。将扁担甩到浦市仰虬坪狮子山脚下，变成扁担槽。事后，人们把这位瑶人老三名字颠倒过来喊"瑶三佬"。瑶三佬称五斤坡的故事在浦市地区流传至今，五斤坡因此得名。

逸闻奇事

逸闻

浦市贡楠 泸溪境内山峦绵延，地貌多姿，气候温和湿润，森林资源丰富，历史上誉称"楠木之乡"。明朝朱棣皇帝将都城迁都北京，修建皇宫需大量优质楠木，浦市楠木列为朝廷贡楠。至清代由于征用无度，优质楠木锐减。民国时期，因战乱、匪患、火灾等原因，大片森林被毁，境内楠木几近绝迹。仅留下许多空以楠木为名字的地名，如楠木冲、楠木坨、楠木洞等。

一字千金　山陕会馆忠义宫，流传着泸溪籍人士刘奉珍与山陕客商的一段故事。刘奉珍出身于泸溪县达岚新田村，自幼工诗文，精书法，有“铁画银钩”之称。他赴考中举，清嘉庆二十四年（1819），任陕西府台幕僚。一次，刘回乡探亲路过浦市，陕晋两省客商欲聘声望较高的书法家为山陕会馆大门书写“忠义宫”三字。当地人久闻刘奉珍书法远近闻名，推荐刘奉珍。晋陕客商见刘奉珍非“书香门第”出身，认为他是山野小村徒虚名而已，不予采纳，遣人聘陕西府台书写。刘奉珍休假期满回陕西后，正值晋陕客商请府台老爷求写“忠义宫”三个大字。府台大人叫人请来幕僚刘奉珍，诚恳地说：“写小字我可以，这样规格的大字我不敢动笔，还请刘师爷代劳执笔。”刘知是旅居浦市的山陕两省客商索字，甚为气愤，借故推辞。府台老爷再三婉言恳请，刘奉珍方同意动笔，但提出每字须付笔资 100 两纹银。府台老爷高兴地说：“完全可以，这是给我陕西府台面门增光，陕西府台有人才。只要先生肯执笔写此三字，再多银两也无所谓。”旅浦山陕客商得知“忠义宫”三字系刘奉珍所写，深感惭愧。“刘奉珍一字值千金”成为美谈。

智惩教徒　1913 年，浦市江东籍传教士陈更新将天主教传入浦市，修建天主堂。一时间入教和参加礼拜市民多达数百人。

1914 年，李姓教徒仗势侵占他人宅基地，受害者不服，双方闹到浦市警察所。所长主持公道，李某未能得逞。但他并不甘心，邀约两个教徒大闹警察所。所长呈报县府。知事贺星南闻之怒不可遏，决心刹刹教徒威风。当即密令警察所将两位教徒捉拿解县，亲自审问。贺知事说：“本县要捉的是教徒，你们二人是教徒还是良民？”二人忙说：“小人不是教徒。”“若不是教徒只要你们当着神父的面说是本县良民，就可以放你们回家。”二人被捉拿后，浦市天主教堂怂恿其亲属到辰州（沅陵）天主堂哭诉，要求神父出面搭救。神父闻听教徒被抓，气势汹汹地坐船来到县府，要求放人。贺知事热情接待后，就对神父说：“神父先生，明日我们一起坐堂问事。只要他二人真是贵教的教徒，本县一定原谅，放他们回家。”

次日，贺知事和神父同坐大堂，差人将二人带至堂前回话。“今天有神父和本县在此，你们要从实招来。你们究竟是什么人？”贺知事问。“小人都是本县良民，”二人同声回答。贺知事不等他们说完，就对神父说：“他们不是贵教教徒，就不用神父先生操心了，待本县查实后，再作处置。”神父弄不清二人是不是教徒，只好起身告辞。贺知事派人将两人一贯恶迹查清，斩首示众。贺星南办理此案后，自知教会和当地政府不会放过他，遂留下印信，不辞而别。

茶馆戏联 1942年仲夏一天，街区一茶馆座无虚席。一位茶客报了一则谈资：“今天颜步钦家门前挂了一副对联 ，确实写得好。他以今年壬午年为题，上联为：壬为水，水绕中原，如铜墙，似铁壁，驱逐倭寇。下联为：午属马，马放南山，歌太平，颂盛世，振兴中华。”茶客声音刚落、茶馆里即刻沸腾，褒贬不一。老秀才印佛痴听得很不是滋味，他想，论对仗，上下联失对，论内容外寇入侵，国人正处在水深火热之中，谈什么歌太平，颂盛世，狗屁不通！他高声说道：“我也有一联，大家听好了。上联为：壬为水，水膨胀，胀得动不得，蓄起仁丹胡，高谈国事；下联为：午属马，马桶子，子苕父也苕，戴着博士帽，屎言不清。”顿时，茶馆鸦雀无声，人人都在品味着印佛痴联中之意，却不得其解。一位叫刘二的青年茶客脑筋灵活，想起颜步钦平常就是一个不伦不类的乡绅，爱戴一顶博士帽，嘴上蓄着仁丹胡，手里拿着自由棍，活像个假洋鬼子。与印佛痴描写所差无几，印佛痴下联尾语“屎言不清”又正好谐音为“是颜步钦”。他将此意告诉茶客，大伙立即哄堂大笑。

奇事

108朵花 清光绪二年（1876）秋，浦市上方寺西厢花台上，栽有一株牡丹，开花108朵，时人闻之均去看望这一奇观。

群蛙互斗 1915年，浦市下湾红桥出现百余只青蛙相聚于桥上互斗良久，然后慢慢各自散去。

箭杆一夜无 1937年，寺庙林立的浦市，每座寺庙正殿的瓦顶上都安置一个大瓷净瓶，高约2尺（约66厘米），瓷瓶口上均有三支箭竿，箭头朝天。奇怪的是，镇内外所有寺庙在同一时间内三支箭杆全不翼而飞，不知去向。庙正殿屋顶高且陡，如果是偷走要费很大工夫。这些箭杆为什么在一夜之间同时不知去向？成为难解之谜。给后人留下“庙宇箭杆一夜无”的奇异现象。

大事纪略

从南宋时期湘西沅水边上的一座军事重镇，到明清时期的西南商业重镇，从民国初期的社会鱼龙混杂，到中华人民共和国成立以来的任重道远、日新月异，浦市，走出了一条康庄大道。限于篇幅，特将浦市一程的辛酸、一程的欢乐与激昂，择其影响力较大的略作存记。

浦市 PuShi

南宋绍兴五年（1135）谭子兴镇守浦口

南宋绍兴元年（1131），杨幺、黄诚聚众20余万起义军反宋，以洞庭湖为中心，势力及周围19县。后被张浚、岳飞举兵击败。武将谭子兴因随岳飞镇压杨幺起义，被宋高宗加封为“千户将军”。杨、黄被岳飞击退后，率轻锐经湖北至武溪以攻鼎州，岳飞即派部将谭子兴驻守武陵（今常德）。后因沅水中上游道路不通，南宋绍兴五年（1135），又派谭子兴率部移至卢溪县之浦口（今浦市），任千户之职。杨幺起义被镇压后，谭子兴继续驻守浦市，管辖范围上至沅州竹寨（今新晃新寨），下至辰州路口（经桃源八字路），子孙“袭职繁昌，为邑巨族”，人们尊称谭千户。

谭子兴驻守浦市后，举家在浦市周边置田卖地，从事农耕，兴家立业，开发浦市。选择西郊大头山西面山脚吉地建寨定居，取名生宝（今新堡村）。关于谭子兴奉命驻守浦市之事，《辰州府志》《泸溪县志》《沅陵县志》《辰溪县志》《麻阳县志》等地方史志、文史典籍和谭氏族谱均有记载。正是谭子兴驻军与开发，为浦市之后长久兴旺以及一度成为“西南商贸一都会”奠定了坚实基础。

清嘉庆十四年（1809）创办浦阳书院

清嘉庆八年（1803），辰沅永靖兵备道道尹傅鼒派部属周鸣球在浦市文昌阁修建浦阳书院，年有800石屯租谷做师生费用，后书院损毁。清嘉庆十八年（1813），在浦市堤上大定门重建浦阳书院。清嘉庆二十二年（1817），巡道姚吉庆重修并扩建书院规模，改浦阳书院为观澜书院，后再次被毁。清同治五年（1866），浦市人士印次桢重建观澜书院，拔贡张经世、张昆翼父子先后为书院山长。清光绪二十九年（1903），废科举，兴学堂，观澜书院改为官立高等小学堂。

1916年浦市发生“北兵之乱”

1915年12月，袁世凯称帝。12月25日，云南都督蔡锷等在云南组织护国军起兵讨袁，黔、桂、粤、赣诸省立即响应。袁世凯派出10万兵力攻打蔡锷部队。马继增率2600多人（泸溪人称其为“北兵”），星夜南下，溯沅江而上，堵截蔡锷部队和护国黔军。北兵经泸溪，过浦市，沿途遇船则抢，见人就抓，泸溪人民深受其害。浦市沿街店铺被抢劫一空，造成浦市历史上有名的“北兵之乱”。马继增在浦市制造“北兵之乱”后，随即溯江而上，派汪学谦部抢先在芷江城内外遍修工事，设置鹿砦。护国黔军决心拿下芷江，挥师东征，直取辰溪。1916年2月14日，护国黔军在芷江与马继增军经过数小时激战，中午时分护国黔军占领芷江县城，北兵溃兵沿沅水而下败逃。2月26日，马继增于绝望中在辰溪自杀身亡。

马继增自杀后，败退的北兵在沅水一线被各地民团所杀。大批枪支弹药落入一些不良之辈手中，他们上山为寇，下山为匪，拦路抢劫，打家劫舍。从此，浦市附近就出现多处“关羊（抢劫）”卡子。至今仍留有“杀人溪”“杀人坳”之类的关卡地名。

1923 年向警予在浦市做社会调查

1923 年 3 月初，祖籍湖南省溆浦县、时任中共中央妇女部长的中共早期领导人向警予回家乡溆浦县做社会调查。3 天后，向警予乘船到浦市了解社会情况，入住下街客栈。次日，在武家大院二楼召开座谈会，参加会议的有溆浦县在浦市经商的进步人士和浦市当地名流贤达及社会各界代表，向警予听取了群众对时事的看法和意见。会后，向警予到街区民众家中了解贫富状况。第三天，向警予乘船离开浦市前往长沙。

1926 年浦市建立中共组织

1926 年 9 月，共产党员谢策智（现张家界慈利县人）受中共湖南区委和国民党湖南省执行委员会派遣，到泸溪帮助筹建国民党泸溪县党部，开展工农革命运动。同时，建立中共组织。经过 2 个多月工作，1926 年 12 月，在武溪、浦市、上堡组建了 3 个区党部 9 个区分部，浦市设第二区党部，并成立中共浦市支部。谢策智与省农民运动特派员刘仕宝、宋鳌等组织和指导筹建农民协会，开展农民运动，以浦市为中心，在岩边、小岸坪、马子桥、黄家桥、土桥溪等地建立了农民协会。推选颜步卿为区农民协会主席，谭冬和为副主席，王必球、吴宝华、吴绍玲、周湘志为委员，吉荣贤、武民光、龙步云为干事，区农民协会设在天主教堂内。在农民协会成立大会上，与会农民高呼“打倒贪官污吏”“打倒土豪劣绅”“打倒反动军阀”口号。1927年4月，黄家桥、浦溪等32个村成立农民协会。与此同时，省工人运动特派员陈福泽到浦市组织开展工人运动，成立浦市工人协会筹备处，发展会员40人。1927年4月，在沅陵县从事革命运动的共产党员姚鉴雪（浦市人），回到家乡帮助开展工农革命运动。5月初，带领47名农民协会会员参加沅陵县斗争反动县长梁云铨活动。5月21日，长沙“马日事变”后，浦市农民协会和工人协会筹备处遭到破坏。姚鉴雪、程涛等革命志士在沅陵县被杀害。

1935年红二军团长征经过浦市

1935年11月，贺龙、任弼时、关向应率领的红二、六军团遵照党中央指示突围转移。从桑植县出发，于11月下旬先后突破国民党军队澧水、沅水封锁线，兵分三路直插湘中。左路红六军团经安化向新化进军；中路红二军团团部、红校、第六师前往溆浦；右路红二军团四师、五师从沅陵县桥梓坪出发，经土地垭、龙岩头、筲箕湾、三角坪、田湾等地，27日凌晨攻占辰溪县城。为了堵截、钳制尾追之敌，红二、六军团派前卫五师进攻浦市镇。11月28日，第13团团长刘汉卿率600余人从辰溪县城出发，兵分两路沿沅水西岸向浦市前进，在辰、泸两县交界的军屯会合，进入浦市境内的小岸坪和浦溪，于当天晚上到达浦市街区。得知贺龙队伍再次来到浦市，市民纷纷腾出房屋给红军居住，主动为红军带路侦察军情。11月28日，红二、六军团五师13团占领浦市后，随后派出一个连化装成便衣队，沿沅水西岸向泸溪县城方向侦察前进，以保证大部队休整。29日，在连长张凯带领下，请浦市本地人为向导顺沅水而下，行至红土溪与国民党十九师师长李觉率领的追剿部队接火，激战数小时，双方均有伤亡。次日晨，便衣队返回浦市。30日，李觉所属两个旅分三路追击到浦市，向红军反扑。一路从浦市近郊五斤坡居高临下偷袭浦市街区背侧；二路从岩门溪村方向，向浦市街区左翼逼近；三路顺沅水而上向红军驻地浦市街区正面攻击，步步合围。双方在神土溪、岩门溪一带激战一个多小时。因众寡悬殊，红军撤出中庵，退至古里岩、清水坪一带战斗。在毛家坡一带的战斗中，两名红军战士中弹牺牲，团长刘汉卿身负重伤。战斗持续到天黑，红军分两路撤出浦市，一路由浦市方向退返回辰溪县城，一路从土桥溪、青草、高桥抵达辰溪县城。居住在毛家坡附近的农民杨广斌主动抢救受伤的红军战士。团长刘汉卿当晚由浦市贫苦农民宋福林、刘救喜两人步行二十余里抬到辰溪医院抢救，因伤势过重，不幸牺牲，时年 25 岁。红军在浦市 3 天，进行了 2 次激战，消灭敌人数十名。红军包括掉队被害人员共计牺牲 6 人。这次战斗史称“辰浦战斗”。

红二军团五师十三团在浦市 3 天时间里，开展打土豪、济民众、封洋教堂等活动，深得民众拥护。农民群众自觉为红军当向导带路，主动向红军报告军情，在红军与敌军激战中积极救治伤员，为壮烈牺牲的 6 名红军将士料理后事，保存遗物。中华人民共和国建立后，泸溪县人民政府在毛家坡、青草、长坪中堂等地分别修建红军烈士墓，镌碑以志其名。

1936 年浦市建立商会武装

1936 年秋，为保境安民防御匪盗，浦市商会会长熊百川发动全镇大小商号和殷实富户捐款集资，呈报泸溪县府和沅陵专署批准，从省城购回套筒步枪 40 支，子弹 2000 发，成立浦市商团（以下简称“商团”），是泸溪第一支民间商会武装。

商团从浦市附近农村招募青壮年 40 人为团兵，聘请本地有名望的杨涛担任队长，邬世万为军事教官，以宝庆会馆为团队驻地进行操练。团兵身着黄制服，臂戴三角形白底蓝字“商团”臂章，日夜持枪巡逻，维护浦市镇区安全。商团粮饷及其一切开支由商会负责筹集，每月向各商号及殷实户摊派。商团成立后第一个下马威，就是抓住并枪毙杀人越货、山道抢劫惯匪头子张天保，陈尸三天示众，群众拍手称快。此后浦市人心安定，商店得以照常经营。1938 年，国民革命军通信兵第一团驻扎浦市，商团护卫已无必要，旋即解散，其枪支由商会交购枪户保存。

1939年国民党军政部联合军人监狱迁址浦市

1937年“卢沟桥事变”后，日本侵略军发动全面侵华战争。1938年秋，武汉前线吃紧，南京、徐州、江西、湖北等地军人监狱先后从各地西迁。国民党军政部陆军军人监狱从湖北省武汉市迁到湖南省桃源县陬市甘山寺，南京、江西等地军人监狱也先后迁至陬市，改名为国民党军政部联合军人监狱。1939年1月，监狱从桃源县陬市迁到泸溪县浦市镇的吉氏宗祠和天后宫。崔景熙、吴晶相继任监狱长。不久，监狱更名为国民党军政部湖南第二直辖陆军军人监狱。1942年，又改为国民党军政部湖南陆军军人监狱（以下简称“国民党陆军监狱”）。先后担任监狱长的有陆映题、凤书、胡玉成（河南人）、何家鹏（衡阳人）、吴安德（湘潭人）等。

陆军军人监狱在浦市7年，最多时关押犯人达700余人，少时只50余人。其中，最多是国民党军、警、宪、特、政的违法人员，其次是共产党人和爱国军人。犯人生活上每日两餐，每餐一菜一汤，每月几次加点荤菜打“牙祭”，生活条件很差。监狱对犯人的审讯和处决，均在夜深人静或天亮前进行。审讯地点在吉氏宗祠后面和天后宫的后花园，或一地下室内。一般看守人员和周围老百姓在半夜或天亮前听到戒严令和枪声，都知道是处决犯人。处决后，销毁遗体埋入地下。1946年春，国民党陆军监狱迁往长沙。

1949 年土匪徐汉章进驻浦市攻打县城

1949 年 3 月 2 日，湘西发生震惊省内外的土匪血洗沅陵县城“三・二”事变。接着古丈、麻阳、乾城发生事变。3 月 4 日，辰溪、泸溪、永顺、古丈等县各路匪首率兵抢劫辰溪南庄坪兵工厂，掠走大量轻重武器 3 万余件。这一系列事件统称为“湘西事变”。

1949 年刚过春节，辰溪张玉琳便联络泸溪、永顺、古丈三县匪首密谋攻打抢劫辰溪兵工厂。3 月 2 日，永顺汪援华打下沅陵后，各路土匪慌了手脚，纷纷往辰溪开赴。泸溪匪首徐汉章即把参加爱安乡（今兴隆场）乡长李云厚家做道场的男女 1000 多人集中起来，在枪口的威逼下跟着土匪部队赴辰溪。3 月 4 日下午，在浦市抓船渡人过江，夜晚到达国民党兵工署第十一兵工厂辰溪分厂所在地南庄坪。此时南庄坪一片混乱，守仓库的人早跑光了，周围都是张玉琳匪部的兵丁站岗放哨。徐汉章到达后，打开仓库大门，张玉琳和徐汉章的人马蜂拥入内，各式枪支被抢劫一空。

次日凌晨，徐汉章亲自清点抢得的轻机枪 66 挺，重机枪 3 挺，冲锋枪 21 支，手枪 54 支，步枪 2800 余支，迫击炮 5 门，子弹 82 箱。张玉琳还送给徐汉章 20 支卡宾枪。

徐汉章得大批武器弹药后，声势大振，随即进驻浦市扩充队伍，将亲戚朋友一一封官，编成 13 个支队及一个司令部直属警卫大队，自封“湘鄂川黔边防自卫军第三军司令官”，占据泸溪南部半壁江山。徐装备充实，气焰嚣张，旋即给泸溪县长高开明写了一封信，信中称：“在浦市住厌了，要来县城玩玩，不知县太爷及众绅士们欢迎否？”高县长见信，吓得魂不附体，无所适从。

3 月 29 日，徐汉章从浦市出发，至晚进抵天门溪村。县自卫队自知寡不敌众，撤出县城，全城百姓亦逃往四面八方。天黑时分，县城武溪对河的九家杨响起一阵稀疏的枪声，徐汉章已侵占县城南岸。30 日早上，“湘鄂川黔边防自卫军第三军司令部”布告已贴到兴隆街口，徐汉章不费吹灰之力侵占了泸溪县城。县长高开明过河到南岸宝兴旅社拜见徐汉章，高声称呼“徐司令官”。徐汉章当即提缴了保护县长的60多支枪和县府大印，胁迫高开明向省府发电：“泸溪平安无事，保荐徐汉章为泸溪县保安团长”。

4月12日，徐汉章得到“泸溪县保安团长”委任状，遂带着几千人枪耀武扬威开进县城，进驻县府，当上县城“土皇帝”。县长高开明旋即逃离。绅士们成立“维持会”，每日向徐交军需粮100石（约10吨）大米。徐汉章占据县城后，在城内及城郊大肆骚扰，派捐派款、抢劫民财、欺压百姓、强奸妇女、无恶不作。

5月2日，在“土皇帝”宝座上刚一个月的徐汉章即被符胜虎率领的县自卫大队及六堡后山（今八什坪、梁家潭）民团赶出县城。徐汉章在败逃前，下令放火焚烧县府卷房，许多珍贵档案资料被付之一炬。

1950年浦市创办火电厂

1950年，为解决浦市镇街区居民用电照明问题，二区人民政府在泸溪县人民政府帮助下，创办了全县第一座小型火电厂。从会同县购买36775千瓦蒸汽机和30千瓦发电机各1台，由工程师贺兴机设计，罗长发、孔庆福施工安装而成，供浦市居民照明和加工。并安装打米机，白天打米2500千克，晚上用户照明1000余盏。

1951年春，县长赵志钧主持兴建武溪镇火电厂，厂址设在西正街杨公庙。从长沙购进36775千瓦煤气机和28千瓦发电机各1台，调浦市电厂师傅贺兴机等人设计安装，供县城照明和加工用电。1965年9月，洞底水电站发电后，武溪、浦市两镇火电厂停办。县内从此结束了火力发电历史。

1951 年创办柑橘苗圃

1951 年，二区人民政府创办浦溪柑橘苗圃，面积 2 公顷。1956 年秋，县人民委员会将浦溪柑橘苗圃转为县办。由华中农学院毕业的曾正汉负责，有干部职工 10 人，隶属于县农业局。县柑橘苗圃创办后，在浦阳乡的刘场坳扩大场地，征地 67 公顷。主要培育色香味俱佳、省内外闻名的浦市甜橙苗木。每年供应全州 10 个县及外地苗木数十万株。苗圃成立后，得到上级主管部门扶持，省、州每年拨给数万元育苗费。柑橘苗圃的创办及大批苗木的培育与供应，推动了全县乃至全州柑橘生产发展。1959 年，县柑橘苗圃改名为县园艺示范场。20 世纪 90 年代末，县园艺示范场改制停办。

1952 年创办麻溪口煤矿

麻溪口办煤矿始于 1946 年。浦市人吴维舟据地质资料图，筹资雇工在浦市麻溪口创办私营"维生煤矿"，土法开采，日产煤 50 ~ 60 吨。

中华人民共和国成立后，煤矿交给国家所有。1952 年，县政府决定创办麻溪口煤矿。国家投资 2989 万元（旧币，折合新币 2989 元），由吴维舟负责采掘技术指导，带领 100 多名人员用半机械化在原有煤洞开采，17 天后出煤。后在原煤洞附近又打了几口新井，当年产煤 1185 吨，总产值 3 亿多元（旧币，折合新币 3 万元）。麻溪口煤矿改名为湖南省地方国营麻溪口煤矿。1953 年，麻溪口煤矿属省办煤矿。1958 年，改为湘西土家族苗族自治州办煤矿，总人数 1274 人。至此，麻溪口煤矿已产煤 18 万多吨。1967 年 9 月，因煤矿资源枯竭而停办。

1956 年成立鞭炮合作社

1952 年，县工商联代表雷建喜带着浦市传统鞭炮产品，参加在武汉召开的“中南首届物资交流会”。会上，浦市鞭炮以其独特性能备受青睐，从此，再一次打开已有 800 余年历史的浦市鞭炮销路，成为省内外畅销产品。

据乾隆二十年（1755）版《泸溪县志》和清乾隆三十年（1765）版《辰州府志》记载，浦市鞭炮业兴起于南宋，至明清时期镇里制作鞭炮的专业人员和零散人员多达数千人，成了家家户户人人动手制作鞭炮的鞭炮城。1937 年抗日战争爆发后，由于社会动荡，人心不安，加之天灾人祸，浦市鞭炮业一度滑坡。

1956 年，浦市成立鞭炮合作社，使历史悠久的鞭炮业得以振兴。20 世纪 50—80 年代，先后创办浦市庆丰鞭炮厂、泸溪县民族鞭炮厂。除生产传统配方的鞭炮外，还生产彩色快引电光炮、大炮、花炮、火箭炮等 10 多个品种，爆炸率较之前更高，是湘西一大传统名优产品。

1966 年修建岩门溪水库

岩门溪水库位于浦市镇岩门溪村境内。1966 年 7 月，经省、州批准动工修建，1970 年 9 月竣工。水库坝高 44 米，控制集雨面积 70.2 平方千米，总库容 2900 万立方米，正常水位 115 米。渠道总长 58827 米，能与 11 座水库和 36 口山塘串联灌溉。可灌溉浦市镇 27 个村 137 个村民小组 2000 公顷稻田。库外建有装机容量 685 千瓦的发电站一座。库内可养鱼水面 67 公顷。属中型水库，是泸溪县最大的水库。

工程经十余年配套建设，到 1980 年已全部完工，共动用土石方 137 万立方米，耗费工日 223 万个，耗资 437 万元。其中，省、州投资 243 万元，县政府拨款 47.8 万元，社队自筹 147 万余元。1972 年 8 月，成立岩门溪水库管理所，隶属县水利局管理。

1982 年成立泸溪县浦市化工总厂

1982 年 6 月 29 日，中共湘西土家族苗族自治州委和州人民政府批准成立泸溪县浦市化工总厂，定为县处级企业单位。厂部设办公室、政工科、生产调度科、科研室、机电科、基建科、安全保卫科、供销科、财务科等 10 个科室。总厂下辖浦市磷矿、浦市氮肥厂、浦市黄磷厂、浦市普钙厂。

泸溪县浦市化工总厂的前身为浦市磷矿。1966 年，湖南省地质局 405 队在岩门溪、高山坪村发现磷矿。是年 11 月，筹办浦市磷矿。泸溪县浦市化工总厂当年由 8 名工人 8 把钢钎手工开创，经过 20 多年建设，1990 年，发展成为拥有 9 个分厂、1 个公司、4300 万元固定资产、1800 多名职工的综合性中型化工企业。生产磷矿石、普通过磷酸钙、黄磷、赤磷、磷酸、硫酸、钙镁磷肥、三元素混配肥、电解金属锰、硅锰合金、铝银粉、水泥、五氧化二钒等 16 种产品，年总产值达 5500 万元，税利 500 余万元，是湘西土家族苗族自治州最大的化工原料工业企业，也是州、省重点企业之一。

泸溪县浦市化工总厂生产的黄磷、赤磷、电解金属锰、硅锰合金、磷酸、铝银粉等产品以质量高、价格合理而远销美国、加拿大、巴西、印度等国。其中，黄磷（含磷不少于 99.9%）、电解金属锰（含量 99.6% 以上）荣获湖南省优质产品奖。出口产品为免检商品，日本松下集团公司指定该厂生产电解金属锰产品。

至 1995 年，泸溪县浦市化工总厂累计创利 4606 万元，上缴税收 4332 万元。2005 年，因产业政策调整而难以为继，实行破产改制。

2010 年浦市获批中国历史文化名镇

2004 年，浦市镇在被评为湘西土家族苗族自治州州级历史文化名镇之后，为了保护浦市古镇，泸溪县委、县政府和泸溪县建设局等相关部门不断加强保护力度，制定了相关保护规划。2007 年，县政府会同相关部门专门制定了《泸溪县浦市镇古镇保护管理规定》，划定 1.6 平方千米的保护范围，确定浦市镇重点历史文化保护区和具体保护内容，对古镇、历史文物、非物质文化遗产、风景名胜和开发利用等多方面做出了保护与管理的详细规定。同时，县委、县政府积极安排落实相关保护人员和资金。2009 年 2 月，浦市镇被评为湖南省省级历史文化名镇。为了进一步提高对浦市镇的保护力度和层次，泸溪县委、县政府严格按照中国历史文化名镇评价指标体系的要求，于 2009 年 8 月，向住房和城乡建设部、国家文物局申报中国历史文化名镇。2010 年 10 月，住房和城乡建设部、国家文物局批准浦市为第五批中国历史文化名镇。

2017年公布《浦市历史文化名镇保护管理条例》

2015年8月，湘西土家族苗族自治州人大常委会第22次会议正式把《浦市历史文化名镇保护管理条例》(以下简称《条例》)列入湘西州十三届人大立法规划，并转入州十四届人大及其常委会2017年立法计划。2017年2月，泸溪县人大常委会正式启动、组织起草工作。2017年11月30日，湖南省十二届人大常委会第三十三次会议批准该《条例》。由湘西土家族苗族自治州人民代表大会常务委员会公布，自2018年3月1日起施行。《条例》共五章三十五条，突出对浦市古镇的保护。在制定保护措施上，突出核心区和控制地带的保护，突出文物保护单位、历史建筑和历史街巷格局的保护，并制定相应的保护措施和控制要求。对保护范围内的建设活动、建筑维护、禁止行为、环境保护、"非遗"保护与利用等，都做了相应规定。

1977—2017年发生5次特大自然灾害

1977年1月25日至2月11日，浦市境内出现严重冰雪天气，遭受特大冰冻灾害。地面温度低至零下17.2℃，冰冻积雪持续11天。特大冰冻灾害致使浦市柑橘树冻死80公顷，冻死耕牛26头，汽车停驶10天，浦市甜橙损失严重。

1994 年 10 月 9 日，沅水上游普降暴雨，五强溪水电站试关闸蓄水，造成河水陡涨，浦市镇受灾 13 个村，被淹稻田 1200 公顷，损坏房屋 750 间，直接经济损失 0.5 亿元。

1995 年 6 月 30 日，境内大雨和沅水上游洪峰夹击，最高水位为 123.7 米，浦市街道全部淹没，除民房、水利设施受损外，农作物受灾面积 5733 公顷，其中，绝收 2333 公顷。

1996 年 7 月 13 日，沅水上游暴雨，最高水位为 125.4 米，连续水淹 7 天，浦市全城淹没，尚未搬迁民房大多倒塌。长坪中塘、浦市青草及下游沿岸等稻田绝收。工商企业停产停业。洪灾造成经济损失 4.05 亿元。连续 3 年洪涝灾害使浦市工农商业元气大伤，县镇企业由此全部停产，继而进入破产改制阶段。浦市农商业历经 3 年方得恢复。

2017 年 6 月 24 日起，连日降雨，沅江水位暴涨。7 月 1 日 12 时，浦市防洪大堤外河水位 124.10 米，超过警戒水位 6.6 米，超过保证水位 1.6 米，街区内涝水位达 116.05 米，洪水浸没房屋、农田面积占 27%，最深处进水达 3.2 米。接近百年一遇历史最高水位。沅江沿线村寨 1200 公顷稻田不同程度受灾，全镇水稻受灾面积 2133 公顷，成灾 1733 公顷，绝收 867 公顷，直接经济损失 2184 万元。

2019 年浦市古建筑群获批全国重点文物保护单位

2013 年，为加快浦市古建筑的保护整治工作，泸溪县委、县政府经研究决定，浦市古镇保护整治工作交由浦市经开区负责，制定了《浦市历史文化名镇保护与整治详细规划》《特色民居保护整治工程三年行动》《特色民居和浦市历史文化名镇保护工作》等一系列古镇少数民族特色村镇保护与发展工作方案。

浦市经开区管理委员会对浦市古镇内特色历史古院落进行必要的修护，力求修旧如旧，保持历史原貌。对湖南省省级文物保护单位的历史建筑，进行积极保护修缮，成立巡查小组，每日对重点院落进行巡查，防止人为破坏。出台省级文物单位古院子修缮改造及日常管理条例。投入特色民居专项资金对万寿宫、吉家商院、吉氏宗祠、青莲世第、湘西版画院、中止街50栋古木商铺等历史建筑进行重点修缮。聘请相关文物专家策划、监督，将浦市一批有特色的省级重点古建筑打包为“浦市重点古建筑群”向文化和旅游部、国家文物局申报全国重点文物保护单位。

“浦市镇古建筑群”包含万寿宫、李氏大宗祠、吉氏宗祠、李家书院、杨茂源印书铺、谢逢开号、李家商院、吉家商院、余字镖局、姚家书楼、鄱阳世第、青莲世第等13个文物点，均为明清时期古建筑，类型多样、功能完整、保存较好的古院宅68重，砖木结构历史建筑200处。2019年10月16日，国务院印发《关于核定并公布第八批全国重点文物保护单位的通知》（国发〔2019〕22号），泸溪县浦市镇明清古建筑群被批准为第八批全国重点文物保护单位。

主要参考文献

泸溪县志办注释重印：清乾隆二十年（1755）《泸溪县志》，2013 年。

刘朝玲勘印:《泸溪续修县志》，1940 年，1965 年译成白话文本，2009 年勘印。

泸溪县志编纂委员会编:《泸溪县志》，中国社会科学文献出版社，1993 年。

李宗学主编:《泸溪县民族志》，方志出版社，2013 年。

唐黎明主编:《泸溪公路志》，中国文史出版社，2016 年。

唐黎明主编:《泸溪民政志》，方志出版社，2017 年。

唐黎明主编:《武溪工业园志》，方志出版社，2017 年。

泸溪县史志办编:《泸溪教育志》，方志出版社，2019 年。

张锦湘、杨志镍编著:《锦绣黔城》，远方出版社，2004 年。

雷建喜编著:《浦市人文大观》，2006 年。

向海军主编:《浦市古镇》，泸溪县文史第八辑，2007 年。

秦可国、李小平编著:《湘西民族传统体育》，中央民族大学出版社，2009 年。

泸溪县民族事务局组编:《泸溪民俗拾贝》，中央民族大学出版社，2009 年。

刘朝玲著:《岚山旧稿》，作家出版社，2010 年。

侯自佳、刘集贵主编:《浦市——沅水边的明珠》，大众出版社，2011 年。

唐镜主编:《湘西读本》，湖南人民出版社，2011 年。

严如熤著、罗康隆、张振兴编著:《苗防备览 · 风俗考研究》，贵州人民出版社，2011 年。

李湘黔编著:《中国民间文化与物理趣味》，西南交通大学出版社，2013 年。

苗建辉编著:《美食方物》，中国文史出版社，2014 年。

刘昌林编著:《民俗风情》，中国文史出版社，2014 年。

戴贤照主编:《沅水文学·浦市特刊》，2015 年、2016 年合刊。

谭必友等著:《浦市龙舟赛》，学苑出版社，2016 年。

谭必友等著:《我在浦市读女神》，煤炭工业出版社，2017 年。

刘云著:《湘西风物散记·神秘古镇浦市》，海南出版社，2017 年。

湖南省地名公共服务工程领导小组办公室主编:《湖南古县》第六卷，中共党史出版社，2017 年。

编纂始末

古镇浦市，坐落在湖南省西部沅水中游，自古为湘西边陲重镇，列湘西土家族苗族自治州四大名镇之一，是一方水光山色，人杰地灵，历史文化积淀深厚的土地。

《中国名镇志丛书·浦市镇志》的编纂出版是展示浦市古镇悠久的商业传统和厚重的文化底蕴及浦市人文精神风貌的良机。泸溪县人民政府高度重视《中国名镇志丛书·浦市镇志》的编纂工作，成立了以原副县长尚远道（现任县委常委、政法委书记）为主任的编纂委员会。浦市经开区管委会也成立了相应编纂领导机构，设立了编辑部，聘请擅长志书编纂的人员承担编纂工作。全书由刘云担任执行主编，张宗南协助统稿编排。

《中国名镇志丛书·浦市镇志》编纂任务重，标准高，要求严，时间紧。全体编纂人员按照中国名镇志丛书规范、行文规则进行编纂，重点在“古”“名”“特”上下功夫。编纂人员查阅有关档案、文献资料，到民间广采博访，踏勘镇内山川景物、禅寺庙宇、古建筑遗存等名胜古迹，搜集口述资料和民间古籍、家谱等，为编纂镇志准备充分材料，先后经过四次调整修改才最终确定篇目。

2018 年，湘西土家族苗族自治州地方志办公室副主任李雄野及省方志专家库专家黎楚云一行先后两次亲临浦市指导镇志编纂工作，对《中国名镇志丛书·浦市镇志》纲目提出具体而可行的指导性意见。鉴于《中国名镇志丛书·浦市镇志》编纂工程浩瀚，任务繁重，经过协调，县史志办决定抽调县年鉴编辑部张宗南、许世和、段仲秀等协助执行主编工作，并对志书编纂任务进行了后续分工。编纂人员加班加点，勤奋笔耕，至 2019 年 4 月中旬完成初稿送审。经各级方志专家审改，编辑部两次修改后，于 5 月中旬正式成稿送审。6 月，执行主编参加了中国地方志指导小组办公室举办的中国名镇名村志编纂业务培训班。7 月初，在中国地方志指导小组办公室对两次送审稿进行审核后，执行主编和统稿按照修改要求进行修改和补充。9 月底，方志出版社对《中国名镇志丛书・浦市镇志》进行质量检查，提出了重要建议和宝贵意见。编纂人员全力以赴对书稿进行精细修正，加班加点，殚精竭虑，于 11 月底最终完成全书的编纂。2020 年，又经反复修改、打磨、完善，最终得以定稿，进入出版环节。

《中国名镇志丛书・浦市镇志》的编纂，是在泸溪县人民政府、浦市经开区管委会的大力支持和泸溪县党委史志办具体指导下完成的。浦市经开区管委会原主任谢伯清（现任泸溪县政府办公室副主任）和泸溪县党委史志办主任唐黎明全程参与，现浦市经开区管委会主任文清积极支持，是《中国名镇志丛书・浦市镇志》能够顺利出版的保证。

《中国名镇志丛书・浦市镇志》的编纂还得到了各级政府和方志部门领导、专家的指导。省、州地方志办公室领导和专家多次到浦市指导编纂人员编纂。古镇许多老人和学者提供了部分文字或口述资料，涉及本志的许多姓氏家族提供了族谱资料。县文联副主席姚传山，文化部门退休人员杨家旺、张金宽，县摄影协会邓和生、符元启、张克宁以及相关单位和人员提供了本志所需照片。在《中国名镇志丛书・浦市镇志》付梓之际，谨向对本志编纂工作给予支持、帮助的各级领导、专家、社会各界人士表示诚挚谢意！

《中国名镇志丛书・浦市镇志》虽经编纂人员历时三年耕耘，数易其稿，但囿于资料、时间和编纂水平等原因，错讹、疏漏之处在所难免，敬请方家和广大读者批评指正。

编　者

2020 年 9 月

李氏宗祠正厅（2020 年）　　刘云　摄